i

INVITACIÓN A
A LA FELICIDAD

Cartas morales a Lucilio de Lucio Ánneo Séneca
Libros I a IV

Traducción, estudio introductorio
y notas explicativas a cargo de
Julio César Navarro Villegas

Amazon Mexico Services

A Marisol, esposa y amiga leal,
por su cariño y paciencia.
Scis quia ego amo te.

A Marco Antonio y
Octavio Emilio,
mis pequeños centuriones,
por las lecciones enseñadas.

ÍNDICE

Praefatio   1

Estudio introductorio

I. Fecha de composición de la obra y destinatario   7
II. Motivación y contextos de la obra   9
III. Naturaleza de la obra   13
IV. Temas tratados   20
V. El carácter de las *Epistulae morales*   29
VI. El estilo de las *Epistulae morales*   36
VII. Valor de la obra   38
VIII. Conclusión   43
IX. Sobre la presente edición   44

Cartas morales a Lucilio

Libro primero
Carta 1. Usemos el tiempo con madurez   49
Carta 2. La lectura provechosa implica elegir a los mejores autores

                                                          52
Carta 3. La verdadera amistad pasa antes por la reflexión 55
Carta 4. Aceptación serena de la muerte   58
Carta 5. Invitación a la sencillez sin sacrificios torturantes   64
Carta 6. El valor de los ejemplos para mejorar diariamente 68
Carta 7. Los espectáculos populares y las malas compañías impiden
mejorar   74
Carta 8. Vale más la riqueza de espíritu que los bienes inciertos de la
fortuna   79
Carta 9. Al bastarse a sí mismo, el sabio puede darse a los demás

                                                          84
Carta 10. Exhortación a la soledad sin abandonarse a malos
pensamientos   93

Carta 11. Las reacciones instintivas sólo pueden dominarse, no erradicarse 96

Carta 12. Aprovechemos cada momento, porque la vida pasa 100

Libro segundo

Carta 13. Procuremos dominarnos ante lo incierto de un mal futuro 106

Carta 14. Evitemos las perfidias del poderoso alejándonos a tiempo 113

Carta 15. Ejercitemos más la razón que el cuerpo 121

Carta 16. Perseveremos en el estudio de la filosofía para que nos oriente y proteja 126

Carta 17. El hambre de riquezas aleja de la filosofía 130

Carta 18. Preparémonos para la adversidad en los momentos prósperos 134

Carta 19. Los beneficios de una vida retirada 140

Carta 20. Aspiremos a una vida coherente 146

Carta 21. Una vida honorable brinda inmortalidad 151

Libro tercero

Carta 22. Alejémonos de las empresas inútiles tras una adecuada reflexión 156

Carta 23. La verdadera alegría surge de un espíritu ordenado 162

Carta 24. Fortalezcamos el espíritu para los tiempos adversos 166

Carta 25. Cultivemos el respeto a nosotros mismos 180

Carta 26. Preparémonos para morir 184

Carta 27. Perseveremos diariamente en mejorar 187

Carta 28. Cambiemos de carácter, no de domicilio 193

Carta 29. Aconsejemos en el momento pertinente 197

Libro cuarto

Carta 30. Meditemos la muerte para abrogar el temor a morir 203

Carta 31. Aspiremos a la virtud en nuestras vidas como máximo bien a poseer 212

Carta 32. No retrasemos más nuestro progreso espiritual 221

Carta 33. Adquiramos un criterio original, fruto de la reflexión y la experiencia 223

Carta 34. Satisfacción causada por los avances logrados 230

Carta 35. La amistad verdadera brinda gozos infinitos 232

Carta 36. Decidamos según nuestra razón 234

Carta 37. La filosofía debe ser rectora de nuestras vidas 239

Carta 38. La conversación provechosa eleva y alimenta el espíritu
242

Carta 39. Procuremos que el espíritu tienda a lo sublime y rechace lo deleznable   244

Carta 40. Practiquemos la moderación al hablar   247

Carta 41. Escuchemos a nuestra razón y escucharemos la voz de la divinidad   253

Índice onomástico   257
Índice temático   264

Sobre el traductor   273
Nota final   274
Otras obras de interés   275

PRAEFATIO

Presentar una obra dirigida al gran público sobre la doctrina estoica es un interesante desafío para nuestra época, tan colmada de "filosofías" que prometen la felicidad instantánea. Sin embargo, creo que el atractivo del estoicismo clásico radica en un aspecto de la vida que muy pocas veces pasa inadvertido y que intentaré delinear del siguiente modo.

Considero que por ley natural la mayoría de nosotros llegamos a ser "estoicos" en algún momento de la vida. Sin embargo, puede haber dos modos para lograr tal meta. Uno es a través de la escuela de la vida: las experiencias cotidianas van forjando nuestro espíritu y lo van madurando, fortaleciendo, "curtiendo". Ello lo podemos ver en la gente adulta, como nuestros ascendientes: su dominio de las cuestiones de la vida les ha vuelto más conocedores de los reveses e infortunios que tiene este mundo; han adquirido una determinada actitud al momento de enfrentar un suceso, en ocasiones muy diferente a la de los miembros más jóvenes de la familia. Se nota en ellos un cierto autodominio y una cierta distancia emocional respecto a cosas donde las generaciones más jóvenes sucumben. Sus consejos llevan el sello de la experiencia. Muchas personas no lo saben, pero dicha actitud se acerca bastante al ideal señalado por los filósofos estoicos antiguos.

El problema de esta forma de llegar al estoicismo es que se basa en el ensayo y el error: para lograr esa actitud hubo mucho sufrimiento de por medio. La actitud despreocupada e indolente de la adolescencia se vio traumáticamente alterada por los "dardos del infortunio" shakespearianos; poco o nada preparado el espíritu para la adversidad, este se doblegó o fue derribado con los primeros vientos, y para reponerse hubo de pasar un largo periodo de subidas y bajadas emocionales hasta que el alma halló un reposo parcial antes de ser embestida por un nuevo revés. Con el tiempo, la actitud estoica adquirida tuvo un alto precio: lamentos, llantos e incluso trozos sangrantes de alma dejados en el camino. Un modo bastante duro de llegar a la categoría de sabios, pero es el más comúnmente usado por la mayoría: hasta que las desgracias llegan, no nos damos cuenta de lo demasiado tarde que debimos haber hecho caso a un consejo, siempre que éste haya tenido una buena intención, o bien haber tomado una decisión, si ésta fue la idónea.

Otro modo de alcanzar el ideal estoico es detenerse a dialogar con los grandes maestros de sabiduría, esos que el tiempo les ha dado la autoridad en las cuestiones del vivir. Estos maestros no sólo han vivido: han tenido el tiempo para desentrañar los misterios de la existencia y la condición humana, los han diseccionado y han obtenido las reglas universales que permitan al ser humano lidiar con lo inesperado y, sobre todo, hallar un sentido de paz y felicidad interiores que nos hagan más pasajero el viaje existencial. El diálogo con ellos es franco, exhortativo y sobre todo amigable: no es la cantaleta saturada de moralina que nos llegaría del púlpito o de los hipócritas rectores de costumbres de los medios de comunicación, hoy tan abundantes y tan ignorantes. Nada de eso. El diálogo con los filósofos antiguos es una charla con alguien que ha tenido idénticas vivencias que nosotros, ha sentido lo mismo que nosotros, pero tuvo la delicadeza de pasar por el tamiz de la reflexión dichas vivencias para luego devolvérnoslas con reglas claras, precisas y sintetizadas que nos permitan sobrellevar este "valle de lágrimas" y, en breve tiempo, superar la adversidad y mantener una actitud de sano optimismo en el diario vivir.

El diálogo con estos maestros no es como sentarse a escuchar un sermón o una lección magistral: es más bien como charlar con un amigo teniendo un café frente a nosotros. Regalarles unos minutos a estos sabios para mantener un diálogo abierto sobre lo que nos aflige a cambio de un consejo fabulosamente sintetizado que nos obsequian es la mejor inversión que podemos hacer en nuestros ratos de ocio. A cambio, obtendremos magníficas reglas del vivir que nos evitarán lamentos y lágrimas futuras, alcanzaremos en breve tiempo la actitud necesaria para acometer la vida que, de otro modo, tardaríamos largo tiempo en adquirir, si bien nos va, y lo mejor de todo, nos ahorraremos muchos sinsabores y desgracias por haber puesto a tiempo en práctica los consejos de estos sabios antiguos.

Este modo de llegar al estoicismo es suave: sólo exige de nosotros charlar con dichos maestros unos minutos, elegir la máxima que a nuestra alma le atraiga y llevárnosla saboreando como un dulce para extraerle toda la sabiduría implícita que posee. En ocasiones, una sola de esas frases nos brindará horas, o hasta días, de profundo pensar; sentiremos que en nuestro espíritu algo novedoso comienza a moverse, a cambiar, a evolucionar. Sin necesidad de tantos golpes de vida, en un breve periodo el alma adquirirá una visión diferente del mundo y de sus habitantes. Así, de manera casi inofensiva, habremos empezado a caminar la senda de la sabiduría, esa donde muchos han quedado derribados, a la zaga o al borde del camino; sin casi cicatrices en el alma, estos maestros nos habrán anticipado los lugares donde la existencia tiene trampas, donde nos acecha, donde nos amenaza. Si al final del día deseamos obtener un sentido de realización y, lo mejor de todo, una sensación de paz interior, entonces dichos maestros serán nuestros mejores compañeros del camino, nuestros "espejos del alma".

Llegados a este punto, es el momento de elegir un guía en tan fascinante viaje. Con esta obra, estimado lector, vengo a proponerte al que considero como el mejor de todos, Lucio Ánneo Séneca. Y no tanto porque sea el mejor filósofo, sino, precisamente, por ser el mejor maestro, es decir, aquél que te guía de modo agradable y sencillo por las complejidades de una doctrina, sin por ello dejar de ser elevado. Su capacidad de evocación, su dominio de la filosofía estoica, sus ejemplos tan elocuentes, sus metáforas inspiradoras, sus exhortaciones profundas, su amistosa cercanía lo vuelven ideal: si deseas hallar un guía verdadero para lograr la felicidad, entendida ésta como paz interior, he aquí el ideal.

Aunque las cartas que estás por leer fueron escritas para un destinatario cierto, Séneca, al igual que muchos filósofos de la antigüedad clásica, no escribió para su época, sino para la posteridad. En muchas ocasiones parecerá que nuestro filósofo no se dirige a Lucilio, sino a ti, benévolo lector. La fuerza filosófica de la obra trasciende al destinatario y se dirige atemporalmente a todo el que dialogue con Séneca: atrévete de vez en cuando a cambiar el nombre de Lucilio por el tuyo, y sentirás tan personalizado el consejo, tan cercana la exhortación, que no desearás separarte de este amigo cierto que con su luz te anticipará los golpes de la vida.

Una sola cosa te pido a partir de este momento. Trata con respeto y aprecio esta obra: tocas sabiduría. Tienes ante ti un tutor que te ha tomado bajo su cuidado y que te dejará partir hasta ver tu alma crecida y fortalecida; posees un consuelo cierto ante las desventuras, un espejo que no se dirige a tu cuerpo, sino a tu espíritu, donde podrás verte desnudo en tu grandeza y tu miseria, y con el cual lograrás en poco tiempo embellecerte desde el interior; un terapeuta que no ve en ti un cuadro patológico tratable con anti-depresivos, sino un maestro amistoso que ve a un ser humano con naturales virtudes y vicios, que busca exaltar las primeras y dominar los segundos. Aquí no hallarás verborrea motivacional que por un instante te exalta y que al poco tiempo te hunde aún más en la desesperación; aquí sólo hallarás un diálogo amigable que te brindará materia de reflexión gracias a la cual, en muy poco tiempo, comenzarás a ver los resultados de tan provechosa lectura. Resultados que, te lo garantizo, durarán por siempre, querido lector.

Julio César Navarro Villegas
Junio de 2015

ESTUDIO INTRODUCTORIO

La biografía y trayectoria literaria de Séneca pueden consultarse en el ensayo dedicado exclusivamente al filósofo y su doctrina, llamado "Claves de la felicidad".

I. Fecha de composición de la obra y destinatario.

Las *Epistulae morales ad Lucilium*, la más madura y elevada de las obras de Séneca, fueron compuestas casi al final de su vida. Una de las primeras cartas, que deja claro que escribe tras su retiro de la vida pública[1], probablemente puede fecharse en la primavera del 62 d. C.[2] Son extremadamente raras las referencias a hechos históricos que puedan ser fechables con seguridad; sólo una carta puede ser relacionada con un suceso seguro, la carta 91, donde Séneca menciona el incendio de *Lugdunum* (Lyon), que ocurrió a finales del verano del 64 d. C.[3] En cuanto al resto, debemos contentarnos con unos pocos indicios dispersos por meses o estaciones: la carta 18 fue escrita en diciembre, durante la fiesta de las *Saturnalia*[4]; la carta 23, durante una primavera fría que siguió a un invierno cálido[5]; la 67, hacia finales de otra

---

[1] *Ep.* 8, 1-2: "En este momento me he apartado y cerrado la puerta por dentro para así ser más útil al prójimo… Me he apartado no tanto de los hombres, sino de los asuntos, y principalmente de los míos".

[2] Tácito, *Ann.* 14, 52-56.

[3] Cfr. Tácito, *Ann.* 16, 13, 3.

[4] *Ep.* 18, 1: "Es diciembre, el mes… <de> la fiesta de las Saturnales".

[5] *Ep.* 23, 1: "¿Crees que escribiré acaso sobre lo clemente del invierno hacia nosotros, que fue breve y apacible, que la primavera es severa, que el frío llegó

primavera igualmente fría[6]; la 86, hacia fines de junio[7]. En consecuencia, si la primavera mencionada en la carta 23 es la misma que la de la 67, debe ser la primavera del 64 d. C., y el mes de diciembre de la carta 18 puede ubicarse en el año 63 d. C. Esta es la llamada cronología "corta". Por el contrario, si las cartas 23 y 67 se refieren a las dos primaveras sucesivas del 63 y del 64, la carta 18 obviamente se refiere al diciembre del 62 d. C., la llamada cronología "larga". Así, es probable que las *Epistulae* fueran escritas entre el verano del 62 d. C. y el invierno del 64 d. C.[8]

Destinatario de la obra era Cayo Lucilio Menor, escritor nacido en Campania proveniente de familia de modestos orígenes[9]. Fue amigo de Séneca, de quien era unos años más joven, y destinatario de algunas obras suyas, como las *Quaestiones naturales* y el tratado *De providentia*. Había detentado el cargo de *procurator* en algunas provincias, y durante un tiempo fue procurador imperial en Sicilia. Escribió un tratado filosófico que no ha llegado a nosotros, y poesías latinas de donde Séneca retoma algunos versos[10]. Al parecer, Lucilio era seguidor de la doctrina de Epicuro: en varias de las primeras cartas se debaten puntos de vista entre estoicos y epicureístas; muy probablemente Lucilio se sintió

---

intempestivamente...?"

[6] *Ep.* 67, 1: "la primavera había comenzado a despuntar, pero ya cuando declinaba hacia el invierno, justo en el momento en que debían iniciar los primeros calores, volvió a enfriarse y no debemos confiarnos de ella, porque frecuentemente indica un regreso al invierno".

[7] *Ep.* 86, 16: "ahora, mientras te escribo, el mes de junio ya se dirige a julio".

[8] Cfr. GRIMAL, Pierre, *Seneca*, Garzanti, Milán, 2001, 130-133.

[9] La *gens* (familia) Lucilia era de orígenes plebeyos, y sólo produjo un personaje de cierta celebridad, el poeta Lucilio. Durante época republicana hallamos el cognomen *Balbus* y *Bassus*, y durante el imperio a *Capito* y *Longus*. Cfr. SMITH, William, *Dictionary of greek & roman biography & mythology*, Little, Brown & Co., Boston, 1870, vol. 2, *s. v.* "Lucilia gens".

[10] *Ep.* 8, 10 y 24, 21. Basados en *Ep.* 79, Wernsdorff y Jacob le atribuyen el poema corto *Aetna*, conservado en el Appendix Vergiliana. Cfr. SMITH, William, *Dictionary of greek & roman biography & mythology*, op. cit., *s. v.* "Lucilius junior".

interesado por la doctrina del Pórtico, y poco a poco Séneca lo va atrayendo hacia el estoicismo.

II. Motivación y contextos de la obra.

Probablemente a principios del año 62 d. C., Séneca, hasta ese momento consejero íntimo del joven emperador Nerón, dándose cuenta de la imposibilidad de frenar la crueldad e insolencia del segundo, de no poder inducirlo a gobernar según los principios enunciados en su tratado *De clementia*, decidió retirarse de la vida política para retirarse en sí mismo y cultivar la sabiduría, profundizando en la meditación alrededor de la virtud, de la que depende el valor de cada acción humana[11]; de la sabiduría; de la verdadera felicidad; de la fugacidad de la vida; de la muerte, etc., tópicos que ya había experimentado durante el curso de su ajetreada existencia, sometida a durísimas pruebas (la salud delicada, el exilio, etc.). Él había experimentado la gloria y el poder como árbitro de la política imperial, había gozado de la riqueza y el favor de los grandes, había tenido oportunidad de observar la vida de los hombres entregados al placer, a la ambición, ávidos de riquezas, de honores, y se había convencido de la absoluta vanidad de lo que es objeto de los deseos comunes, de las ansias y temores continuos de quien, siempre observando el mañana, deja que su vida dependa de los accidentes externos, expuesto a la fortuna caprichosa o al falso modo de juzgar de quien se detiene en la apariencia al considerar a humanos y cosas.

Es sabido que en época imperial, cuando se ensañaba el feroz y ciego despotismo de Calígula, de Nerón, de

---

[11] *Ep.* 83, 13: "cualquier cosa a la que se le agrega la virtud adquiere un esplendor que anteriormente no tenía".

Domiciano, la doctrina estoica constituyó el único consuelo y sostén para los espíritus más nobles de la época que deseaban mantener intacta la propia dignidad y reaccionar a la corrupción imperante. Ahora, el principio más profundo y vivo del estoicismo, inculcado por la enseñanza de Zenón de Citio, de Cleantes y de Crisipo, según el cual el hombre es verdaderamente hombre si logra elevarse por encima de la fortuna, si logra frenar los deseos y temores que agitan y sacuden a la mayoría de humanos, si logra considerar el dolor y la muerte como hechos de suyo indiferentes, que no pueden tocar el ánimo capaz de dominarlo todo[12], capaz de volverse superior a los juicios engañosos de la multitud, de afirmar enérgicamente el valor del propio yo frente a la realidad externa, independientemente de la belleza, de la fuerza física, de los honores y de la condición social, de gozar sólo de sí mismo, se ha impregnado íntimamente en el corazón de Séneca, se ha vuelto motivo de exaltación y de entusiasmo, constituyendo la atmósfera dominante de sus *Epistulae*. Pues tal principio no opera en Séneca como simple enunciación teórica, sino que colma toda su vida, en armonía con la afirmación que para ser sabio no basta conocer las normas de la sabiduría sino "impregnarse de ellas"[13], colma su corazón de orgullo y de alegría divina, permitiéndole proclamar, ya viejo y enfermo, cercano a la muerte, aparentemente vencido, su victoria sobre todo y sobre todos: sobre el déspota que amenaza frecuentemente con muerte y tormentos; sobre la gloria; sobre los honores; sobre las riquezas y sobre los placeres que no le atraen más, pues ha reconocido su profunda vacuidad. Séneca afirma contemplar

---

[12] *Ep.* 98, 2: "En verdad, el ánimo despliega una acción más incisiva que cualquier capricho de la fortuna y dirige a una y otra parte lo que le es propio, siendo causa eficiente tanto de una vida feliz como de una vida miserable".

[13] *Ep.* 94, 48: "Quien ha asimilado tales nociones y entendido lo que debe hacer y lo que debe evitar, aún no es un sabio si su espíritu no se ha modelado en aquello que ha formado el objeto de su aprendizaje".

la sabiduría con la misma maravilla que contempla el universo, observándolo a menudo como si por primera vez abriera sus ojos hacia aquél[14]. Ahora esa maravilla, ese entusiasmo de frente a los efectos producidos por la sabiduría ante la cual el hombre "invicto, mira desde lo alto el propio sufrimiento"[15] prácticamente no logran siquiera rozar la fortaleza de su alma, se vuelve igual a Dios, si no es que superior, porque esa serenidad que el sabio ha logrado conquistar con su virtud Dios la posee por naturaleza[16], caracteriza al espíritu de Séneca en las *Epistulae*; incluso considera que el hombre más humilde, o el enfermo, puede superar a cualquier héroe en el momento en que sufre pero soporta sin gemir, logrando así elevarse por encima de la fortuna: "Es posible entrar al cielo por un rinconcito"[17]; la belleza del sabio resplandece "incluso bajo el más escuálido aspecto"[18], ya que para Séneca no existe el libre o el esclavo, el noble o el plebeyo, sino sólo el humano que en cualquier condición puede volverse émulo de la divinidad si es virtuoso: "El espíritu, pero un espíritu recto, bueno y magnánimo. ¿Y de qué otro modo podría llamársele sino un dios que mora en el cuerpo humano? Dicho espíritu puede residir por igual en un caballero romano, en un liberto o en un esclavo. ¿Qué son, en efecto, un caballero, un liberto o un esclavo? Simples nombres nacidos de la ambición o de la injusticia"[19].

---

[14] *Ep.* 64, 6: "la contemplo con los mismos ojos extasiados con los que otras veces contemplo el universo, este universo que frecuentemente observo como si fuera un espectador del todo nuevo".

[15] *Ep.* 85. 29.

[16] *Ep.* 53, 11: "pero hay un punto por donde el sabio supera a la divinidad: ésta no prueba temor en virtud de su naturaleza, el sabio por mérito propio".

[17] *Ep.* 31, 11.

[18] *Ep.* 115, 7.

[19] *Ep.* 31, 11.

11

Y por ello no es extraño afirmar que un soplo épico parece invadir el mundo en que Séneca nos introduce, representando no tanto la victoria del hombre en lucha con otro hombre por la posesión de un reino, sino la victoria del hombre en lucha contra el sufrimiento, contra el temor de la muerte, contra la suerte adversa. Es la verdadera epopeya del ánimo que todo sujeta a su poder, a todo da su sello, que sabe vivir con dignidad o morir con valor, pues según la doctrina de nuestro filósofo, cuando la vida ya no es digna de ser vivida por irremediables condiciones físicas o de otro tipo el hombre no sólo puede, sino que debe dejarla, afirmando así su libertad incondicional. Por ello se entiende cómo para Séneca los valores tradicionales ya no existen. En sus *Epistulae* hallamos a Alejandro, a Mario, a Pompeyo, a César, generalmente considerados fuertes y dominadores; pero Séneca desciende a sus corazones, nos hace ver que en realidad fueron vencidos por el orgullo, la ambición, la pasión desmedida que tiene a sus espíritus en un ansia perpetua y les impulsa irresistiblemente a nuevas metas, arrastrándoles sin remedio al abismo. "Aunque Mario guiaba a sus ejércitos, la ambición guiaba a Mario"[20]. Por el contrario, el héroe de Séneca es Sócrates quien, bebiendo el veneno injustamente administrado, pasa "de la cárcel al cielo"[21] en un instante; y Catón, íntegro y puro, que se mantiene impávido en medio de innumerables torbellinos en la República, y tras la batalla de Tapso, no pudiendo ya vivir entre gente libre, debilitado de cuerpo, mas no de ánimo, se arranca las vendas con que cubrían su herida, "y esa alma generosa, desdeñando todo aquel poder terreno, no huyó, sino que se liberó"[22]; su héroe es también Rutilio, inocente condenado; es Estilpón, que atraviesa sin inmutarse las

---

[20] *Ep.* 94, 66.
[21] *Ep.* 67, 7.
[22] *Ep.* 24, 8.

llamas y las casas derrumbadas de su patria, constriñendo de ese modo al conquistador Demetrio a dudar de su victoria[23]; es incluso el humilde gladiador que, llevado a la arena, se aparta con un pretexto y sirviéndose del medio más impensado se mata, sustrayéndose así a la muerte y a la esclavitud[24]. Estos son los héroes de Séneca, qué se propone a sí mismo y a otros como modelos; en ellos ve ejecutado el ideal de magnanimidad e independencia espiritual en la que el hombre que no desea estar a la merced de la fortuna, mutable y caprichosa, de los deseos insaciables y de los temores vanos, puede hallar la salvación y el consuelo ante cualquier evento.

III. Naturaleza de la obra.

Las *Epistulae* son una especie de "diario" que Séneca mantuvo al final de su vida; sin embargo, también son el testimonio de la iniciación de Lucilio en la doctrina del Pórtico. Hay varias razones para afirmar lo anterior.

Primero que todo, debemos señalar que las *Epistulae* tienen la intención de ser una dirección espiritual y una guía para la educación ética (incluyendo la auto educación) y el progreso moral, involucrando activamente a destinatario y remitente. Esto implica una etapa inicial dirigida a ganar el apoyo del destinatario hacia el programa educacional de Séneca (cartas 1-88), seguida de una etapa posterior que consiste en las enseñanzas concretas de los postulados del estoicismo, aunque la etapa previa (denominada *admonitio*) nunca será totalmente sustituida. Como veremos, ambas etapas conllevan diferentes enfoques lingüísticos y

---

[23] *Ep.* 9, 19.
[24] *Ep.* 70, 23: "bajó la cabeza a tal punto que la metió entre los rayos de la rueda y se aferró a su asiento hasta que el giro de la rueda le despedazó el cuello".

estilísticos, viéndose reflejadas en las dos partes de la colección, dirigiéndose la segunda (cartas 89-124) gradualmente a cuestiones teóricas más que a la *paraenesis* moral.

De ahí precisamente que se les denomine "morales", porque su propósito y tema dominante es, en palabras de Fantham[25], vigorizar a Lucilio en su lucha por alcanzar la sabiduría y la serenidad de un hombre que no se deja influir por emociones mundanas como el deseo o el miedo, o por reacciones iracundas y envidiosas hacia los demás. Aunque muchas cartas inician con viñetas coloridas de las experiencias cotidianas de Séneca y derivan luego a la crítica literaria o al comentario social, las cartas son, sobre todo, un curso de "terapia moral" tendiente a la *cura sui*, al cuidado de uno mismo, diseñado para fortalecer la integridad moral de Lucilio a través de un programa bien definido que se mueve, según Setaioli, en dos etapas[26]: la primera es la *admonitio*, una técnica retórica que no se dirigirá a la razón del receptor o del lector, sino que hará leva en sus emociones[27]. Para tal objetivo Séneca se vale admirablemente de su educación retórica, dando vida a su inconfundible estilo, y con ello trascender la retórica propia de la escuela en una dirección

---

[25] FANTHAM, Elaine, *Seneca: selected letters*, Oxford University Press, Nueva York, 2010, xx.

[26] Cfr. SETAIOLI, Aldo, *La Filosofia come terapia, autotrasformazione e stile di vita in Seneca*, en GASTI, Fabio (ed.), *Seneca e la letteratura greca e latina. Per i settant'anni di Giancarlo Mazzoli: atti della IX giornata Ghisleriana di filologia classica*, Pavia, 22 ottobre 2010, Pavia University Press, Pavia, 2013, 1-18.

[27] Ello se corresponde con la teoría paneciana del *sermo*, según lo consagra Cicerón (*De off.* 1, 132-137), que abarca tanto la *admonitio* como el *sermo* de Séneca (en la terminología senequista el segundo es el tipo de discurso no emotivo que, como veremos, será empleado en una fase posterior de la terapia). Por cuanto la *admonitio* pueda alcanzar un alto nivel de emotividad (como puede verse en *Ep.* 60, 1; cfr. *Ep.* 25, 1 y 51, 13), el terapeuta estimulará sin duda la emotividad del paciente, pero nunca perderá el control de sí mismo (como puede verse en *Ep.* 40, 7). Cfr. *De off.* 1, 136. El apelar a la emotividad del destinatario no es más que el primer paso hacia la meta final del restablecimiento de su racionalidad.

sorprendentemente moderna. Podría parecer que al dirigirse a las emociones más que a la razón, Séneca se contradiga con la postura de la escuela, pero ello no es verdad. Según los estoicos, las pasiones, si bien derivan de un juicio erróneo, son insensibles a la razón. Por ello, es fútil intentar corregir este juicio por medio de razonamientos. Crisipo, el segundo fundador de la escuela estoica, va aún más allá: en la terapia de casos urgentes, el terapeuta debe valerse de cualquier "medicina" que tenga posibilidad de actuar sobre el paciente, aunque no corresponda a la verdad, es decir, aunque no se trate de principios provenientes del estoicismo[28]. Justamente eso hace Séneca con Lucilio: de forma algo sorprendente para un estoico, arropa a Epicuro bajo la bandera de su *admonitio* ética.

La segunda etapa de la terapia moral de Séneca es lo que llama *meditatio*[29]. En este nivel recurre todavía a técnicas verbales, pero se acompaña ya de ejercicios total o parcialmente prácticos. La *meditatio* verbal puede considerarse una forma de autosugestión, en tanto que los ejercicios prácticos son una forma de ascetismo preparatorio. Mientras que la *admonitio* puede dirigirse a todas las pasiones, la *meditatio* tiene por objeto principal vencer el miedo, dando a Séneca y a sus destinatarios la fuerza necesaria para superar el temor de desgracias futuras, como la pobreza, la enfermedad, el exilio, etcétera. Al igual que la *admonitio*, no se dirige todavía a la esfera racional, dado que no se propone corregir la pasión en cuanto juicio errado y demostrar que todas las desventuras no son en realidad "males", sino sólo "cosas

---

[28] *SVF* 3, 474. Crisipo formuló esta idea en su escrito sobre la terapia de las pasiones. Menciona explícitamente un enfoque peripatético y uno epicúreo. Ambos pueden ser usados para prevenir el peligro de fracaso en la terapia, que podría derivar en perder tiempo con confutaciones doctrinales. Respecto al epicureísmo, afirma que el terapeuta debe mostrar al paciente que incluso dicha doctrina rechaza la pasión.

[29] Esto sucede en una fase sucesiva a la "conversión": los que practican la *meditatio* están ya comprometidos en el intento de mejorar moralmente.

indiferentes". Ello correspondería perfectamente con la doctrina estoica, cuya posesión en dicho nivel no se presupone aún ni se pide en los destinatarios de Séneca. En algunas cartas, Séneca parece adoptar el punto de vista de Epicuro, rehusando, como el maestro griego, a preocuparse de desgracias que nunca podrían materializarse[30]. Sin embargo, su actitud más común es muy diferente: exhorta a prepararse ante las calamidades, con objeto de estar listos para afrontarlas todas[31]. Como veremos más adelante, Séneca considera la *meditatio mortis* como la más necesaria de todas la *meditationes*, por un lado, porque se trata de la única desgracia que llegará con seguridad, y por otro porque es la única para la que no es posible prepararse con ejercicio físico.

Es obvio que, como la *admonitio*, la *meditatio* verbal recurre ampliamente a las figuras retóricas que se dirigen más a las emociones que a la razón. Se trata de una autosugestión que puede ser extremadamente útil desde el punto de vista terapéutico, pero que no puede considerársele el único medio para alcanzar una vida feliz, ni el aspecto más importante de la enseñanza senequista; el apelo a las emociones es esencialmente propedéutico, mientras que la meta final es en verdad el restablecimiento de la racionalidad. Lo que hace importante a la *meditatio* es en sí el hecho de que no busca ofrecer un alivio momentáneo contra el miedo, sino más bien producir una transformación espiritual permanente que permitirá pasar al siguiente nivel de la terapia.

---

[30] *Ep.* 13, 4: "te aconsejo que no seas infeliz antes de tiempo; si por alguna razón esas situaciones amenazadoras y angustiantes no llegaron, seguramente ya no llegarán", y 74, 33: "¿qué cosa hay de más insensato que el atormentarse por los males futuros y no reservar las propias energías para los sufrimientos reales, sino invitar a las desventuras y permitir que nos aplasten?"

[31] Séneca no es incoherente, sino simplemente remite la *meditatio* al momento en que el receptor ha progresado lo suficiente para estar en grado de controlar racionalmente la expectativa de desgracias futuras, en vez de dejar que nos superen.

Los ejercicios prácticos, o parcialmente prácticos, que acompañan a la *meditatio* verbal, si bien se proponen también para el objetivo primario de vencer el miedo, poseen un alcance más amplio. Pueden dirigirse incluso a la pasión opuesta, el deseo[32], y pueden tener también otros objetivos: por ejemplo, aprender a concentrarse en un ambiente desfavorable a la concentración[33], o bien alternar compañía y soledad a la vista del progreso ético personal[34]. En último análisis, buscan transformar permanentemente la *bona voluntas* en *bona mens* y el *impetus*, el impulso incontrolado, en *habitus animi*, la disposición espiritual permanente[35].

Los ejercicios parcialmente prácticos comprenden el examen de conciencia y el uso fructífero de la imaginación. El examen senequista de conciencia, verdadero "ejercicio espiritual" filosófico, debe practicarse cotidianamente[36] y exhorta a los demás a hacer lo mismo[37]. A diferencia de otros

---

[32] Cfr. *Ep.* 123, 3: "nadie puede tener todo lo que desea, pero puede no desear lo que no tiene y disfrutar con perfecta alegría de los bienes que se le ofrecen".

[33] Cfr. la vivaz descripción en *Ep.* 56.

[34] Séneca solicita primero alejarse de las compañías perjudiciales que impiden el progreso espiritual (*Ep.* 7, 6: "Hay que retirar del pueblo al espíritu blando y poco perseverante en lo virtuoso: ante la muchedumbre fácilmente se transforma"), luego aprender a estar a solas con uno mismo para trabajar intensamente en el propio progreso (*Ep.* 10, 2: "no encuentro con quien debas convivir más que contigo") y finalmente ya poder "volver" al mundo debidamente renovado (*Ep.* 25, 6: "cuando hayas progresado de modo tal que puedas ya respetarte, te será permitido renunciar a tu pedagogo").

[35] Cfr. *Ep.* 16, 1 y 6: "se requiere mayor trabajo intelectual al perseverar activamente en este plan de conducta que en tan sólo proponerse vivir de modo honorable… no dejar<é> de exhortarte y motivarte, evitando así que el ímpetu de tu espíritu se debilite y apague".

[36] *De ira* 3, 36; *Ep.* 83, 2. La práctica se originó en el pitagorismo (Cicerón, *De sen.* 38); al menos a partir de cierto momento no tuvo ya el objetivo de ejercitar la memoria, sino de mejorar el propio yo.

[37] *Ep.* 16, 2: "Despabílate, obsérvate y analízate de diversas formas; ante todo, fíjate si has logrado algún avance en la filosofía y en el propio estilo de vida"; 28, 10: "en la medida que puedas, repréndete, y luego indaga en ti mismo; primero sé la parte acusadora, luego el juez, y finalmente el interceptor. Alguna que otra vez sé exigente contigo" y 68, 6: "te recomiendo un retiro en el cual puedas hacer cosas más importantes y bellas a las que has dejado".

ejercicios, el examen de conciencia se dirige al pasado más que al futuro; pero solamente el conocimiento de uno mismo puede hacernos mejores[38] y permitirnos actuar eficazmente en apoyo de los demás, en el momento presente como en el futuro. El mundo de Séneca fluctúa continuamente entre el mundo interior y el exterior. El autoexamen y la auto transformación avanzan de la mano; y en efecto, el concepto de auto transformación recibe la propia formulación más eficaz justo en relación con esta idea: "Voy percibiendo, Lucilio, no tanto cómo me enmiendo, sino cómo me transformo"[39]. Este verbo, "transformar", es seguido en este contexto por otras expresiones que implican mutamento y mejora[40], además de la omnipresente metáfora médica[41]. Sin embargo, en esta fase el proceso está lejos de haber concluido: Séneca ha cambiado, pero aún está lejos de la meta; es consciente del hecho de que aún falta mucho por cambiar[42]. El examen de conciencia puede ir más allá del efecto inmediato de abrir los ojos al neófito e iniciar de hecho su transformación, pero no puede considerarse suficiente para llevarla a conclusión.

Un ejercicio que implica el uso de la imaginación consiste en representarse la presencia de una figura éticamente irreprensible y universalmente respetada como testigo invisible de cada acción nuestra[43]. Ello presupone

---

[38] *Ep.* 28, 8: "'Reconocer la propia culpa es el inicio de la curación'. Me parece que con esto Epicuro dijo algo egregio: quien no sabe que está fallando, no deseará corregirse; conviene que antes de enmendarte te descubras en el error".

[39] *Ep.* 6, 1.

[40] *Ep.* 6, 1 y 2: "Y tal idea es más evidente en un espíritu transformado, el cual ahora contempla los vicios que antes ignoraba... por ello, he deseado fervientemente compartir contigo tan repentina transformación mía".

[41] *Ep.* 6, 1: "comúnmente sucede que ante algunos enfermos ciertos hombres se dieron cuenta felizmente de su mal".

[42] *Ep.* 6, 1: "mas no aseguro ni creo que ya nada deba cambiar".

[43] Séneca toma prestada esta idea de Epicuro. Cfr. *Ep.* 11,8: "'Algún hombre virtuoso debe estimarnos y siempre tenemos vigilados para que vivamos como si nos estuviese juzgando y hagamos nuestros quehaceres como si nos estuviese observando'"; y 25,

obviamente que el receptor está todavía lejos de poder actuar moralmente de forma autónoma; deberá todavía perseverar en la vía de la salud espiritual antes de poder renunciar a su tutor[44].

Entre los ejercicios que requieren un comportamiento práctico, el más característico es simular una situación indeseable temida por quien no ha asimilado perfectamente la doctrina estoica y considera erróneamente como un mal: la pobreza. Se trata de una forma de ascetismo que en época de Séneca había perdido mucho de su significado original, hasta volverse una forma de ostentación esnobista, como él mismo observa repetidamente[45]; sin embargo, en nuestro filósofo esa práctica conserva un valor serio. Séneca recomienda a Lucilio ejercicios de pobreza voluntaria[46] que él mismo practica[47]. Claro, la pobreza no es en sí necesaria para la sabiduría: Séneca es un estoico, no un cínico; pero lo

---

5-6: "'actúa en todo como si Epicuro te observase'". Sin duda que es útil imponerse y tener un vigilante al que vuelvas tu mirada, al que hagas partícipe de tus pensamientos. En verdad es mucho más grandioso vivir siempre bajo la mirada vigilante de un hombre virtuoso y firme de carácter, pero incluso estaré satisfecho si actúas, dondequiera que sea, como si alguien te observase; la soledad nos impulsa a todo tipo de males. Cuando hayas progresado de modo tal que puedas ya respetarte, te será permitido renunciar a tu pedagogo; entre tanto, debe cuidarte alguien de autoridad, como aquel famoso Catón, o Escipión, o Lelio, o algún otro ante cuya presencia incluso los hombres depravados contuvieron sus vicios, hasta llegar a ser tal que no te atrevas a cometer una sola falta ante ti mismo". En *Ep*. 32, 1 Séneca se propone a sí mismo como testigo invisible de las acciones de Lucilio, como antes de él lo habían hecho Epicuro y Zenón.

[44] *Ep*. 25, 6: "Cuando hayas progresado de modo tal que puedas ya respetarte, te será permitido renunciar a tu pedagogo".

[45] *Ep*. 18, 7: "No pienses que hablaré de las cenas Timoneas, o de los cuartuchos de los pobres y de todo eso con que la comodidad de las riquezas juega para alejar el aburrimiento"; *Ep*. 100, 6: "les falta la variedad de mármoles... la estancia del pobre y todo lo que la pasión por el lujo reúne".

[46] *Ep*. 18, 5: "vive algunos días contentándote con el mínimo de alimentos, con una vestimenta burda y áspera"; *Ep*. 20, 13: "considero necesario imitar las acciones de tan excelsos varones, elegir algunos días en los que nos ejercitemos con una pobreza imaginaria para cuando llegue la verdadera".

[47] *Ep*. 87.

19

importante en este ejercicio es pasar de una forma de protección contingente ante una desgracia temida a un verdadero ejercicio y verificación de autosuficiencia, como una dote permanente que deberá ser lo propio del sabio[48].

Conforme Lucilio progresa bajo la guía de Séneca, comienza también a favorecer el progreso moral de este último[49]. Cuando el proceso descrito llega a su conclusión, el fin estoico último ha sido alcanzado, el *summum bonum*, es decir, el restablecimiento de la armonía con la naturaleza y con el *logos*, que se identifica con la felicidad, la sabiduría y la virtud. Por tal motivo la vida no debe perderse en actividades inútiles[50], sino dedicarse total e incesantemente al mejoramiento del propio yo en vista de esa meta.

IV. Temas tratados.

Una vez comprendido el método de la "terapia moral" de Séneca, podemos pasar a desarrollar los temas específicos que aborda en sus *Epistulae*. Sorprende saber que no son demasiados, sino una serie de tópicos muy específicos tratados de diversos modos. A lo largo de sus cartas, Séneca va desarrollando dichos temas como si se tratase de "niveles", casi como si fuera un videojuego, permitiéndoseme la analogía. La "historia central" nunca se pierde, sino que va enriqueciéndose con nuevos aspectos, al

---

[48] *Ep.* 20, 8: "que tus pensamientos tiendan hacia este objetivo, preocúpate por ello, elígelo, y pide a la divinidad renunciar a todo lo demás, para que seas feliz contigo mismo y con los verdaderos bienes que surgirán de tu interior". Con todo, a este nivel la autarquía se intenta todavía de forma experimental, no se ha aferrado y adquirido teóricamente.

[49] *Ep.* 43, 2: "Cuando vi tu inclinación, te impuse mi mano, te exhorté, te estimulé continuamente y no dejé que alentaras el paso, sino que a menudo te instigué; y ahora hago lo mismo, pero ya te exhorto mientras corres y ahora incluso impulsas al exhortante".

[50] Cfr. *Ep.* 22.

tiempo que va siendo recordada bajo nuevas metáforas en misivas posteriores.

El tema general de las cartas es que la virtud, o bien moral, entendida como hábito positivo de conducta, es el único bien verdadero[51], y el vicio el único mal; lo que es considerado comúnmente por la gente como "bien" y "mal" es en realidad "indiferente" (*indifferens*). Así, por ejemplo, la muerte no es un mal[52]; incluso el suicidio es la garantía de liberación del sabio, siempre que se derive de una causa elevada y no de un vulgar *taedium vitae* (fastidio de vivir). Todo debe dirigirse a obtener la "recta razón" (*recta ratio*); esto conlleva la aceptación libre y voluntaria del orden cósmico: el destino es perfectamente equivalente con la Providencia. Si estamos bien dispuestos, nada podrá evitar que adquiramos la virtud. En este sentido es crucial la voluntad humana y el cultivo de nuestra capacidad racional para dirigir sabiamente nuestras vidas. A partir de esta premisa el esquema se enriquece del siguiente modo.

Un tema particularmente desarrollado en las *Epistulae* es la reflexión que hace Séneca del tiempo, cuya fugaz transitoriedad debe conquistarse al apropiárselo como un ideal presente, arrebatado a la contingencia. Cuando se alcanza la perfección moral, un instante no difiere de la eternidad[53]. El tema del tiempo es ya planteado desde la primera carta, y prácticamente determinará el devenir de la relación epistolar con Lucilio: sabedor del poco tiempo que

---

[51] *Ep.* 27, 3: "Solamente la virtud garantiza una alegría perpetua y segura".

[52] *Ep.* 30,6: "la muerte es ajena a todo mal, como es ajena a todo temor de un mal".

[53] *Ep.* 93, 8: "¿Preguntas cuál es el espacio de vida más dichoso? El de vivir hasta alcanzar la sabiduría. Quien la ha alcanzado, ha llegado a la meta más importante, no tanto a la más lejana"; *Ep.* 73, 13: "¿Bajo qué aspecto Júpiter Padre es superior al hombre virtuoso? Su bondad es más duradera; pero el sabio no se considera menos si sus virtudes se circunscriben a un espacio de tiempo" (cfr. *Ep.* 53, 11: "a un sabio el tiempo de su vida se presenta tan amplio como a un dios la eternidad", y *De Prov.* 1, 5: "entre los hombres buenos y los dioses hay amistad, pues la virtud la facilita").

le queda de vida, ya ante la amenaza de muerte que se cierne sobre su vida[54], ya ante la edad avanzada del filósofo[55], Séneca exhorta a su nuevo discípulo a perseverar con ahínco en aprender lo más pronto posible la filosofía estoica. Coronel Ramos resalta que para Séneca sólo el tiempo dedicado a aquello que *debemos* está preñado de frutos de sabiduría[56]; y en tal sentido, Séneca se propone enseñar a asumir el deber, al que se contrapone el mal y la negligencia. Quien desconoce el sentido del deber es para Séneca un ser inmaduro, un adulto con comportamiento de niño[57].

De aquí pasamos a otro tema en el programa formativo de Séneca: la autosuficiencia. Para nuestro filósofo, una vez que reconocemos la necesidad de no volver a desperdiciar el tiempo, viene la necesidad de aprender a hallar la dicha de vivir una rica vida interior como resultado de reconocer que el mundo exterior es inconstante, engañoso e intrigante[58]: no hay peor lugar para hallar la felicidad. Para Séneca, la autosuficiencia no significa despreciar al género humano, como lo pregonaban los cínicos, sino que significa una capacidad de satisfacción interior surgida de poseer una mente elevada y un espíritu sereno[59]. Dicho estado de

---

[54] *Ep.* 1, 2: "Realmente erramos en no vislumbrar la muerte: una gran parte de ella nos lleva ventaja, perteneciéndole todo lo que hay en el pasado".

[55] *Ep.* 35, 3: "Ven, pues, a visitarme: me harás un enorme regalo, y para apremiarte a hacerlo, piensa que tú eres mortal y que yo soy viejo"; *Ep.* 27, 4: "Hasta ahora ciertamente no hemos estado inactivos, pero debemos apresurarnos. Aún falta mucho trabajo y se requiere sin duda desvelo: debes aplicar mayor esfuerzo si anhelas culminar la misión."

[56] CORONEL Ramos, Marco Antonio, *La pedagogía vital de Séneca: enseñanzas para vivir moralmente y comportarse cívicamente*, en Educación XX1, UNED, Madrid, vol. 16, número 2, 2013, 86.

[57] *Ep.* 4, 2: "hasta ahora no subsiste la niñez sino, lo que es más grave, el infantilismo; y sin duda esto es peor, porque tenemos la autoridad del anciano pero los vicios del joven; y ya ni siquiera del joven, sino del niño: aquéllos temen a las cosas insignificantes, éstos a las que no existen, y nosotros a las dos".

[58] *Ep.* 10, 1: "apártate de la multitud, de los pocos, incluso de uno solo. No quisiera que te relaciones con nadie. Mira bien el concepto que tengo de ti: me atrevo a confiarte a ti mismo".

plenitud interior no pide indiferencia o insensibilidad, pues aun así podemos legítimamente llegar a experimentar y sentir las adversidades, pero gracias al autodominio podemos aprender a alejarnos emocionalmente de las sensaciones negativas que perturban el alma y con ello tomar los sucesos de la vida con entereza y serenidad[60]. En el camino, aprenderemos a dominar el alma ante lo incierto, y ello nos brindará una tranquilidad constante y firme, en nada pasajera. Esa tranquilidad de alma, esa paz interior, es para Séneca el preámbulo a la felicidad.

En relación directa con lo anterior está el tema de la fortuna o azar. Séneca exhorta frecuentemente a su discípulo a estar atento a lo incierto de la vida, a prepararse en caso de sufrir un revés: salvo aquellos actos que surgen de uno, sobre los cuales sí puede tenerse control[61], todo lo que nos rodea está sujeto a la inconstancia, a lo imprevisto[62], a lo fortuito, a lo azaroso. Nuestro filósofo aprovecha todo momento para recordar a su discípulo lo incierto de su posición, en ese momento un importante funcionario imperial en Sicilia; le recuerda que su cargo está rodeado de intrigas, reveses, traiciones y envidias[63]. Nada de lo que la fortuna le otorgó durará mucho: en vez de envanecerse por su alta posición, le aconseja mantener un espíritu constante y firme forjado incluso en medio de esa prosperidad[64], un espíritu que aspire

---

[59] *Ep.* 9, 5: "el sabio se basta a sí mismo, no porque desee estar sin amigos, sino porque puede estarlo".

[60] *Ep.* 9, 3: "Es importante tal distinción entre ellos y nosotros: cierto que nuestro sabio supera toda adversidad aunque la sienta, pero el de ellos no. Con todo, ambos tienen algo en común: el sabio se basta a sí mismo".

[61] *Ep.* 9, 15: "El bien absoluto no exige utensilios exteriores: los tiene ya en casa, todo lo toma de sí mismo; sin embargo, comienza por someterse a la fortuna si alguna parte suya busca hacia el exterior".

[62] *Ep.* 8, 4: "la fortuna no sólo cambia de rumbo, sino que cae de cabeza y se estrella dando vueltas".

[63] *Ep.* 8, 3: "¿Consideran este privilegio un favor de la fortuna? Son asechanzas".

[64] *Ep.* 18, 6: "En medio de esa misma seguridad, el espíritu se prepara para las adversidades y en medio de la prosperidad se fortifica contra los reveses de la

a una felicidad interior aun rodeado de riquezas[65]. La fortuna no logra perturbar al alma dominada en medio de la prosperidad o de la adversidad[66], pues la constancia de espíritu es el sello del hombre que es dueño de sí mismo. Frente al vulgo profano, que vive para la ostentación exterior, y por ende esclavizado a los caprichos del azar, Séneca aconseja un estilo de vida que sea superior, pero no ajeno, al de los demás[67]: el sabio se caracteriza por elegir lo mejor, es decir, lo más racional y noble; el hombre vulgar ignora lo mejor y se degrada en la apariencia[68], viviendo en perpetua angustia al ser juguete de las circunstancias.

Al llevar una vida introspectiva, este sabio modelo encuentra la fuente de la felicidad en su interior. Y esa interioridad está regida por la razón, "ley natural" del ser humano, según Séneca[69]. Actuar racionalmente, es decir, apegado a la naturaleza de nuestra especie, es el camino más sencillo a la felicidad. En el interior está la libertad total, esa que nada necesita de forma absoluta por depender sólo de uno mismo, allí donde reside la persona real, la que ha aprendido a manejar, no a reprimir, sus pasiones ciegas. La felicidad consiste en ese sano reposo vivencial surgido de la reflexión y el autoconocimiento, la cual no surge de manera espontánea, involuntaria y ocasional, sino que puede llegar a ser voluntaria y constante. Se da así una curiosa dicotomía: uno puede convivir con el mundo exterior del modo más normal posible, incluso obteniendo éxitos y poder material,

---

fortuna".

[65] *Ep.* 22, 4: "No hay ninguna necesidad de caminar la vía de la suerte: ya es algo poder resistir y no motivar el avance de la Fortuna, aunque no pueda rechazársele".

[66] *Ep.* 18, 7: "no se necesita de la fortuna para poseer seguridad; aun cuando esté enojada contigo, te dará lo que basta para cubrir las prioridades de la vida".

[67] *Ep.* 5, 2: "Que en nuestro interior todo sea diferente, aunque exteriormente nuestras cosas vayan acordes con las del pueblo".

[68] CORONEL Ramos, Marco Antonio, *op. cit.*, 88.

[69] *Ep.* 25, 4: "Volvamos a la ley natural; las riquezas verdaderas están al alcance de la mano".

pero ello no se vuelve un obstáculo para poseer una vida interior elevada y un ánimo dueño de sí mismo que sabe llevar con dignidad lo que la fortuna otorga[70]. Esto lleva a una vida equilibrada y coherente.

Escuchar a nuestra "ley natural", la razón, adquiere el más alto grado de elogio para Séneca[71]. Se le entrena cotidianamente a través del estudio y la reflexión de los postulados estoicos legados por los grandes maestros de la escuela, hasta volverlos una segunda naturaleza[72], un actuar instintivo ahora basado en el adecuado razonar, pero ello sin ostentaciones[73] ni aspavientos[74]. De hecho, para Séneca la vida apegada a la razón y la virtud es de tal modo elevada que llega a equipararla a la dicha que tiene la Divinidad sabedora de su perfección[75]: dicha afirmación, señala Coronel Ramos, supone calificar al sabio de imperturbable y feliz, dos de las características definitorias de la divinidad[76]. Nuestro filósofo muestra a Lucilio que vivir con apego a la razón es vivir en armonía con el orden de las cosas, un orden dictado por la Providencia que conduce a la dicha total: escuchar a la razón

---

[70] *Ep.* 5, 6: "quien observe detenidamente sabrá que somos diferentes al vulgo; quien entre a nuestra casa admirará más nuestra persona que nuestros muebles".

[71] *Ep.* 4, 1: "espera un regocijo mayor cuando hayas dejado atrás el carácter pueril y la filosofía te haya vuelto un hombre maduro"; *Ep.* 14, 11: "la filosofía es pacífica y su objeto de estudio no puede desaprobarse, siendo honrada por todas las ciencias y hasta por los peores individuos"; *Ep.* 16, 1: "nadie puede vivir dichosamente, ni siquiera tolerablemente, sin amor por la sabiduría, y ya con esa perfecta sabiduría edificar una vida dichosa habiendo al menos comenzado por hacerla soportable".

[72] *Ep.* 16, 1: "Pero esto que te es evidente hay que consolidarlo y grabarlo en la memoria con una reflexión diaria y muy elevada: se requiere mayor trabajo intelectual al perseverar activamente en este plan de conducta que en tan sólo proponerse vivir de modo honorable".

[73] *Ep.* 16, 3: "La filosofía no es como cualquier oficio popular ni un objeto para ostentar; su grandeza radica en los actos, no en las palabras".

[74] *Ep.* 5, 4: "La filosofía brinda principalmente sentido común, humanidad y afabilidad; pero la diferencia en cuanto a lo profesado no deberá aislarnos".

[75] *Ep.* 31, 9: "el camino que te propongo es seguro y agradable: la naturaleza te preparó para él. Te ha dado la virtud, y si no te alejas de ella, estarás a la altura de la divinidad".

[76] CORONEL Ramos, Marco Antonio, *op. cit.*, 90.

es escuchar la voz de la Divinidad influyendo y actuando positivamente en nuestras vidas según Su voluntad[77], la cual sabe mejor que nosotros lo que nos es más benéfico. Son frecuentes los pasajes de las *Epistulae* donde Séneca, apegándose a la doctrina estoica, afirma que los sucesos, sean cuales sean, son gobernados por una mente divina, a la que el hombre debe uniformarse gozosamente, hallando así la paz[78]; la Divinidad penetra en lo íntimo del hombre, está presente en sus pensamientos, se manifiesta de modo particular en el alma del sabio, en la cual siente la presencia de la divinidad[79]. Para Séneca, el sabio no dejaría de ser sabio ni de estar feliz de su sabiduría, aunque la muerte acabase con su vida: "pero supón que yo sea totalmente destruido y que tras la muerte nada quede del humano: tengo igualmente un alma grande, aunque mi deceso no implique el paso a algún otro lugar"[80].

Esto lleva también a saber aceptar con entereza y mejor dominio los sucesos que llegan a nuestra vida, ya vistos desde la óptica de una voluntad divina o de un azar de la fortuna. Séneca muestra a su discípulo la importancia de diferenciar entre resignarse y aceptar. Resignarse es derrotarse ante la corriente de la vida y dejarse arrastrar sin más por los acontecimientos[81]; aceptar, por el contrario, es saber recibir lo que llega de la vida, pero sin verse arrollado: es aprender a nadar con la corriente, volviéndola una aliada de nuestro éxito y no una enemiga. La aceptación tiene una connotación positiva: debemos saber distinguir si los sucesos

---

[77] *Ep.* 41, 1: "en nuestro interior se halla un espíritu sagrado, observador y custodio de nuestros actos buenos y malos".
[78] *Ep.* 74, 20: "que plazca al hombre todo lo que ha placido a la divinidad".
[79] *Ep.* 41, 1: "la divinidad está cerca de ti, está contigo, está dentro de ti".
[80] *Ep.* 93, 10.
[81] *Ep.* 23, 8: "Pocos adecuan su ser y su vida a la sabiduría: la mayor parte, como los objetos que flotan sobre el río, no van por sí solos, sino que son llevados; de estos, algunos los retuvo y arrastró apaciblemente la corriente lenta; a otros los arrastró violentamente; a otros la corriente debilitada los depositó en la orilla más cercana; a otros el impetuoso torrente los lanzó al mar".

tienen su origen en la Providencia o en la Fortuna, y aprender a actuar en armonía con estas fuerzas[82]. En especial, la aceptación de lo adverso es una constante en la correspondencia con Lucilio: Séneca usa frecuentemente metáforas de lucha[83], de competencia[84], de batalla[85], de marineros[86], para insuflar en su discípulo la actitud necesaria ante la desgracia o la adversidad, tan natural en la vida de cualquier persona, pero que la mayoría considera inaceptable, y peor aún, insoportable. Saber aceptar la inconstancia exterior brinda la base de comenzar a poner manos a la obra para superar nuestras limitaciones, vivir bajo el imperio de la razón y no volver a ser juguete de las circunstancias[87]: quien vive una vida interior se domina y domina, quien vive hacia el exterior es dominado. Aceptar lo que excede a nuestras fuerzas nos brinda, irónicamente, fuerzas para superarlo, y nos coloca en la ruta para adquirir sabiduría.

Un tema particularmente tratado por Séneca es la muerte. Acto supremo y fatal de la existencia, exige de nosotros la unión de todos los aspectos anteriores: conciencia del tiempo, autodominio y autosuficiencia,

---

[82] *Ep.* 16, 5: "la filosofía nos debe proteger. Ella animará para que nos sometamos gustosamente a la divinidad y rebeldemente a la fortuna; ella enseñará a seguir a la primera o a tolerar lo inestable de la segunda".

[83] *Ep.* 13, 2: "El atleta que nunca ha tenido moretones no puede ofrecer su mejor desempeño en la competición: se presenta con mayor seguridad en la arena el que ya vio brotar su sangre, o aquél cuyos dientes crujieron ante un puñetazo, o quien derribado por tierra soportó todo el peso del adversario pero mantuvo la compostura de carácter, o bien el que cayendo tantas veces se levantó más aguerrido que antes".

[84] *Ep.* 22, 1: "Un antiguo proverbio dice que el gladiador ha de decidir su táctica en medio de la arena: observa atentamente el rostro del adversario, la mano que se mueve, la inclinación misma del cuerpo".

[85] *Ep.* 18, 8: "Ejercitémonos en el poste de combate para que la fortuna no nos coja desprevenidos, y que así la pobreza nos sea familiar".

[86] *Ep.* 30, 3: "El marinero experimentado navega incluso llevando la vela reducida a jirones, y si el navío se desarmase, no obstante ello seguiría su ruta incluso con los restos".

[87] *Ep.* 37, 4: "si quieres someter todas las cosas a ti, sométete primero a la razón: guiarás a muchos si la razón te guía".

tranquilidad de ánimo, serenidad ante la pérdida, escuchar la voz de nuestra razón forjada ya en los postulados estoicos y aceptación serena de lo inevitable. En este tema particular, las *Epistulae morales* son también para Séneca un vehículo para recordarse su frágil situación y para fortalecerse ante este paso final que lo liberará de las intrigas de Nerón[88]. Varias cartas piden a Lucilio aprender a aceptar serenamente la muerte[89], a recordarla con frecuencia para no perder el tiempo en frivolidades[90], a forjar el espíritu para que aprenda no tanto a desear la muerte, sino a no temerla y saberla recibir con total aceptación cuando ésta es inevitable[91], ya por vejez, ya por salud, ya por crueldad ajena. Máximo momento en la vida de las personas, debe ser recibido con la máxima sabiduría, y en ello se empeña Séneca para ayudarnos a entender que la muerte en sí no es un mal, sino las ideas y temores con que la rodeamos[92].

¿Qué surgirá de este conjunto? Una persona que aglutina en sí misma respeto por la vida, aprecio por sí mismo y afecto por los demás; una persona que, consciente de los reveses de la vida, tiene un alto optimismo y esperanza

---

[88] *Ep.* 13, 14: "Me avergüenzo de hablar así contigo, curándome yo con simples remedios pasajeros. Alguno dirá: "Pueda ser que no llegue"; tú dile: "¿qué hacer si llega? Veamos quién ganará de los dos; quizá se dirija hacia mí, pero la muerte ennoblecerá la vida". La cicuta hizo grande a Sócrates[88]. Arrebátale a Catón el puñal liberador"; *Ep.* 14, 7: "a veces, <debemos temer> al individuo cuyo poder le fue dado por el pueblo para ejercerlo sobre el pueblo".

[89] *Ep.* 4, 5: "Debes meditar esto diariamente para que puedas abandonar la vida con espíritu sereno".

[90] *Ep.* 1, 2: "Realmente erramos en no vislumbrar la muerte: una gran parte de ella nos lleva ventaja, perteneciéndole todo lo que hay en el pasado".

[91] *Ep.* 4, 6: "Ningún bien ayuda al que lo posee, a menos que esté preparado interiormente para perderlo; además, la pérdida de un bien es más fácil cuando no se anhela su restitución".

[92] *Ep.* 30, 5: "si algo hay de incómodo o de temeroso en este trance, ello es por culpa del que muere, no de la muerte en sí; en ella no hay más disgusto del que pudiera haber después".

para enfrentarlos y superarlos; una persona que, al darle cabida en su vida al aspecto divino, se rige por los ideales más elevados y vela por sus semejantes; una persona que, sabedora de su finitud, aprovecha cada segundo en su mejora y en buscar la mejora de los demás; una persona que, consciente de su muerte, tiene un profundo cariño por la vida; una persona que puede darse a los demás sabiendo ya que no es una carga por haber aprendido a bastarse a sí misma; una persona que posee una riqueza interior abundante y que sabe convivir sanamente con los demás; una persona con un estilo de vida armonioso y coherente, integral e íntegro.

V. El carácter de las *Epistulae morales*.

El primer problema que todo lector de las *Epistulae* debe enfrentar es dilucidar si la colección refleja una correspondencia verdadera entre Séneca y Lucilio o si la forma epistolar es sólo una ficción literaria[93]. La mayoría de estudiosos se inclinan por la primera opción, pues su estructura interna sin duda es idéntica a otras colecciones de cartas que de la antigüedad romana nos han llegado[94], y su contenido toca temas de la cotidianeidad de la época, aunque también se afirme la opinión de que el estilo epistolar es sólo un hábil recurso para conformar un "curso por correspondencia" de larga duración, es decir, tiene intenciones proprépticas y didácticas. La armonización de ambas opiniones se basa en las siguientes consideraciones.

---

[93] La discusión sobre la autenticidad de las *Epistulae morales* y su naturaleza puede consultarse en SETAIOLI, Aldo, *Epistulae morales*, en Damschen, Gregor *et al.* (eds.), *Brill's companion to Seneca: philosopher & dramatist*, Brill, Leiden, 2014, 191-200.
[94] Pensemos, por ejemplo, en las Cartas de Cicerón a Ático, a sus familiares y amigos, y en las Cartas de Plinio el Joven al emperador Trajano.

Como ya vimos, las cartas están claramente organizadas en orden cronológico, y varias de ellas contienen descripciones vívidas sobre detalles de la vida cotidiana. Aunque este es un aspecto de peso para abogar por su autenticidad, y específicamente que las *Epistulae* fueron dirigidas en verdad a Lucilio, también tuvieron la intención de ser "cartas abiertas" para publicarse y ponerlas a disposición de un público más amplio, incluyendo la posteridad, a la cual Séneca consideraba su destinatario último[95]. Para nuestro filósofo, Lucilio será el vehículo perfecto donde canalizará todo su saber y erudición estoicos con objeto de crear su *opus magnum*, esa por la que será inmortal.

Una razón importante para recurrir al género epistolario fue su potencial para crear una fuerte presencia autorial. Igualmente, implicaba una constante relación con el destinatario y, por ende, se adecuaba especialmente a la peculiar forma de pensar de Séneca y de expresar su pensamiento, que con frecuencia fluctúa entre el yo interior y el mundo exterior. Como señala juiciosamente Foucault, mientras que en sus cartas Cicerón "se narra" actuando o deliberando en el mundo exterior, lo que Séneca describe a

---

[95] *Ep.* 8, 2: "el trabajo que ahora realizo es para la posteridad. Redacto ciertas obras que puedan ser útiles; confío a mis escritos exhortaciones agradables"; *Ep.* 21, 5: "El abismo del tiempo se abre ante nosotros, pocos talentos elevan la cabeza, y aunque algún día el silencio se los llevará, resistirán al olvido y durante largo tiempo se les recordará. Lo que Epicuro pudo prometer a su amigo es lo que yo te prometo, Lucilio: obtendré la consideración de los postreros llevando en mi haber nombres perdurables"; *Ep.* 22, 2: "Puede aconsejarse y escribirse de manera genérica, lo que ocurre frecuentemente y es muy conveniente; sin embargo, tal consejo se da no tanto a los ausentes, sino a los postreros"; *Ep.* 64, 7: "hagamos como un buen padre de familia, aumentemos el patrimonio que hemos recibido: una herencia así robustecida será transmitida de mí a los postreros". Cfr. *Ep.* 79, 17: "llegará el día que revelará a todos la virtud que había sido sepultada y sofocada por la malevolencia de los contemporáneos. Nació para pocos quien solamente piensa en el cúmulo de hombres de su tiempo. Vendrán miles de años y miles de generaciones después de nosotros: dirige a ellas tu mirada".

Lucilio es su relación consigo mismo, y no sólo a través de sus meditaciones filosóficas, sino también a través de los sucesos ordinarios que las motivan[96]. Un poco más adelante veremos la importancia de estos "efectos de cuadro".

Pero la carta también tiene otras ventajas. Séneca estaba obviamente familiarizado con la definición de carta que dio Artemón como "diálogo dividido" reportada por Demetrio[97]: si vivir juntos es lo mejor[98], la carta es lo que le sigue[99]. Esta era una opinión tradicional; pero Séneca va más allá: comunicarse por carta es en realidad mejor que estar físicamente juntos, en tanto que esa relación no se ve perjudicada por las ocupaciones y el descuido provocados por la cercanía y la disponibilidad inmediata del amigo[100]. Y, lo mejor de todo, la imposibilidad misma de ofrecer un consejo presencial hace de la carta el vehículo ideal para

---

[96] Cfr. SOLINAS, Fernando, *Lettere morali a Lucilio*, Arnoldo Mondadori Editore, Roma, 2013, 588-593.

[97] *De eloq.* 223.

[98] *Ep.* 6, 5 *in fine*: "es necesario que vengas inmediatamente, ante todo porque los hombres creen más captando con los ojos que con los oídos".

[99] *Ep.* 67, 2: "a veces, tras haber recibido alguna de tus cartas, tengo la impresión de estar contigo y me hallo en tal disposición de espíritu que no me parece responderte por escrito, sino a viva voz". Cfr. Ep. 75, 1: "así como mi conversar, si nos hallásemos sentados y paseando, estaría libre de oropeles, siendo espontáneo y de inmediata comprensión, así quiero que sean mis cartas, nada rebuscadas o antinaturales".

[100] *Ep.* 55, 8-11: "Así que ahora sientes estar molesto porque no te hallas en Campania. ¿De verdad? Dirige a esta región tus pensamientos. En verdad se puede estar en compañía de amigos ausentes todas las veces que gustes, tanto como gustes; es más, gocemos de ese placer, que es enorme sobre todo cuando estamos lejos. De hecho, la presencia física nos vuelve un poco indolentes uno hacia el otro, y como en cualquier momento podemos hablar, pasear o estar sentados juntos, luego de separarnos no pensamos más en los que apenas hemos visto. Además debemos soportar de buen grado la lejanía, porque puede suceder que estemos lejos de la compañía de los amigos aunque ellos estén allí presentes… Un amigo debe ser apropiado en el espíritu: aquí el nunca estará ausente, aquí es posible ver todos los días a la persona que quieras. Por tanto, comparte conmigo el estudio, cena conmigo… Te veo, querido Lucilio, ya no sólo te escucho, estoy junto a ti al punto en que no sé si debo comenzar a escribirte ya no cartas, sino simples hojas".

impartir una instrucción moral universal válida para todos, incluida la posteridad, así como para el destinatario específico[101].

Esto nos lleva a la concepción que tiene Séneca de carta, *su* carta, y el lugar que ocupa en la escritura epistolar de la antigüedad. Pese a existir una abundante producción literaria llegada del mundo clásico, es muy probable que Séneca tomase cuatro modelos principales: las cartas de Platón y Epicuro en lengua griega, las de Cicerón y Horacio en latín. Séneca no menciona ni a Platón ni a Horacio en su obra, pero sí deja claro que tiene en mente como modelo las cartas de Epicuro y las de Cicerón a Ático[102].

En lo que a las cartas respecta, sin embargo, la concepción de Séneca sobre sus cartas deja claro que intentaba lograr algo muy diferente a Cicerón y sus cartas[103]. Esto no significa que le vea como "anti-modelo". Debemos recordar que de Cicerón fue tomado un elemento clave en la colección de Séneca: el destinatario final[104], mientras que las cartas de Epicuro tienen varios, como Séneca bien lo sabía. También debemos recordar la actitud de Séneca de *aemulatio* hacia Cicerón, que puede trazarse en sus escritos desde el inicio, tanto a nivel literario como filosófico. Cierto, las

---

[101] *Ep.* 22, 1: "Puede aconsejarse y escribirse de manera genérica, lo que ocurre frecuentemente y es muy conveniente; sin embargo, tal consejo se da no tanto a los ausentes, sino a los postreros".

[102] *Ep.* 21, 3-5: "Citaré el ejemplo de Epicuro... Las cartas de Cicerón no permiten que muera el nombre de Ático. Lo que Epicuro pudo prometer a su amigo es lo que yo te prometo, Lucilio: obtendré la consideración de los postreros llevando en mi haber nombres perdurables".

[103] Cfr. *Ep* 118, 1: "... pagaré anticipadamente y no haré lo que Cicerón, hombre elocuentísimo, exige de Ático, es decir, de que le escriba aunque no tenga nada que le venga a la mente".

[104] Séneca menciona específicamente las cartas de Cicerón a Ático, no las *Ad familiares*, ni ningunas otras cartas suyas, sobre ese aspecto. Hubo otras cartas de Séneca dirigidas a otro destinatario (cfr. Marcial 7, 45, 3 in fine), lo que prueba que una colección con un destinatario único sigue un patrón literario definido. La planeación de las letras como respuestas a Lucilio y el tono íntimo de la correspondencia también derivan de Cicerón.

cartas de Cicerón a Ático no fueron hechas con la intención de ser publicadas como las de Séneca, pero durante el imperio obviamente fueron consideradas un clásico literario[105], al grado que Frontón pudo escribir: *epistulis Ciceronis nihil est perfectius* (nada hay tan perfecto como las cartas de Cicerón)[106]. Cuando Séneca declara que podrá otorgar inmortalidad a Lucilio tal como Cicerón lo hizo con Ático y Epicuro con Idomeneo[107], y luego añade que sus cartas contendrán enseñanzas morales útiles más que cotilleo ocioso[108], su reto ante Cicerón implica obtener tanto la gloria literaria, es decir, en cuanto a forma estilística, como el contenido, cuyo valor filosófico le otorgará primacía en el género epistolario latino.

Respecto a Epicuro, podemos estar seguros de que Séneca conocía al menos algunas de sus cartas, aunque él tomó muchas citas suyas de antologías. Eran un modelo adecuado para cartas que contenían instrucción ética, especialmente por la actitud de Epicuro a sus alumnos: idéntica atmósfera de familiaridad se halla en las cartas a Lucilio, aunque Séneca nunca se presenta como un maestro consumado e infalible, sino como un buscador de la Verdad tratando de progresar en la virtud, al igual que su alumno.

Aunque Séneca, al referirse a Cicerón y Epicuro, deja claro que intenta que su obra pertenezca al género epistolar, a pesar del contenido y el enfoque, es también claro que está intentando conscientemente algo nuevo en el panorama literario[109]. Esto es aparente desde el título mismo de la

---

[105] Las cartas de Cicerón habían sido publicadas seguramente durante largo tiempo cuando Séneca escribió sus cartas a Lucilio. Hay datos confiables de que Séneca conocía las cartas a Ático desde la época en que el primero fue exiliado (*Cons. Helv.* 1, 2).

[106] Frontón 2, p. 158. En *Ep.* 21, 4, Séneca consideraba como piezas literarias las cartas de Cicerón a Ático: "Las cartas de Cicerón no permiten que muera el nombre de Ático".

[107] *Ep.* 21, 3-5.

[108] *Ep.* 118, 1 *in fine*.

[109] Cfr. BOELLA, Umberto, *Lettere a Lucilio*, UTET, Turín, 1969, 15-18.

colección, que es al menos tan viejo como Aulo Gelio[110], y posiblemente se remonta a Séneca mismo: *Epistulae morales*. Es la primera colección literaria de cartas en prosa latina[111], con miras a ser publicadas y homogeneizadas por el propósito común de impartir enseñanzas éticas valiosas[112]. En ocasiones, las cartas están matizadas por el humor, especialmente la auto-ironía. Las anécdotas humorísticas o los auto-retratos revelan a Séneca y al lector su miserable condición física y/o espiritual, de la cual previamente no era consciente, y ayuda a disminuir la distancia entre maestro y alumno, e incluso entre maestro y lector, aunque el primero, como ya vimos, nunca pretende ufanarse de haber alcanzado o siquiera haberse aproximado a la perfección moral.

Por naturaleza, la carta es "asistemática" y permite tratar problemas específicos separados de un contexto doctrinal más amplio[113], pero no todas las cartas de Séneca se limitan a un solo tema. Sin embargo, debemos dejar de lado la investigación de los problemas estructurales planteados por las cartas individuales y limitarnos a la colección como un todo.

Debemos recordar que no poseemos la colección completa. Además de los veinte libros que han llegado a nosotros[114], al menos existían otros dos, como atestigua

---

[110] *Att. Noc.* 12, 2, 3.

[111] En verso están, por supuesto, las *Epistulae* de Horacio.

[112] Según Campbell, al parecer las cartas fueron escritas muy probablemente desde el inicio con la intención de ser publicadas, pero precedidas de un intervalo de circulación privada. Vid. CAMPBELL, Robin, *Seneca: Letters from a stoic*, Penguin Books, Nueva York, 1969, 21.

[113] Séneca mismo opone la carta moral a su tratamiento orgánico de la ética, los *moralis philosophiae libri*. Cfr. *Ep.* 106, 1: "¿Entonces por qué no te he respondido de inmediato? Porque lo que me preguntabas se hallaba en el contexto de toda mi obra". En *Ep.* 81, 3 brinda un tratamiento más profundo a un problema ya discutido en su obra *De beneficiis*.

[114] Las cartas fueron transmitidas gracias a una doble tradición. Un primer grupo incluye las cartas 1 a 88 (libros 1 a 13), un segundo grupo incluye las cartas 89 a 124

Gelio, quien extrae citas de un libro 22[115]. En cuanto a su división y articulaciones, los estudiosos coinciden en que los tres primeros libros (cartas 1 a 29) forman una unidad compacta delineada por Séneca mismo[116], y que en la segunda parte de la colección (cartas 89 a 124) la extensión promedio de las cartas aumenta, aunque otras más cortas se intercalan aquí y allá. Detalle importante es la interacción de referencias estructurales, las cuales forman una red muy unida y coherente que relaciona las cartas entre sí y unifica la colección. Sin embargo, dicha unidad no es el resultado de un plan composicional previamente elaborado y posteriormente desarrollado en una colección de cartas ficticias; más bien es la dirección espiritual común a todas las cartas lo que provoca que las ideas básicas unidas alrededor de dicha dirección aparezcan y reaparezcan cuando se necesitan para fomentar el cumplimiento de la tarea del director espiritual. Esto es lo que realmente confiere unidad a toda la colección. Las *Epistulae morales* son un trabajo en continuo progreso, tanto a nivel ético como literario.

En resumen, un verdadero epistolario, no una ficción literaria adoptada para discutir animadamente cuestiones teóricas e impartir prédicas impersonales; por el contrario, el desarrollo de un diálogo, la respuesta a interrogantes, los consejos amigables, las referencias circunstanciales, y sobre todo, la guía espiritual de un amigo filósofo que conoce una

---

(libros 14 a 20). Estas tradiciones separadas se remontan al menos a la antigüedad tardía. El primer grupo a su vez está dividido (cartas 1 a 52: libros 1 a 5 y cartas 53-88: libros 6-13). Las divisiones entre libros 11 a 13 y 17 a 18 no están marcadas en la tradición. El libro 22 quizá haya sido parte de un grupo separado que incluía cartas póstumas. Cfr. Reynolds, *L. Annaei Senecae ad Lucilium epistulae morales*, University Press, Nueva York, 1966, 39.

[115] *Att. Noct.* 12, 2, 2-13.

[116] *Ep.* 29, 10: "Si tienes pundonor, me habrás ya perdonado el último pago"; *Ep.* 33, 1: "Deseas que en estas cartas, como en las anteriores, añada también algunas máximas de nuestros maestros antiguos". Es muy probable que la diferencia de estilo a partir de la carta 30 se remonte al propio Séneca.

doctrina previsora, para conducir al amigo sensible a los problemas del alma y proclive a su escucha.

VI. El estilo de las *Epistulae morales*.

El objetivo ético de las *Epistulae ad Lucilium* se combina con los peculiares recursos lingüísticos y estilísticos de Séneca[117]. Según él, el filósofo debe ser capaz de dominar un estilo que apele a las emociones, con objeto de convencer al alumno de emprender una reforma moral, y uno más claro, que sea usado después para la instrucción real. En su discusión del estilo, Séneca llega a algunas conclusiones sorprendentemente "modernas": cada escritor tiene su estilo personal y establece sus reglas individuales, y su relación con los modelos no es un proceso pasivo de reproducir estilos[118], sino que más bien asciende a una formación cultural que se dirige preeminentemente a elaborar los contenidos, pero aportando la propia y original contribución[119]. En Séneca presenciamos el encuentro fructífero de la retórica innovadora del siglo I d. C. y su formación filosófica.

Ya hemos visto lo importantes que fueron las cartas de Epicuro como modelos para las *Epistulae morales* de Séneca. A decir verdad, Epicuro es el filósofo más

---

[117] Boella señala que el tono de los escritos de Séneca es naturalmente severo, como debe brotar naturalmente de un espíritu siempre empeñado en las reflexiones más profundas, que no se deja distraer por los aspectos más tenues y ligeros de la vida. Cfr. BOELLA, Umberto, *op. cit.*, 18-19.

[118] *Ep.* 33. 7: "Pero para un hombre que va madurando es vergonzoso intentar atrapar simples florecillas y apuntalar su espíritu con unas cuantas máximas, las más conocidas, reteniéndolas en la memoria; debe ya apoyarse en sí mismo y expresar sus ideas, no nada más retener las ajenas en la memoria".

[119] *Ep.* 33, 9 y 11: "Entre el libro y tú debe haber alguna diferencia… Esos que antes de nosotros pensaron agudamente en estas cuestiones no son nuestros amos, sino nuestros guías. La verdad está abierta a todos; nadie la posee todavía a plenitud. Gran parte de ella también se ha dejado a los postreros".

frecuentemente citado, aunque su presencia declina después de los primeros tres libros, en los cuales la mayoría de cartas finaliza con una "cita citable" tomada de él. Como Séneca afirma, éstas cumplen una función propedéutica[120]; incluso más importante, aunque deba reconocérsele por rechazar el difundido menosprecio hacia Epicuro, sólo está interesado en algunas ideas éticas de éste, totalmente apartadas de su contexto filosófico[121]. Es muy probable que estudiase a Epicuro debido al interés de su discípulo por la "filosofía del Jardín", y al hacerlo Séneca intentó mostrar ciertas similitudes entre Epicuro y los maestros estoicos, creando un puente común entre maestro y discípulo con miras a atraer finalmente al segundo a la "filosofía del pórtico". Con todo, es importante resaltar que no estamos ante un "Séneca epicúreo" ni ante un "Séneca platónico", como a veces se ha querido hacer ver en alguna ocasión. Séneca sin duda era sensible al platonismo[122], pero no se adhirió al mismo. Seguramente conocía algunos escritos de Platón, pero probablemente no tomó varias de sus ideas "platónicas" del creador de la Academia, sino del Platonismo Medio.

Hay también alusiones aisladas a otras fuentes filosóficas, pero no hay duda de que la filosofía básica de las *Epistulae morales* es el estoicismo, con las obvias peculiaridades e innovaciones personales que podemos esperar de su exigencia de autonomía[123].

---

[120] *Ep.* 33, 2: "Para mí, Epicuro es vigoroso aunque endose una túnica con mangas largas".

[121] Para Séneca, tales máximas epicúreas pertenecen al sentido común general. Cfr. *Ep.* 33, 2: "Los poemas y las historias están colmados de idénticas frases. Así pues, no quiero que aprecies sólo las máximas de Epicuro; son de todos."

[122] No debemos olvidar que su aprendizaje filosófico inició bajo el pitagorismo (*Ep.* 108, 17-22).

[123] *Ep.* 33, 7-11; 80, 1 y 84. Cfr. *De vita beata* 3, 2: "por no hacerte dar rodeos, pasaré por alto al menos las opiniones de los demás; en efecto, resulta prolijo enumerarlas y refutarlas: escucha la nuestra. Y cuando digo nuestra, no me adhiero a algún maestro estoico en particular: también yo tengo derecho a opinar".

Es claro que Séneca escribía cuando deseaba abordar un nuevo tópico o retomar alguno previo. La correspondencia, por tanto, parece con toda probabilidad una iniciativa unilateral de Séneca con la voluntad, e incluso la gratitud, de Lucilio, quien pudo haberle planteado a nuestro filósofo su interés por la doctrina estoica y su deseo de ilustrarse más al respecto. La respuesta a la solicitud de Lucilio se ubica en la tradición de obras dedicadas a amigos de confianza y que con frecuencia afirman estar contestando a su petición.

VII. Valor de la obra.

Séneca, más que un filósofo en sentido estricto, fue un consejero espiritual de muy fina observación, rico de profunda y vivísima experiencia humana, que maduró en el curso de largos años y de atentas meditaciones algunas convicciones profundas, y que a gente como Novato, Sereno, Lucilio, etcétera, intentó comunicar el fruto de su experiencia, sus convicciones. Tuvo la vocación del maestro, del director de conciencia, y por ello toda su obra se dirigió a consolar y enseñar. Afirma que "nada me complacerá ofrecer más que lo conocido por mí mismo"[124], y con suma alegría exclama dirigiéndose a Lucilio: "eres mi obra"[125]. A juicio de Séneca, la filosofía debe, ante todo, resolver problemas prácticos, los innumerables problemas que presenta diariamente la vida, debe volver al hombre sereno, dueño de sí mismo, debe liberarlo de los temores y las pasiones, debe acercarlo a la divinidad; además, pide coherencia de quien a ella se dedica, de modo que las doctrinas profesadas no

---

[124] *Ep.* 6, 4.
[125] *Ep.* 34, 2.

contradigan los actos[126]. Las cuestiones abstractas, si bien agudizan la inteligencia, no elevan el alma y por ello son inútiles, como es inútil y vana la pura erudición, o la elocuencia demasiado elaborada, rica de oropeles, que se preocupa por adornar las frases y no por exponer las ideas, que busca los aplausos y no la persuasión interior. Representa la mejor síntesis de la pedagogía moral estoica. En sus epístolas va desgranando y fundamentando los principios en los que reposa la responsabilidad humana. Coronel Ramos observa dos grandes objetivos de ese pensamiento pedagógico: 1) conocer la responsabilidad que uno tiene, y 2) enseñar a ejercerla. Para Séneca, la moral es una praxis vital alejada de todo relativismo y de todo escepticismo, ubicable en el mundo de lo práctico y de lo histórico para sustraerlos así de toda especulación. Por ello se habla de "propedéutica moral": en Séneca cada hombre debe emprender su propio itinerario existencial dispuesto a irse pertrechando de las armas morales que le permitan arrostrar la vida desde la responsabilidad y la irreprochabilidad[127].

La influencia de Séneca en general y de las *Epistulae morales* en particular fue memorablemente poderosa en su época y así ha seguido siendo hasta nuestros días, aunque con naturales fluctuaciones a lo largo de los siglos[128]. Desde Lactancio a Severino Boecio, a Abelardo, a Petrarca, a Erasmo de Rotterdam, a Pascal, a Montaigne, a los moralistas franceses llegando a Alain y a Foucault; a pensadores alemanes como Schopenhauer y Nietzsche; a

---

[126] *Ep.* 20, 2: "La filosofía enseña a actuar, no a hablar, y exige que cada uno viva según determinados preceptos, de forma tal que no haya incoherencia entre palabra y vida o en la vida misma, y así nuestra imagen exterior sea toda ella armónica".
[127] CORONEL Ramos, Marco Antonio, *op. cit.*, 96.
[128] Cfr. LAARMANN, Matthias, *Seneca the philosopher*, en Damschen, Gregor *et al.* (eds.), *op. cit.*, 53-71.

españoles como Gracián y Quevedo. En realidad, puede ser considerado con justa razón uno de los pensadores antiguos más vivos, uno de los escritores más cercanos a nosotros y a los hombres de todos los tiempos, ya por el contenido de sus obras, ya por su estilo. Séneca constituyó sin duda uno de los vértices más altos a los cuales llegó la sabiduría humana, y sus *Epistulae morales ad Lucilium* han sido un hito de la literatura universal. El hombre de cualquier edad, de cualquier condición, hallándose ante el dolor, la desgracia, el desengaño, la muerte, la amenaza de los poderosos, la injusticia, puede acercarse a Séneca y extraer luz y consuelo, estímulo para elevarse por encima de la tempestad y de los vanos contrastes de la vida, para comportarse en cualquier circunstancia con dignidad y valor, ya que Séneca es uno de esos escritores que nos llevan verdaderamente a respirar el aire de las alturas, allí donde no llega el bramido de las pasiones inútiles, donde lo sereno se extiende infinito y la libertad absoluta celebra su triunfo[129]. Pureza, advertencia ante las apariencias; afirmación del verdadero valor del hombre, que se halla en el espíritu y no en el cuerpo, por bello y robusto que sea, y ni siquiera en las posesiones, en los ornamentos, en los cargos o las invenciones técnicas; coherencia profunda entre palabra y pensamiento, entre palabra y acción; cultura viva dirigida al progreso espiritual, no vacía erudición; entusiasmo por la virtud que por sí sola puede dar a cualquier hombre la plena felicidad; profunda simpatía humana que se extiende a todos sin distinción, pues todos somos miembros de un gran cuerpo y el hombre es cosa sagrada para el hombre; aceptación serena y consciente de cualquier suceso, rodeada de plena confianza en un adecuado gobierno del mundo; religiosidad toda interior

---

[129] *Ep.* 44, 5: "el espíritu del sabio es como el mundo que se halla por encima de la luna: allá arriba la serenidad nunca cesa".

consistente en conocer a Dios y en el vivir rectamente; condena de la guerra para la cual no basta tener el uniforme militar y el homicidio deje de ser homicidio; anhelo de lo infinito; sentido del misterio que toca a la puerta de nuestra vida: he aquí los motivos más fecundos y sugestivos, expresados con suma eficacia artística, que Séneca ofrece a la meditación del hombre moderno, el cual se acerca a los escritores antiguos deseoso de extraer de ellos alimento para su vida espiritual. Además, debemos agregar que Séneca, sobre todo en los últimos años de su vida, tuvo un sentido agudísimo de la fragilidad humana, del vertiginoso e infinito transcurrir del tiempo, de la muerte como única certeza. Con todo, incluso en tan breve espacio de tiempo concedido, el hombre puede, en cualquier condición, realizar algo de valor si sabe vivir como tal, es decir, ser racional; de hecho, el precio de la vida no depende de su duración más o menos larga, sino del modo en que se haya vivido[130].

La moral de Séneca podría parecernos demasiado rígida, demasiado elevada, sólo reservada a algunos espíritus privilegiados en donde la razón logra dominar absolutamente; de ello el propio filósofo ya se había dado cuenta: "a muchos parece que prometemos cosas demasiado altas para la condición humana"[131]. Sin embargo, tal rigidez se modera con la profunda humanidad del escritor que no ignora la piedad, que no prohíbe al hombre ser hombre, es decir, sentir y conmoverse como es propio de su condición. Sin duda, busca sobre todo liberarnos de las pasiones, vencer los vicios, volvernos aguerridos ante los embates de la suerte adversa, pero no nos prohíbe saborear los más nobles sentimientos, no evita a un padre el llorar ante el cadáver del hijo: "es falta de humanidad, no de virtud, mirar el cadáver

---

[130] *Ep.* 93, 2: "no debemos anhelar vivir mucho, sino vivir bien: porque el vivir largo tiempo depende del destino, mientras que el vivir bien depende del espíritu".
[131] *Ep.* 71, 6.

de un ser querido con los mismos ojos con que le miraría estando vivo"[132]; debe sí evitarse la ostentación del dolor: incluso en medio de la aflicción debe tenerse en cuenta el decoro, conservar intacta la propia dignidad. Séneca lucha continuamente contra la falta de sinceridad, las convenciones, la tendencia difundida por doquier, en cualquier época, de no seguir a la razón, sino a los falsos juicios de la multitud. Por ello, incluso bajo este aspecto, su enseñanza es más que nunca viva e actual, profundamente enraizada en una experiencia compleja y genuina, bien consciente de la debilidad humana.

Por último, incluso admitiendo el suicidio, Séneca exige seguir viviendo, hasta en circunstancias difíciles, cuando la propia vida es útil a los demás; el hombre verdaderamente virtuoso debe saber vivir no hasta cuando le parezca agradable, sino hasta cuando resulte necesario seguir vivo: "muchas veces me sentí irresistiblemente tentado a truncar mi vida, pero me detuvo el recuerdo de mi padre, tan bueno conmigo… Por tanto, me impuse vivir, ya que tal vez viviendo también nos comportamos con fortaleza"[133]; es el motivo que demuestra cómo Séneca, pese a invitar a Lucilio a concentrarse en sí mismo, a apartarse, a alejarse de la multitud, a pensar sobre todo en la *securitas* individual, nunca olvida el lazo que nos une a los hombres y que debe volvernos solidarios con los demás en la desventura.

Solinas resume lo hasta ahora expuesto de manera brillante: "Séneca nos lanza a través de los siglos un mensaje de optimismo, porque él está convencido que el hombre es un ser sustancialmente bueno y por ende mejorable en virtud de su racionalidad. La solución consiste, y nunca se cansa de repetirlo, en seguir la naturaleza con sus leyes divinas, en

---

[132] *Ep.* 99, 15.
[133] *Ep.* 78, 2.

42

uniformarse a la armonía del universo y en sacar provecho de nuestro patrimonio interior, ese aliento de libertad que vuelve nuestra esencia similar a la divina"[134].

VIII. Conclusión.

Sin el *studium sapientiae*, dice Séneca, la vida es un laberinto inextricable[135]. Sólo en la búsqueda de la sabiduría podemos hallar la estrella polar para dirigirnos infaliblemente a la meta[136]. Y, como se verá, la vida se hará tolerable no bien hayamos tomado ese camino[137]. En tal sentido, lo que verdaderamente cuenta no es vivir, sino vivir bien[138]; ello implica que, una vez alcanzada la meta ética, la duración del tiempo es ya irrelevante, y la muerte se acepta como garantía de libertad cuando haya necesidad[139]. Sin el *studium sapientiae*, no obstante, la vida no se diferencia de la muerte[140]. La

---

[134] SOLINAS, Fernando, *op. cit.*, 31.

[135] *Ep.* 44, 7: "¿Cuál es el punto en el que se yerra, al momento en que todos los hombres anhelan una vida feliz? Justamente esto, que intercambian los instrumentos para conseguirlos a condición de la felicidad misma, y así, mientras buscan alcanzarla, se alejan de ella. A decir verdad, aunque la esencia de la vida feliz consista en una tranquilidad integral y en la invencible confianza de poseerla, los hombres acumulan razones para angustiarse, y a lo largo del insidioso camino de la vida no transportan su fardo, sino que lo van arrastrando. Por ello se alejan más y más de conquistar lo que anhelan alcanzar, y entre más intensos son sus esfuerzos, más tropiezan y se ven obligados a retroceder".

[136] *Ep.* 71, 2: "cada que quieras saber qué cosa se debe evitar y qué cosa se debe buscar, dirige tu mirada al bien supremo, el ideal de la vida toda. A éste debe conformarse cada acción nuestra: no ordenará sistemáticamente los elementos de su vida quien no tiene claro ante sí su meta más elevada".

[137] *Ep.* 6, 1: "Y tal idea es más evidente en un espíritu transformado, el cual ahora contempla los vicios que antes ignoraba".

[138] *Ep.* 70, 4: "sabes que no es oportuno conservar la vida en cualquier caso; de hecho, ella en sí no es un bien; lo es, en cambio, vivir como se debe".

[139] Las afirmaciones tal sentido son innumerables en Séneca. Sobre la idea de la culminación de la vida una vez alcanzada la meta ética, cfr. *Ep.* 32, 3; 40, 10; 77, 4; 93, 2-3; 101, 8.

[140] Cfr. *Ep.* 55, 3; 60, 4; 77, 18; 93, 2-4; *De tranq. An.* 5, 5; cfr. también *Ep.* 82, 3.

sabiduría es un arte[141]: y si bien difiere de todas las demás, siendo en realidad la única y verdadera arte[142], se fundamenta en principios que pueden ser aprendidos[143]. Ciertamente muy pocos aprenderán dicho arte de vivir[144]; sólo el sabio es el verdadero "artista de la vida", el *artifex vitae*[145]. Quizá no podamos ufanarnos de poder llegar a ser como él; sin embargo, debemos vivir la vida toda sin perder nunca de vista esa meta ideal. Ello permitirá que el estoicismo impregne nuestros actos y en poco tiempo veamos los resultados de aplicar la sabiduría que Séneca, *magister hominum*, nos ha legado para ayudar al alma a superar la lucha dramática que sostiene consigo misma.

IX. Sobre la presente edición.

A partir de 1475, año en que surge la *editio princeps* de las *Epistulae morales* en Nápoles, la obra ha visto constantes ediciones en lengua latina que van revisando y actualizando el texto original del siglo V d. C. con nuevos análisis filológicos. Erasmo de Rotterdam (1515), Lipsius (1605), Gronovius (1649-1658), Ruhkolf (1829), Fickert (1842), Hense (1914), Beltrami en italiano (1937) y Préchac en francés (1945-1964), entre otros, han editado a lo largo de los siglos versiones revisadas de esta obra de Séneca.

---

[141] *Ep.* 29, 3: "La sabiduría es un arte"; Ep. 90, 44: "es un arte llegar a ser virtuso".
[142] *Ep.* 88.
[143] *Ep.* 95, 7: "<la sabiduría> es el arte de vivir".
[144] *Ep.* 77, 18: "quieres vivir: ¿pero acaso lo sabes?"
[145] *De vita beata* 8, 3; *Ep.* 90, 27: "<la sabiduría> es la experta de la vida. A decir verdad, a las demás artes las tiene bajo su dominio, porque si tiene subordinada la vida, entonces tiene subordinado todo lo que adorna la vida. En todo lo demás, la sabiduría tiende a la felicidad, nos conduce a ésta, hacia dicha meta discurre todo camino"; y *Ep.* 95, 7: "los preceptos forman también a quien está dedicado a otras actividades; por ende producirán los mismos efectos incluso en quién está empeñado en el arte de vivir".

En español han sido pocas las versiones que hoy poseemos. Está la versión publicada en 1986 por la editorial española Gredos a cargo de Ismael Roca Meliá, muy difícil de hallar, por cierto. En México, la editorial Porrúa ha publicado una pequeña selección de las cartas junto a los principales tratados morales de Séneca, pero no existe a la fecha una edición completa ni dirigida al gran público.

La presente edición, inédita para el mundo hispanohablante, toma como fuente principal dos versiones de trabajo que hemos procurado complementar entre sí para brindar al público lector una edición integral de esta importante obra humanista:

- Las *L. Annaei Senecae ad Lucilium epistulae morales* editadas por L. D. Reynolds, 2 tomos, Oxford University Press, Nueva York, 1966;
- Las *Ad Lucilium epistulae morales*, en edición latín-inglés, editadas por Richard M. Gummere, 3 tomos, G. P. Putnam Sons, Nueva York, 1925.

Como versiones de control para la traducción ofrecida, consideramos las siguientes ediciones:

- Las *Lettere a Lucilio* a cargo de Patrizio Sanasi, edición acrobat obtenible en la dirección electrónica patsa@tin.it;
- Las *Lettere morali a Lucilio* a cargo de Fernando Solinas, Arnoldo Mondadori editore, Roma, 2013;
- Las *Lettere a Lucilio*, en edición latín-italiano, a cargo de Umberto Boella, UTET, Turín, 1969.

En la traducción he procurado conciliar, en la medida de lo posible, la plena fidelidad al texto, aunque en las florituras expresivas he procurado darle muy pequeños giros a la versión española para brindar un discurso claro, vivo y ágil.

CARTAS MORALES
A LUCILIO

Libro primero

1
Usemos el tiempo con madurez

(**1**) Obra de este modo, querido Lucilio: reivindica el señorío sobre ti mismo[146]; haz tuyo y conserva el tiempo que hasta ahora tan sólo se alejaba, se desperdiciaba o se perdía. Convéncete de que es como lo escribo: algunas horas se nos arrebatan, otras se nos sustraen y otras más se nos escapan. Sin embargo, la pérdida más vergonzosa sucede a causa de nuestra negligencia. Y si lo quieres escuchar, gran parte de la vida se escapa haciendo el mal, la mayor parte en asuntos vanos y toda ella en cosas diferentes a las debidas. (**2**) ¿O acaso podrías mostrarme a alguien que le dé justo valor al tiempo, que aprecie la jornada cotidiana, que se dé cuenta que día a día perece? Realmente erramos en no vislumbrar la

---

[146] Séneca usa el verbo *vindicare*, que en época romana significaba "hacer valer el propio derecho para vengar la ofensa recibida y resarcir el honor (*gloria*)"; en la esencia del vocablo hallamos, por un lado, la idea de "exigir una reparación ante el daño" y, por el otro, el de "rescatar o liberarse del peligro o los perjuicios" defendiéndose o protegiéndose de los mismos. Según Sørensen (p. 206), el filósofo usa esta frase no para instigar en Lucilio la defensa del honor ante los enemigos externos, sino para motivarlo a triunfar sobre los enemigos internos, es decir, las pasiones.

muerte: una gran parte de ella nos lleva ventaja, perteneciéndole todo lo que hay en el pasado. Así, pues, querido Lucilio, haz aquello que escribes: sé dueño de todas tus horas, de modo que dependas menos del mañana al poseer plenamente el día de hoy. (**3**) Mientras se diluye vanamente, la vida pasa[147]. Todas las cosas nos son ajenas, Lucilio, sólo el tiempo es nuestro; la naturaleza no nos ha dado en posesión absolutamente nada que sea fugaz o inseguro, alejándose del que anhela algo. Pero es tal la necedad de los mortales que, teniendo unos pocos bienes ínfimos, sin duda inestables, sufren deseando apropiárselos; no así desean apropiarse del tiempo, pues nadie juzga estar en deuda con él, aunque a veces es el único bien preciado, y ni siquiera éste puede restituirse.

(**4**) Quizá te preguntes qué hago yo respecto de lo que te aconsejo. Sinceramente digo esto: he sido al mismo tiempo pródigo y cuidadoso, y mi conciencia lleva cuenta de lo gastado. No afirmo que nada he perdido, sino, más bien, puedo decir cuánto, cómo y por qué he perdido el tiempo; en mí están las razones de ser pobre. Pero se me considera como a muchos reducidos a la pobreza sin culpa propia, y en tal sentido todos se lamentan, pero nadie acude en mi auxilio. (**5**) ¿Y entonces? No considero pobre al que le sobra y basta lo poco que tiene; así pues, presta atención a tu conducta frente al tiempo mal usado, y comienza por aprovechar el tiempo restante. Pues como afirmaron nuestros antepasados, "el deseo de ahorrar vino llega demasiado tarde, cuando se

---

[147] Séneca ya había expresado un pensamiento análogo hacia el 49-50 d. C. en su tratado *De brevitate vitae* (19, 1), afirmando que "el más grande obstáculo de la vida es la espera, que depende del mañana y estropea el hoy". Cfr. Pascal, *Pensamientos* 24.

está ya en el fondo de la embriaguez"[148]; y en el fondo del vaso queda, no tanto la parte más pequeña, sino la peor. Que estés bien.

---

[148] Cfr. Hesíodo, *Los trabajos y los días*, 369: "el ahorro, cuando se ha llegado al fondo de la tinaja, no sirve ya de nada". Obra constituida por mitos, fábulas y proverbios, intercalados con exhortaciones al hermano de Hesíodo, quien tras haber dilapidado su parte de la herencia, le amenaza con un proceso judicial. El poeta le recomienda abstenerse de tan injusto proceder, y que se haga una riqueza de manera honorable. Para ello, le ofrece todo tipo de preceptos sobre agricultura, economía doméstica, navegación, etc., especificando los días apropiados para cada menester. Aunque este poema adolece de verdadero cuño artístico, los antiguos lo tuvieron en muy alta estima debido a sus enseñanzas morales.

2
La lectura provechosa implica elegir a los mejores autores

(**1**) A partir de las cosas que me escribes y escucho, abrigo una buena esperanza hacia ti: no andas de un lado para otro, ni te perturbas cambiando constantemente de opinión. Esta agitación es propia de un carácter inestable; tengo como evidencia de una mente ordenada el poder serenarse y establecerse en un punto. (**2**) Pero ahora medita esto: leer a muchos autores y volúmenes de todo tipo tiene también algo de errático e inestable. Es necesario detenerse y nutrirse de autores selectos si pretendes obtener algo que viva para siempre en tu espíritu. Quien está en todas partes no está en ninguna. Así le sucede a la vida que se la pasa en un constante peregrinar, teniendo muchos acompañantes, pero ninguna amistad; por tanto, es necesario alejarse de los que no están familiarizados con un autor determinado y vagan apresuradamente por todos. (**3**) Quien a cada momento cambia de parecer no aprovecha el alimento ni lo incorpora al cuerpo; nada retrasa más la cura que variar constantemente de remedios; el árbol que se traslada de lugar una y otra vez no crece. Nada es útil en plenitud mientras esté mutando de condición. El exceso de lecturas dispersa el intelecto; por tanto, cuando no puedas leer los libros que deseas, bástate con los que puedas poseer. (**4**) Dices: "pero ahora quiero desenrollar este libro, ahora aquél"[149]. Probar muchos platillos fastidia al estómago; su cantidad y diversidad no nutre, sino que enferma[150]. Así, pues, siempre lee a los mejores autores, y aun cuando te detengas en otros, vuelve a los primeros. Busca diariamente en la lectura algo que te auxilie a soportar la pobreza, la muerte y todas las demás calamidades; y cuando hayas leído muchas obras, extrae un único pensamiento para reflexionarlo ese día. (5) Ahora mismo eso hago: de la gran cantidad de cosas que he leído retengo algo. Hoy encontré esto en Epicuro[151] (porque

---

[149] Los libros se escribían en rollos (*rotulus*) de pergamino. Sujetándose con ambas manos, la derecha desenrollaba el texto de forma horizontal donde se hallaban las líneas y la izquierda enrollaba el texto ya leído.

[150] Un pensamiento análogo se halla expresado en *Ep.* 95, 19.

[151] Filósofo griego (Samos 341 – Atenas 271 / 270 a. C.), fundador de la escuela filosófica que lleva su nombre. Tras una serie de viajes por Samos, Colofón, Mitilene y Lámpsaco, se estableció a los 35 años en Atenas. Su credo, al igual que otros sistemas de la época, surgió de las circunstancias peculiares en que se hallaban los estados griegos. Los hombres pensantes fueron orillados a buscar dentro de ellos lo que no podían hallar fuera. La libertad política había desaparecido, y los filósofos buscaron establecer una libertad interna basada en principios éticos, y mantenerla pese a la opresión exterior, así como fortalecerla contra las pasiones y las propensiones al mal de los hombres. La perfecta independencia, la confianza en uno mismo y la templanza se consideraron el máximo bien, las cualidades con las que los hombres podrían ser felices, y como la felicidad era para Epicuro el fin definitivo de toda filosofía, era necesario hacer de la ética la parte más esencial de toda su filosofía. Su teoría ética se basaba en el dogma de los cirenaicos, el placer constituye la más alta felicidad, y en consecuencia es el fin de toda experiencia humana. Sin embargo, Epicuro desarrolló y ennobleció esta teoría de una forma que constituye la peculiaridad y el mérito real de su filosofía, lo que le ganó muchos amigos y admiradores en la antigüedad y en la modernidad. En su visión, junto al conocimiento de la verdadera naturaleza de la muerte y de los dioses, se requiere también el de los deseos propios, del placer y del dolor: el objetivo de una vida feliz es la privación del dolor físico y del moral (ἀταραξία y ἀπονία). Según él, el placer no es una sensación momentánea y transitoria, sino algo perdurable e imperecedero, consistente en regocijos mentales puros y nobles, o liberarse del dolor y de toda influencia que aleja la paz de nuestra mente, y por ende de la felicidad, como resultado de esto. En su concepción, el *summum bonum* consiste en la paz mental basada en φρόνησις, que describe como el inicio de todo lo bueno, como el origen de todas las virtudes, y que él mismo en ocasiones lo trata como el bien más alto. Epicuro reafirma constantemente la responsabilidad del hombre frente a las propias acciones. Respecto al modo de vida (*bíoi*), el epicureísta llevará una existencia conforme a los "fármacos"

acostumbro caminar en otras villas no como tránsfuga, sino como explorador): "la pobreza alegremente aceptada es algo hermoso"[152]. (**6**) Si se acepta con alegría, en verdad no es pobreza; pobre no es el que tiene poco, sino el que desea de más. ¿Pues qué importa cuánto se tiene en el cofre, cuánto se guarda en los almacenes, cuánto dinero se presta o se invierte al interés, si nos preocupa el dinero ajeno, si se calcula no lo ya adquirido, sino lo que está por adquirirse? ¿Te preguntas cuál es el límite adecuado de la riqueza? Primero, tener lo que se necesita; luego, lo que basta. Que estés bien.

---

de la doctrina, libre de la cárcel de los afanes y la política; una vida entre amigos, al modelo del "jardín" ateniense, fruto del saber y del dominio interior. Gradualmente la doctrina se degradó en la simple búsqueda del placer por el placer, lo que provocó roces con la otra escuela célebre en Roma, el estoicismo, de la cual Séneca es su representante. Pese a ello, nuestro filósofo fue lector asiduo de las obras de Epicuro, de quien restan tres cartas, cuarenta máximas capitales y fragmentos diversos, de los cuales Séneca obtuvo importantes enseñanzas.
[152] Cfr. Usener, *Epicuri ethica*, 475

3
La verdadera amistad
pasa antes por la reflexión

(**1**) Me dices haber mostrado a un amigo tuyo las cartas que te escribo; pero luego me haces saber que no le comunicas todas las cosas referentes a ti porque no acostumbras hacerlo con él. Así, en la misma carta llamaste a alguien amigo y luego lo negaste. Ahora bien, si has usado esa palabra específica de manera genérica, y le denominaste amigo tal como llamamos "destacados" a todos los candidatos, o "señores" a los que nos salen al paso y saludamos, adelante. (**2**) Pero si consideras a alguien amigo y no le tienes la misma confianza que a ti, te equivocas totalmente e ignoras la esencia de la verdadera amistad. Toma decisiones con tu amigo, pero antes convéncete plenamente de él: primero hay que valorar la amistad, luego creer en ella. Hay quienes, contrarios a las recomendaciones de Teofrasto[153], invierten los deberes de la amistad, juzgando tras haberla dado primero, y después, habiendo ponderado mejor, la retiran[154]. Medita largo tiempo si debes depositar en

---

[153] Filósofo y científico griego (Ereso, Lesbos, entre el 373 y el 370 – Atenas *ca.* 287 a. C.; cfr. Estr. 14, p. 618; Diog. Laer., 5, 36 y ss.). Al morir Platón, siguió a Aristóteles en el Liceo, siendo el alumno preferido y finalmente, por voluntad del maestro, sucesor en la dirección de la escuela (322 – 287 ca a.C.). Escribió varias obras de carácter histórico-filosófico, así como sobre lógica, física, botánica, etc. Famosísimos sus *Caracteres*, breve obra que con fina penetración psicológica describe treinta tipos humanos diversos: aunque inspirada en la catalogación aristotélica de las virtudes, no es un tratado moral, sino más bien un repertorio retórico de vicios y virtudes destinado a los poetas cómicos.

alguien tu amistad. Si resulta sincero, acógelo de todo corazón, y habla tan abiertamente como lo haces contigo. (**3**) Vive de tal manera que no te reserves nada, ni siquiera ante tu enemigo; y pese a las situaciones que la rutina del trato ha ocultado, comparte con el amigo toda inquietud y proyecto. Si quieres que te sea fiel, sé fiel; ciertos hombres motivan a engañarlos porque temen verse engañados, y con su sospecha provocan el derecho a cometer la falta. ¿Por qué negarme a decir las palabras pertinentes en presencia del amigo? ¿Por qué no considerarme solo si él está presente?[155] (**4**) Hay quienes cuentan a los amigos que les salen al paso lo que deberían reservarse, y descargan en sus oídos todo eso que les acongoja; también hay quienes, a la inversa, temen que conozcan a fondo su intimidad, y si pueden, ni siquiera a los más cercanos y confiables hacen saber sus secretos. No debe hacerse ni lo uno ni lo otro, pues cualquiera de los extremos es vicioso, tanto confiar en todos como en ninguno, aunque a uno lo consideraría más honesto y al otro más prudente. (**5**) De todos modos, es necesario criticar ambas posturas, ya sea a quienes siempre están agitados como a quienes siempre están pasivos. Porque esa inquietud no es diligencia, sino los ires y venires de un espíritu atormentado; y no es muestra de serenidad considerar molesta cualquier ocupación, sino de pereza y cobardía de carácter. (**6**) En fin, esto leí en Pomponio[156] para que se

---

[154] Cfr. Wimmer, 74; Plutarco, *De fraterno amore*, 8.

[155] Séneca intenta decir con esto que un amigo verdadero es un *alter ego* y que su presencia no incide para nada en el secretismo de las palabras expresadas por el interlocutor.

[156] Lucio Pomponio, poeta latino (fines del siglo II a. C.). Nacido en *Bononia* (actual Bolonia), escribió comedias "atelanas" (un tipo de farsa briosa y realista de Atela,

deposite en el espíritu: "hay quienes a tal extremo se ocultan en las cuevas que consideran rechazable todo lo que está a la luz del sol". Se deben armonizar los extremos: al pasivo hay que motivarlo a actuar, y al inquieto a calmarse. Que estés bien.

Campania) buscando elevar el género a la dignidad literaria de la comedia "paliada" (elaborada a imitación de la nueva griega, que toma nombre del *pallium* griego que usaban los actores). Han sobrevivido setenta títulos. Los gramáticos romanos frecuentemente le citan, lo que ha permitido conservar títulos y restos de sus obras. La lengua de los fragmentos es popular y cotidiana: los temas recurrentes son escenas de farsa, sátiras políticas, religiosas y literarias. También cultivó los géneros de la *togata*, la *praetexta* y la parodia mitológica. En sus obras abundan las máximas morales, muy apreciadas por los filósofos.

4

Aceptación serena de la muerte

(1) Prosigue tal como has iniciado y acelera tu mejoramiento todo lo posible, a fin de que puedas disfrutar de un carácter tranquilo y ordenado durante mucho tiempo. También gozarás el ir enmendándote y dominándote, pues tal satisfacción la percibe el espíritu al contemplarse poco a poco brillante y limpio de toda mancha. **(2)** Recuerda la alegría que sentiste cuando te quitaron la toga infantil y, vistiéndote con la viril, te llevaron al Foro[157]: espera un regocijo todavía mayor cuando hayas dejado atrás el carácter pueril y la filosofía te haya vuelto un hombre maduro. Pues hasta ahora no subsiste la niñez sino, lo que es más grave, el infantilismo; y sin duda esto es peor, porque tenemos la autoridad del anciano, pero los vicios del joven; y ya ni

---

[157] La toga era la vestimenta ceremonial del ciudadano romano que se sobreponía a la túnica. La usaban únicamente los varones libres; Séneca se refiere a la costumbre familiar en la que el *filiusfamilias* (hijo de familia romana), al cumplir la mayoría de edad (17 años), era aceptado en la comunidad de ciudadanos y, de este modo, se convertía en hombre maduro. El adolescente depositaba la *bulla* (cápsula de oro que contenía un amuleto con el cual se había protegido hasta entonces de espíritus malignos y embrujos) en el *lararium* (altar de los *lares* o dioses caseros), se procedía a *praetextam ponere*, es decir, "retirar la toga infantil", caracterizada por tener una franja púrpura, y se le vestía con la *toga virilis* (de adulto); luego el *paterfamilias* se dirigía al Foro Romano con su hijo acompañados de esclavos, clientes, amigos y parientes para proceder a inscribir en el registro a un "ciudadano adulto"; con dicho acto los jóvenes pasaban a formar parte de la *civitas*, es decir, de la comunidad de ciudadanos con plenos derechos. Esta ceremonia se celebraba en fecha determinada, en la fiesta de Baco, el dios del vino (15 de marzo), por lo que el Foro se abarrotaba de jóvenes que cumplían con el mismo ritual. Después el joven subía al Capitolio para mostrar su agradecimiento a la diosa *Iuventus* (Juventud), y regresaba a casa, en la que un banquete ponía fin a la ceremonia.

siquiera del joven, sino del niño: aquéllos temen a las cosas insignificantes, éstos a las que no existen, y nosotros a las dos. (3) Evoluciona con medida: entiende que deberían asustarnos menos las cosas que provocan mayor miedo. Bien visto, ningún mal es tan grande por el hecho de ser inminente. La muerte viene a ti: sería de temerle si pudiera quedarse, lo conveniente es que no llegue o pase de largo. (4) Dices: "pero es difícil conducir el espíritu al desprecio de la vida". ¿Acaso no ves las causas ínfimas por las que se le desdeña? Uno terminó ahorcado ante la puerta de la amiga[158]; otro se arrojó del techo para no escuchar la furia del amo; otro más, tras fugarse, se clavó un puñal en las entrañas para evitar volver al trabajo de esclavo[159]. ¿No consideras que la virtud podría lograr eso que provoca el miedo excesivo? Nadie puede aspirar a una vida segura si piensa demasiado en prolongarla, si entre sus numerosos bienes desea contar muchos cónsules[160]. (5) Debes meditar esto diariamente para que puedas abandonar la vida con espíritu sereno, y no como muchos que la desean ávidamente y se aferran a ella; como quienes, arrastrados por la corriente impetuosa de un río, se sujetaron a las espinas y rugosidades de la orilla. La mayoría de humanos se agita entre el miedo a la muerte y los tormentos de la vida, no deseando vivir, pero tampoco

---

[158] Séneca se refiere a los enamorados que, ante los reproches de la amada, deciden quitarse la vida al no soportar la pesadumbre de tener lejos su objeto de pasión enfermiza.

[159] Las penas que esperaban a un esclavo fugado y que había sido capturado eran terribles: sobre la frente se le marcaba con un hierro candente la letra "F" (*fugitivus*) y se le encerraba en una cárcel subterránea o cuarto de castigo en la casa del amo (*ergastulum*).

[160] El cargo de cónsul duraba un año, de ahí la metáfora de Séneca criticando a los que anhelan vivir muchos años.

sabiendo morir. (6) Actúa, pues, de tal manera que la vida toda te sea encantadora abrogando esa inquietud. Ningún bien ayuda al que lo posee, a menos que esté preparado interiormente para perderlo; además, la pérdida de un bien es más fácil cuando no se anhela su restitución. Por tanto, anímate y fortalécete contra esos acontecimientos que pueden dejarse caer incluso sobre los más poderosos. (7) Un niño y un eunuco emitieron sentencia contra Pompeyo[161]; un parto cruel e insolente contra Craso[162]; Cayo César ordenó al tribuno Dextro que le presentase la cabeza de Lépido, y luego el segundo se la entregó a Quereas[163]: la fortuna elevó a alguien no tanto para levantarlo, sino para dejarlo caer. Desconfía de esta tranquilidad: el mar se enfurece en un

---

[161] Cneo Pompeyo, llamado el Grande (*Magnus*), político y general romano (Roma 106 – Pelusio, Egipto, 48 a. C.). Ya en el 89 a. C. luchó junto a su padre en la guerra civil con tan sólo 17 años. Célebre por haber realizado un acuerdo privado con Craso y Julio César conocido como "primer triunvirato" para gobernar el naciente imperio. Séneca se refiere al momento en que, replegándose Pompeyo en Oriente para enfrentar a César, fue vencido en Farsalia (9 de agosto del 48 a. C.) y se refugió en Egipto, donde fue ejecutado por órdenes del joven faraón Ptolomeo XIII, hijo de Tolomeo XII y Cleopatra Trifena, para así agradar al vencedor Julio César. La decisión de ejecutar a Pompeyo sucedió por consejo de sus ministros, entre ellos el eunuco Fotino.

[162] Marco Lisinio Craso, político y general romano (Roma 115 a. C. – Carre 53 a. C.) que sobresalió como empresario, amasando una inmensa fortuna; célebre por haber sofocado la rebelión de Espartaco en el 72 – 71 a. C., fue uno de los triunviros que, junto a Pompeyo y Julio César, se dividieron el control del imperio. Séneca alude al momento en que, partiendo hacia Siria para dirigir una guerra contra los partos en el 55 a. C., fue derrotado en Carre; mientras trataba de salvar a los sobrevivientes, el comandante enemigo le invitó a un armisticio, muriendo en una emboscada.

[163] Séneca se refiere a dos episodios en la vida del emperador Cayo Calígula (37 – 41 d. C.) El primero es sobre Marco Emilio Lépido, cuñado de Calígula, casado con Drusila y aspirante al trono imperial en el 38 d. C.; al parecer, ayudó en el complot del 41 d. C. para destronar al emperador, pero descubierto, Lépido, junto con el prefecto del pretorio Getúlico, fueron decapitados probablemente a orillas del Ródano. El segundo episodio trata sobre la conjura de Casio Quereas y Cornelio Sabino que finalizó con la muerte de Calígula en el Palatino, hacia el año 41 d. C. Cfr. Suetonio, *Cal.* 24 y 56.

instante; allí donde los barcos navegaban tranquilamente, el mar se los tragó el mismo día. (**8**) Piensa que tanto un ladrón como un enemigo pueden clavarte un puñal en la garganta; y si la suma autoridad no lo hace, cualquier esclavo tiene poder de vida y muerte sobre ti. Afirmo esto: cualquiera que haya dejado de preocuparse por su vida es dueño de la tuya. Ten presentes los ejemplos de esos que murieron por maquinaciones domésticas, ya por violencia abierta o por medio de sirvientes: te darás cuenta de que muchos sucumbieron más por la furia de los esclavos que por la de los reyes[164]. Por tanto, ¿qué te preocupa lo poderoso que sea al que temes, cuando cerca hay alguien que puede realizar eso que te asusta? (**9**) Y si por casualidad cayeras en manos de los enemigos, el vencedor te conduciría ante el comandante –allí donde te hubieran prendido-. ¿Por qué te engañas y en este preciso momento comprendes eso a lo que de tiempo atrás ya estabas destinado? Afirmo lo siguiente: desde que naciste te diriges a la muerte. Por ende, hay que preparar de este modo al espíritu si queremos esperar serenamente esa última hora que el miedo hace temblar a todas las demás.

(**10**) Y para finalizar la carta, acepta este pensamiento que hoy me ha tranquilizado –y que también lo he tomado de otros jardincillos-[165]: "la pobreza acorde con la ley natural es

---

[164] En la antigua Roma, el poder del amo sobre un esclavo (*dominica potestas*) a veces rebasaba los límites racionales y era una justificación para cometer toda clase de abusos caprichosos; además, en cierto momento de la historia, los esclavos tenían fuerte presencia en la población romana: en consecuencia, las rebeliones eran frecuentes, comúnmente habiendo sangre derramada. De ahí el pensamiento de Séneca hacia el esclavo que, hastiado de los abusos del amo, conspira para acabar definitivamente con la fuente de su martirio.

[165] Como en otras cartas, Séneca finaliza con un pensamiento que ratifique sus ideas; la frase "otros jardincillos" tiene dos aspectos: el primero se debe al hecho que el

una gran riqueza"[166]. Ahora bien, ¿sabes qué condiciones nos establece esa ley natural[167]? Saciar el hambre, quitar la sed, cubrirse del frío[168]. Para vencer el hambre y la sed no necesitas sentarte junto a las puertas de los poderosos[169] ni tampoco soportar una vida denigrante o un rigor extremo, ni hay necesidad de sondear los mares o salir en expedición militar: lo que la naturaleza pide es fácil de conseguir. (**11**) La gente se afana por cosas inútiles: las que desgastan la toga[170],

---

filósofo toma de varias ramas del saber humano lo bueno que hay en ellas, aunque no acepte el conjunto de ideas de ciertas disciplinas, como el epicureísmo; y esto lo hace sin traicionar el credo estoico, pero siendo tolerante hacia otras corrientes. El segundo aspecto se refiere al "jardincillo", alusión metafórica a la doctrina de Epicuro, quien hospedaba a sus discípulos en el jardín de su casa; por ello, a esta corriente también se le denominó "la escuela del Jardín".

[166] Cfr. Usener, *op. cit.*, 477; Lucrecio, *De rerum natura* 5, 2, 17.

[167] Una de las aportaciones más sublimes del pensamiento estoico, por su capacidad para condensar reflexiones de escuelas hermanas o previas, es el concepto de "ley natural". Ya Crisipo, segundo fundador de la escuela, reconocía que el humano comparte con los animales un instinto, cuyo objeto último "es el de cuidar de sí [...] La naturaleza misma lo constituye de manera que cuide de sí, huya de las cosas nocivas y persiga las cosas favorables..." (Diog. L., 7, 85), permitiendo así mantener el orden del todo. Cicerón lo expresó de manera límpida: "toda especie animal, con el fin de conservar la vida y el cuerpo propios, evita por naturaleza lo que le parece nocivo y desea y se procura todo lo necesario a la vida, como el alimento, el refugio y todo lo demás. Es igualmente común a todos los seres animales el instinto sexual a los fines de procreación y un determinado cuidado de sus criaturas" (*Tusc.*, 1, 4, 11; *De finibus*, 3, 7, 23; *De off.*, 1, 28, 101). Sin embargo, los estoicos perfeccionaron el concepto, señalando que, así como el animal es guiado infaliblemente por el instinto, el Hombre es infaliblemente guiado por la razón y que ésta le suministra normas de acción que constituyen un derecho natural propio de su condición racional. De ahí que vivir conforme a la naturaleza ("ley natural" en el humano) significa vivir conforme a los dictados de la razón (Diog. L., 7, 1, 85-86). Cicerón la exalta como hilo conductor del mundo civilizado: "la razón, mediante la cual podemos conjeturar, argumentar, rebatir, discutir, conducir a término y formular conclusiones, es, por cierto, común a todos, diferente por preparación, pero igual en cuanto facultad de aprender" (*De leg.*, 1, 10, 30). Séneca aborda con mayor profundidad el tema de la razón como ley natural del Hombre en la carta 66.

[168] Cfr. Usener, *op. cit.*, 200.

[169] En Roma, muchos individuos de clase ínfima solían sentarse ante las puertas de las casas de la clase pudiente y tolerar ultrajes con tal de poder recibir regalos en dinero o especie.

[170] La toga se desgastaba en el confuso ajetreo del Foro Romano, donde muchos

las que nos envejecen reuniéndolas bajo la tienda, las que nos arrojan a playas lejanas; lo que basta lo tenemos al alcance de la mano. Quien aprende a vivir con la pobreza es millonario. Que estés bien.

---

ciudadanos tenían cargos políticos, o simplemente para participar en la vida pública, o donde muchos cobistas buscaban recomendaciones e influencias que les permitiera ascender en la escala social.

5

Invitación a la sencillez
sin sacrificios torturantes

(**1**) Te esfuerzas concienzudamente y actúas allí donde todos son descuidados; esto lo apruebo y me alegra, mas no sólo te exhorto a que perseveres en ello: incluso te lo pido. Sin embargo, también te exhorto a no imitar esa costumbre suya que en nada aprovecha, sino la más admirable, es decir, ciertas cosas nobles de tu carácter o de tu estilo de vida; (**2**) evita el cabello largo, la vestimenta raída y la barba descuidada, el odio declarado a la plata, la cama a ras de suelo y cualquier otra ambición que se persigue de manera falsaria[171]. El término mismo "filosofía", incluso empleado modestamente, es demasiado aborrecido: ¿qué pasará si empezásemos a distanciarnos de la costumbre humana? Que

---

[171] Séneca critica en esta carta a la filosofía cínica, creada por Diógenes de Sinope, llamado "El Cínico" ('perro' en griego), hacia el siglo IV a. C.; célebre por su mítico estilo de vivir en un barril y vestir tan sólo una túnica, Diógenes pregona un rigorismo ético al anhelar la virtud: regreso al estado natural, libre de toda necesidad individual (*autarchia*) y anhelo superfluo (Diog. Laer., 6, 70); se hace popular por la extravagancia de costumbres y la independencia desvergonzada hacia las instituciones y los poderosos: cuando Alejandro Magno le hace saber que como rey será capaz de concederle cualquier cosa que desee en señal de admiración, Diógenes responde: "entonces retírate porque me tapas la luz del sol". Su mensaje revolucionario viene a ser un preludio de la ética estoica y en ciertos aspectos de la cristiana. Séneca considera hipócritas a los cínicos, quienes hacen un monumento de su martirio y terminan rechazados por la sociedad, siendo incapaces de alcanzar la verdadera felicidad: sencillez y tranquilidad de ánimo. En este pasaje usa el argumento *ad absurdum* para motivar en su discípulo el apego a los postulados estoicos sin llevarlos al extremo, de manera que pueda vivir en medio del mundo, pero manteniéndose lo más ajeno posible de los hábitos practicados por la mayoría.

en nuestro interior todo sea diferente, aunque exteriormente nuestras cosas vayan acordes con las del pueblo. (3) Que la toga no resplandezca, pero que tampoco esté sucia; no poseamos plata de la que cuelguen adornos de oro sólido, pero tampoco consideremos prueba de sobriedad la falta de oro y plata. Propongámonos llevar una vida superior a la del vulgo, no contraria, o nos alejaremos de lo que anhelamos enmendar y nos perderemos; y como en nada querrán imitarnos, al temernos haremos que se alejen. (4) La filosofía brinda principalmente sentido común, humanidad y afabilidad; pero la diferencia en cuanto a lo profesado no deberá aislarnos. Démonos cuenta de lo ridículas y odiosas que son las cosas por las que deseamos sentir admiración. Claro, nuestro propósito es vivir según la naturaleza[172], pero contrario a ésta será torturar el cuerpo, odiar la elemental limpieza y gustar del desaseo, así como alimentarse ya no digamos con lo modesto, sino con lo repugnante y horrible. (5) De la misma manera que es excesivo anhelar objetos delicados, es demencial rechazar las cosas comunes, adquiribles a bajo precio. La filosofía exige frugalidad, no martirio; pero esa frugalidad tampoco puede ser desaliñada. He aquí el límite apropiado que me gusta: que nuestra vida se adecue a buenas costumbres, públicamente aprobadas; todos sospecharán de nuestro estilo de vida, pero lo aceptarán. (6) Dices: "¿Y entonces qué hacer? ¿Lo mismo que todos los demás? ¿Nada habrá que nos diferencie de ellos?" Ah, muchísimo: quien observe detenidamente sabrá que somos diferentes al vulgo; quien entre a nuestra casa admirará más

---

[172] *Vid. supra*, nota 167.

nuestra persona que nuestros muebles. Es grande aquel que usa vajillas de barro como si fueran de plata, pero no es inferior el que usa las de plata como si fueran de barro. Propio de un espíritu pusilánime es no poder tolerar la riqueza.

(7) Y para compartir contigo la lucecita de hoy, encontré en nuestro Hecatón[173] la manera de remediar el temor y terminar con las ambiciones vanas. Dijo: "dejarás de temer cuando dejes de esperar"[174]. Me preguntas: "¿cómo es que cosas tan ajenas se hermanan?" Así es, querido Lucilio: aunque parecen contradecirse, están unidas. Así como una misma cadena sujeta al guardia y al prisionero, así estas cosas tan dispares se armonizan; el temor va de la mano con la esperanza. (8) Que esto no te cause sorpresa: ambos hacen vacilar el ánimo, ambos desean una mejora a futuro[175]. Sin embargo, el problema principal es que no nos preparamos para el presente, sino que proyectamos nuestros pensamientos al futuro; y así, la prudencia, el mayor bien de la condición humana, está desprevenida ante la adversidad. (9) Las fieras huyen al percibir los peligros, y cuando han logrado escapar, están seguras; nosotros nos angustiamos tanto del futuro como del pasado. Muchos bienes nuestros nos perjudican, pues la memoria hace volver el tormento del

---

[173] Filósofo estoico nativo de Rodas. Todo lo que sabemos sobre su historia personal se halla en un pasaje de Cicerón (*de off.*, 3, 15), pero aparte de su lugar de nacimiento sólo se señala que estudió con Panecio. Al parecer, estuvo muy relacionado con los principales filósofos estoicos de su época. De sus al parecer voluminosas obras nada se conserva, salvo las referencias que Diógenes Laercio nos ha legado (7, 103, 101, 127, 125, 90, 110, 87, 102, 124, 26, 172; 4, 32, 95). Séneca vuelve a citar a Hecatón en su tratado *De beneficiis*.
[174] Cfr. Fowler, 25.
[175] *Vid. infra, Ep.* 13.

temor pasado y la previsión lo anticipa; así, nadie es infeliz tan sólo por el presente[176]. Que estés bien.

---

[176] Fiel al credo estoico, Séneca reflexiona sobre la inutilidad humana de anhelar proyectos grandiosos y, mientras se espera vehementemente su concreción, debatirse en un sufrimiento insulso que impide concentrarse en el hoy. Tomando la idea del estoico Hecatón, Séneca recomienda serenidad ante lo incierto del futuro, preparándonos mejor para vivir el presente, pensamiento este acorde al momento histórico que vive el filósofo, apartado de la corte neroniana y ajeno a las intrigas mortales que se tejen en su contra. Durante el Renacimiento esta reflexión se condensa en la frase *nec spe nec metu* ("sin esperanza ni miedo"), usada por personajes como Isabella d'Este o Felipe II de Aalst; por medio de ella no se invita a una resignación o derrotismo ante la vida, sino a poseer la capacidad de realizar *aquí y ahora* nuestro mejor esfuerzo, dejando en manos de Dios (la Providencia para los estoicos) el resultado final de lo anhelado pero manteniendo en todo momento la compostura espiritual necesaria, particularmente ante un proyecto malogrado o de incierta culminación, y que se logra con una vida interior rica en proyectos e ideales elevados.

6
El valor de los ejemplos
para mejorar diariamente

(**1**) Voy percibiendo, Lucilio, no tanto cómo me enmiendo, sino cómo me transformo; mas no aseguro ni creo que ya nada deba cambiar. ¿Por qué no tener todavía muchas cosas que dominar, atenuar o elevar? Y tal idea es más evidente en un espíritu transformado, el cual ahora contempla los vicios que antes ignoraba; comúnmente sucede que ante algunos enfermos ciertos hombres se dieron cuenta felizmente de su mal. (**2**) Por ello, he deseado fervientemente compartir contigo tan repentina transformación mía; a partir de ahora empezaré a confiar más en nuestra amistad, en esta amistad verdadera que no la rompe esperanza, temor o preocupación por un interés personal, en esa en la que los hombres mueren, por la que están dispuestos a morir[177]. (**3**) Te puedo hablar de muchos a los que no les faltaron amigos, pero sí amistad: esto no puede ocurrir cuando a los espíritus los mueve una voluntad similar y honesta de hacer el bien a la sociedad. ¿Y por qué no ocurre? Porque saben que tienen mucho en común, especialmente las desgracias.

(**4**) No puedes imaginar cuánto he visto evolucionar mi espíritu con cada día que pasa. Exclamarás: "Hazme

---

[177] *Vid. infra, Ep.* 9.

partícipe de esas cosas tan eximias en las que ya estás versado". Sin duda quiero derramarlas todas sobre ti, y ahora mismo me regocijo de dar algo para enseñar; nada me complacerá ofrecer más que lo conocido por mí mismo, no obstante sea eminente y favorable. Si por alguna excepción se me concediera la sabiduría para tenerla escondida sin divulgarla, la rechazaría: una posesión agradable de nada sirve si no se comparte. (5) Así pues, te enviaré estos libros; y para no gastar mucho tiempo en buscar por todos lados los capítulos útiles, les pondré marcas para que vayas directamente a esas partes que juzgo importantes y te asombres como yo. Sin embargo, será mejor para ti escucharlo de viva voz y así convencerte, en vez de leer un discurso; es necesario que vengas inmediatamente, ante todo porque los hombres creen más captando con los ojos que con los oídos[178]: el camino de los consejos es largo, pero el de los ejemplos es corto y efectivo. (6) Cleantes[179] no se

---

[178] Cfr. Heródoto, 1, 8.

[179] Cleantes, filósofo griego (Aso, Troadia, 331 ó 304 – Atenas 233 a. C.) que en el 264 sustituyó a Zenón de Citio, el creador de la escuela estoica, dirigiéndola hasta su muerte. Luchó para conservar puras las enseñanzas estoicas, aunque no poseyó la sagacidad necesaria para rectificar y desarrollar el sistema de su maestro, aunque su moral estricta y su devoción a Zenón le indujeron a mantenerla libre de toda corrupción externa. Alejó a la escuela de la tendencia práctica inspirada en el cinismo, que caracterizaba al fundador Zenón, imprimiéndole un giro teórico y especulativo. Así, hubo una ligera variación entre su criterio y la visión estoica tradicional respecto a la inmortalidad del alma. Entre otras cosas, Cleantes enseñó que todas las almas son inmortales, pero que la intensidad de la existencia tras la muerte variaría según la fortaleza o debilidad de cada alma, dejando a los viciosos cierta aprehensión por el castigo futuro, mientras que Crisipo, el segundo fundado de la escuela del Pórtico, consideraba que sólo las almas de los sabios y los buenos sobrevivirían a la muerte (Plut., *Plac. phil.*, 4, 7). Por otro lado, respecto al principio estoico de "vivir acorde a la naturaleza", se dice que Zenón sólo enunció una vaga directriz, pero que Cleantes lo explicó agregando la idea de "ley natural", con lo que significaba la naturaleza universal de las cosas, y en donde Crisipo entendía por "naturaleza" aquello que debemos seguir, la naturaleza particular del Hombre, así como la naturaleza universal

habría ocupado de Zenón[180] si solamente hubiese escuchado

(Diόg. Laer. 7, 89), lo que derivará en identificar estos conceptos con la razón. Se dice que su teoría moral era mucho más rigorista que la del estoicismo ordinario, negando que el placer fuese acorde a la naturaleza, o de alguna forma bueno.

[180] Zenón de Citio, nacido en la isla de Chipre, y fundador de la escuela estoica. Desde temprana edad estudió los textos de los filósofos socráticos, y se vio influido por el cínico Crates, por Estilpón de Megara, los megáricos Diódoro Crono y Filón, así como por los académicos Xenócrates y Polemón. Tras 20 años de estudios, y habiendo desarrollado su sistema filosófico, abrió en Atenas una escuela en el pórtico adornado con las pinturas de Polignoto (*Stoa Poicile*), donde tiempo atrás se reunían los poetas (Diog. Laer., 7, 5). Así fue como a sus discípulos les llamaron "estoicos". Apreciado por reyes, filósofos y ciudadanos atenienses (Diόg. Laer., 7, 24), la imagen y vida de Zenón nos ha sido legada gracias a sus discípulos Cleantes y Crisipo, y a los escritos de Diógenes Laercio. Sólo sobreviven de sus escritos los títulos (Diog. Laer., 4), pero podemos observar tópicos sobre la existencia vivida acorde a la razón, sobre los impulsos y la naturaleza del humano, sobre los afectos, sobre el arte de amar, sobre política y leyes, sobre el universo y las esencias, sobre lógica, y sobre expresión verbal.

Las obras de Crisipo y los estoicos posteriores han oscurecido las de Zenón, dando con frecuencia bosquejos del sistema estoico original, y ello como contrapunto para diferenciar enfoques novedosos, citando al fundador de manera esquemática como fundamento de ideas novedosas o reformas y ajustes al esquema filosófico, sirviendo indudablemente de inspiración y base, en ocasiones citándolo con respetuosa autoridad. Al principio parece haberse ceñido a los cínicos, y es probable que de allí venga la aseveración de los estoicos posteriores al señalar que el cinismo era el camino cercano a la virtud (Diog. Laer., 121); Zenón reconocía con solidez y severidad la naturaleza incondicional de las obligaciones morales, y que sólo lo concerniente a ellas es valioso en sí; con objeto de presentar el valor incondicional de la moral (Stob., *Ecl. Eth.*, p. 154), la llamó, siguiendo el ejemplo de la escuela eretrio-megárica, "bien único y esencial" (Cic., *Acad.*, 1, 16, 2), el cual, por esa sola razón, vale la pena elogiarlo y esforzarse (Cic., *De fin.* 3, 6, 8; cfr. Diόg. Laer. 7, 100 y ss.), con el logro de que, como resultado, la felicidad debe ser coincidente (Stob., *op. cit.*, p. 138). Esto lo describe como "unanimidad perfecta de la vida" (ὁμολογουμένως ξῆν, Stob., *op. cit.*, p. 132, 134; Cic., *De fin.*, *loc. cit.*), que en su punto máximo debería manifestarse como el flujo imparable de la vida (Stob., *op. cit.*, p. 138; Diόg. Laer., 7. 88; Sext. Emp., *Hypot.*, iii, 172). Sin embargo, ello sólo puede lograrse si dicho punto está en armonía con el resto de la naturaleza. El desarrollo de esta materia y su definición más exacta pertenece a Cleantes, Crisipo y demás sucesores de Zenón (Diόg. Laer., 7, 89 y ss.). La perfecta unanimidad de la vida sólo puede lograrse a través del dominio irrestricto de la recta razón, esto es, de nuestra razón rigiendo incondicionalmente no sólo nuestras energías y circunstancias, sino también coincidiendo con la razón universal, la razón que rige la naturaleza. Esto último es, en otras palabras, la fuente de la ley moral, que prohíbe o que rige (Stob., *op. cit.*, p. 104; cfr. Plut., *Stoic. Rep.*, p. 1037). Desde entonces, esa unanimidad invariable o consistencia del alma, de la cual surgen la voluntad y los actos, es la virtud (Stob., *op. cit.*, p. 104; Cic., *Tusc.*, 4, 15); el bien verdadero sólo puede consistir en la virtud (Stob.,

hablar de él: se interesó por su vida, estudió a conciencia sus aspectos íntimos, lo observó para comprobar que vivía según sus preceptos. Platón, Aristóteles y toda la multitud de sabios que después siguieron diversas formas de pensamiento adoptaron más el estilo de vida que las palabras de Sócrates[181];

---

p. 90; Dióg. Laer., 7, 102, 127) y el ser autosuficiente no necesita de circunstancias positivas externas (Dióg. Laer., 7, 104; Cic., *De fin.*, 3, 10; Sén., *Ep.*, 9; Plut., *loc. cit.*). A partir de aquí se aleja del pensamiento cínico, pues con su teoría de lo apropiado e inapropiado surge la división moral básica que caracteriza al estoicismo: así como la moralidad o virtud sólo puede subsistir en armonía con el perfecto dominio de la razón, así el vicio sólo puede consistir en la renuncia a la autoridad de la recta razón, siendo la virtud algo totalmente opuesto al vicio (Cic., *Tusc.*, 4, 13; *Acad.*, 1, 10; *De fin.*, 3, 21 y 4, 9; *Parad.* 3, 1; Dióg. Laer., 7, 127; Stob., p. 104 y 116); el vicio y la virtud no pueden subsistir lado a lado en un mismo sujeto, no pueden admitir un aumento y una contracción (Cic., *De fin.*, 3, 14 y ss.), y ninguna acción moral puede ser más virtuosa que otra (Cic., *De fin.*, 3, 14; Sext. Emp., *Adv. Math.*, 7, 422). Ahora bien, todas las acciones humanas deben ser incluidas, es decir, todas son o buenas o malas, ya que hasta los deseos y los impulsos descansan en el libre albedrío (Stob., *op. cit.*, p. 162 y 164; Cic., *Tusc.*, 4, 9; *Acad.*, 1, 10), y en consecuencia también los afectos o condiciones pasivas, las cuales, como se alejan del dominio de la razón, son inmorales (Dióg. Laer., 7, 110; Stob., *op. cit.*, p. 166; Cic., *Tusc.*, 4, 6, 14), y más aún, son la fuente de las acciones inmorales (Stob., *op. cit.*, p. 170 y ss.; Cic., *De fin.*, 4, 38; Plut., *De virt. Mor.*, p. 393).
Zenón se interesó especialmente en la definición más exacta de los afectos, y compuso un tratado especial sobre ellas. Se refería a ellos como errores presentes y, por ende, operativos (falsas presunciones) respecto al bien y al mal (Cic., *Tusc.*, 3, 3; Stob., *op. cit.*, p. 170). Debían ser cortados de raíz, no solamente ignorados (Cic., *Tusc.*, 4, 18 y ss.), y su lugar debía ser ocupado por los movimientos de la razón correspondientes. Como originador de la división cuatripartita de los afectos (deseo y temor, placer y dolor; Cic., *Tusc.*, 4, 6; Stob., *op. cit.*, p. 166 y ss.; Dióg. Laer., 7, 110), muy probablemente también distinguió las tres emociones acordes a la razón (la alegría, la prudencia y la buena voluntad) y consideró que el dolor, al ser meramente pasivo, no puede convertirse en una emoción racional. Igualmente, quizá pertenezcan a él en esencia las definiciones de las cuatro virtudes (prudencia, equidad, templanza y fortaleza), así como las afirmaciones, repetidas después hasta la saciedad, sobre la perfección del sabio, pero no podemos determinar hasta dónde logró profundizar en estos temas.
La necesidad de basar y completar la ética a través de la lógica y la física obligó a Zenón a dirigirse a los académicos, y en cierto grado a Aristóteles. El resultado fue la triple división que expone en su tratado *Sobre la idea*, y que anticipa la sucesión que adoptaron los estoicos posteriores: lógica, física y ética (Diog. Laer., 39 y ss.).
[181] El más célebre de los filósofos del prehelenismo griego (Atenas 470 ó 469 – 399 a. C.); respecto a lo que dice Séneca, Sócrates pregonaba una ética filosófica (es decir,

71

y no fue la escuela de Epicuro, sino la camaradería con éste, lo que hizo grandes a Metrodoro[182], Hemarco[183] y Polieno[184]. Te exhorto a esto no para que hagas progresos, sino para motivarte a reunirnos, pues así nos ayudaremos muchísimo el uno al otro.

(**7**) Entre tanto, como te adeudo el pequeño tributo cotidiano, citaré lo que hoy me ha deleitado de Hecatón. Dijo: "¿Preguntas en qué estoy progresando? He comenzado a ser amigo de mí mismo"[185]. Mucho ha logrado: nunca

---

meditada), autónoma de las creencias ancestrales de la comunidad y de los intentos educativos de los primeros sofistas (Protágoras, Gorgias). Las enseñanzas de Sócrates no se reducen a una simple exhortación a la búsqueda y práctica de la virtud, sino a reconocer aspectos positivos a la misma, como el de que practicar cada virtud es adquirir conocimiento; de ahí que las acciones malvadas son fruto de la ignorancia y en cierto modo involuntarias. Al adquirir el conocimiento de uno mismo (*gnosi seauthon*) se tiende a un cuidado del espíritu, lo que lleva a la *sōphrosýnē* o "templanza", opuesta a la *akrasía* o falta de dominio que degrada el alma.

[182] Metrodoro de Lámpsaco (ss. IV – III a. C.), filósofo perteneciente a la escuela epicúrea que adquirió gran relieve tanto por sus obras como por la gran cercanía que lo ligó a Epicuro, que en vida lo había designado sucesor. De él se mencionan las obras *A los médicos* (tres libros); *De los sentidos; De la magnanimidad; De la enfermedad de Epicuro; Contra los dialécticos; Contra los sofistas* (nueve libros); *Aparato para la sabiduría; De la transmutación; De la riqueza; Contra Demócrito* y *De la nobleza* (Dióg. L., 3, 16), aunque ninguna ha llegado a nosotros.

[183] Hemarco de Mitilene, hijo de Agemarco, un pobre de Mitilene, fue educado primero como retórico, pero luego se volvió fiel discípulo de Epicuro, a quien conociera el segundo durante un viaje realizado por las regiones de Mitilene de Lesbos y Lámpsaco, y que junto a Metrodoro conformó el círculo íntimo de la escuela del Jardín y le designó como sucesor de su escuela hacia el año 270 a. C. (Dióg. Laer., 10, 17, 24). Murió en la casa de Lisias a edad avanzada, dejando detrás la reputación de gran filósofo. Cicerón (*De fin.*, 2, 30) conserva una carta de Epicuro dirigida a él. Hemarco fue autor de varias obras, pero todas están perdidas, y nada sabemos de sus títulos. Sin embargo, por una expresión de Cicerón (*De nat. Deor.*, 1, 33) podemos inferir que sus obras eran de naturaleza polémica, dirigidas contra la filosofía de Platón, Aristóteles y Empédocles (cfr. Cic., *Acad.*, 2, 30; *Athen.*, 13, p. 588). Escribió las *Cartas acerca de Empédocles* (veintidós); *De las matemáticas; contra Platón* y *contra Aristóteles* (Dióg. L., 3, 17).

[184] Polieno de Lámpsaco, llamado por Filodemo "hombre benigno y amable" (Dióg. L., 3, 17), al igual que el anterior discípulo de Epicuro, se incorporó a la escuela del Jardín tras el viaje que su fundador realizó por Mitilene de Lesbos y Lámpsaco.

[185] Cfr. Fowler, 26.

estará solo. Es sabido que todos pueden tener un amigo así.
Qué estés bien.

7

Los espectáculos populares y las malas compañías impiden mejorar

(1) ¿Me preguntas qué debes evitar principalmente? La multitud. Deberás tolerarla al mínimo. Confesaré sin más mi debilidad: nunca regreso con las costumbres que llevé a la calle; algo se altera en todo lo trabajado, algo vuelve de todo lo rechazado. Como sucede a los enfermos afectados por una larga postración, que ni siquiera pueden moverse sin hacerse daño, así sucede a nuestro espíritu cuando se recupera de una larga enfermedad. (2) El trato con la muchedumbre es perjudicial: alguien nos comparte o nos imprime un nuevo vicio, o nos lo pega sin darnos cuenta. Entre más grande es el círculo donde nos mezclamos, mayor es el peligro. En verdad, nada es tan perjudicial a las buenas costumbres como hundirse en algún espectáculo público; con el pretexto de la diversión, los vicios se deslizan más fácilmente. (3) ¿Entiendes lo que digo? ¿Acaso vuelvo más avaro, más ambicioso, más disoluto? Al contrario, regreso más cruel e inhumano, pues estuve entre los hombres. Por casualidad me presento al espectáculo de mediodía, esperando ver juegos, oír chistes y tener algún respiro donde se relajen las miradas tras la sangre derramada. Es a la inversa: todo lo que previamente se luchó fue un gesto de misericordia; ahora ya no son combates fingidos, sino verdaderos homicidios. Nada tienen con qué protegerse; expuestos de cuerpo completo al

golpe, nunca atacan en vano. (**4**) La mayoría prefiere esto a las parejas acostumbradas de luchadores y a los aclamados por el público[186]. ¿Y por qué no preferirlos? No rechazan la espada con casco ni escudo. ¿Para qué la protección y las habilidades? Todo esto sólo retrasa la muerte. Por la mañana los hombres se enfrentan a osos y leones, al mediodía a los espectadores[187]. Los que mataron deben luchar con otros que los matarán y el vencedor únicamente prolonga la vida hasta la siguiente matanza; la conclusión de estas peleas tan sólo es la muerte. El combate se estimula con hierro y fuego[188]. Y así sigue hasta quedar la arena vacía. (**5**) "Pero alguno robó a mano armada, o mató a un hombre". ¿Y eso qué? Como mató, merece exponerse a lo mismo: tú, miserable, ¿qué delito cometiste para presenciar esto? "¡Mata, ataca, golpea! ¿Por qué se lanza tan cobardemente hacia la espada? ¿Por qué mata con tan poca osadía? ¿Por qué muere tan

---

[186] Parejas extraordinarias de luchadores eran las constituidas por gladiadores particularmente famosos, quizá concedidos por el emperador.

[187] El pasaje rememora un "programa" tradicional de los *munera* o espectáculos de luchas en un anfiteatro. Por la mañana se ofrecían *venationes*, enfrentándose bestias salvajes o domesticadas en las combinaciones más insólitas, o incluso entre animales y luchadores "especializados" (*venatores*). Hacia mediodía se abren los *meridiani*, "juegos" donde se presentaban los *damnati*, condenados a muerte por algún delito considerado grave, ya sea para morir *ad bestias* (enfrentándose o expuestos sin más a las fieras), o bien, como narra Séneca, contra otros *damnati* que, sin protección alguna, peleaban entre sí para divertir al pueblo. Muchas veces, estos combatientes neófitos en el arte de la lucha se dejaban matar o se ofrecían abiertamente a la estocada del contrario, con gran indignación del público por tan "rápida" muerte, falta de teatralidad (cfr. Petronio, 45, 4 y ss.). Por la tarde se realizaban los *munera* citados, donde se enfrentaban los "buenos" gladiadores armados de forma variada contra otros poseedores de particulares habilidades. Cfr. *Ep.* 90, 45.

[188] Séneca se refiere a los hierros ardientes usados para fustigar al luchador "cobarde" y ofrecer así un espectáculo digno si mostraba renuencia a la pelea. O bien, finalizada la lucha con la muerte de alguno, el árbitro, disfrazado de Caronte (personaje mitológico griego encargado de transportar las almas de los muertos al Hades), hincaba el metal candente en el vencido para certificar que no fingía.

voluntariamente? El combate se impulsa a punta de golpes, esperando ambos la estocada con los pechos desnudos y expuestos". El espectáculo se suspende: "a no hacer nada, mejor que se degüellen hombres". ¿Pero acaso no se dan cuenta que los malos ejemplos recaen en quienes los cometen? Agradezcan a los dioses inmortales para que no aprenda a ser cruel ese al que instruyen[189].

(6) Hay que retirar del pueblo al espíritu blando y poco perseverante en lo virtuoso: ante la muchedumbre fácilmente se transforma. La multitud diferente podría haber pervertido las costumbres de Sócrates[190], Catón[191] y Lelio[192]: con más razón las nuestras, que justo cuando buscamos disciplinar el carácter debemos resistir tenazmente el embate de los vicios con tan gran legión de atacantes. (7) Un solo ejemplo de lujuria o avaricia provoca mucho daño: el comensal acostumbrado a los goces gradualmente debilita y ablanda; la

---

[189] Boella y Solinas consideran que esta frase alude probablemente a Nerón, aficionado para entonces a todo tipo de crueldad.

[190] *Vid. supra*, nota 29.

[191] Marco Porcio Catón, llamado el Uticense (Roma, 95 – Útica, 46 a. C.), político romano bisnieto de Catón el Censor. Portavoz y guía sobresaliente de las tendencias más conservadoras del senado, fue un defensor tenaz de las antiguas costumbres (*mores maiorum*) y seguidor de la ética estoica. El Uticense fue hombre de rigor moral proverbial e inflexible: criticó las "blanduras orientales" (de las que se había dejado seducir Julio César), el lujo y la corrupción que se difundían por Roma; reacio a toda forma de poder personal y anclado en los valores de la libertad republicana, condujo una batalla infructuosa debido a su escasa tolerancia política: en sustancia, fue el representante de un conservadurismo cerrado a todo acuerdo y a la tolerancia de las nuevas realidades. Sin embargo, los círculos republicanos y anticesarianos rápidamente lo idealizan, sobre todo en época neroniana (la de Séneca), como símbolo de la oposición irreductible a la tiranía.

[192] Cayo Lelio el Menor (190 – *ca.* 129 a. C.), hijo de Lelio el Mayor, adquirió el nombre de *Sapiens* (sabio) por sus estudios filosóficos; militar y político, se opuso a llevar hasta sus últimas consecuencias la política reformista de los tribunos de la plebe Tiberio Sempronio Graco y Cayo Sempronio Graco; Cicerón lo vuelve figura principal en el diálogo *Laelius de amicitia* (sobre la amistad) y lo introduce en el *De senectute* (sobre la vejez).

cercanía de un rico provoca el ansia de riqueza; el compañero malicioso, aunque se vea cándido y sencillo, nos pega sus malos hábitos: ¿qué será de esas costumbres que públicamente se nos empuja a imitar? Uno se obliga a imitarlas u odiarlas. (**8**) Sin embargo, es mejor evitar los extremos: ni aspirar a ser igual al malvado, porque hay muchos, ni ser enemigo de todos, porque no todos son iguales entre sí. Retírate cuanto puedas en ti; convive con los que puedan hacerte mejor y acepta a los que puedas hacer mejores. En esto hay un doble beneficio, ya que los hombres, mientras enseñan, también aprenden. (**9**) Que no sea la vanagloria de mostrar públicamente tu talento lo que te coloque en medio de la gente para así recitar versos o mantener debates[193]; te aconsejaría esto si tuvieras una mercancía atractiva para el pueblo, pero nadie hay que pueda comprenderte. Quizá alguien se acerque, y a éste deberás formarlo y educarlo para que pueda entender tu intelecto. Dices: "¿Y entonces para quién he aprendido todo esto?" No debes temer esforzarte en vano si lo has hecho para ti.

(**10**) Y como lo hoy aprendido no debe ser sólo para mí, te compartiré lo que encontré dicho especialmente de tres maneras sobre el mismo tema, de las cuales una cubre el tributo de esta carta, y las otras dos considéralas un anticipo. Demócrito[194] dijo: "Para mí, uno cuenta por todo un pueblo

---

[193] Séneca se refiere a la costumbre, entre la clase pudiente romana, de incluir en un *convivium* (banquete) números más o menos cultos de poesía, música, o bien, discutir sobre temas filosóficos. Era común que un banquete constituyera para ciertas personas un foro donde dar una imagen vanidosa y al mismo tiempo de alta formación. Incluso los dueños de casa se exhibían con cierto repertorio musical o poético, no siempre del gusto de los invitados, transformándolos en obligado auditorio para sus dudosas capacidades artísticas.
[194] Demócrito de Abdera, filósofo griego (Abdera, Tracia, 460 a. C. – 370 a. C.),

y un pueblo por uno"[195]. (**11**) Bello también este pensamiento, cualquiera que fuese su autor (es causa de discusión su creador); cuando se le cuestionó por qué atendía con tanta diligencia un arte que aprovechaban poquísimos, respondió: "me bastan pocos, me basta uno, me basta ninguno". Excelso es el tercero, de Epicuro, cuando escribió a uno de sus colegas de estudio: "Esta carta la escribo no para muchos, sino para ti; el uno para el otro somos ya un teatro demasiado grande"[196]. (**12**) Querido Lucilio: estas cosas deben acuñarse en el espíritu para así rechazar los placeres que nacen de la aprobación ajena. Muchos te alaban, pero ¿por qué complacerte, si eres así para que los demás te admiren? Que tus virtudes se dirijan al interior. Que estés bien.

---

escribió sobre ética, física, matemática, música, etc. Fiel a la doctrina que lo hizo célebre ("la naturaleza está constituida de átomos"), desde el punto de vista moral, considera que el hombre es un "microcosmos", un agregado de átomos y vacío, y su destino es el mismo que el del cosmos al que pertenece. El fin del hombre es la conservación o el equilibrio, es decir, la "serenidad del ánimo" o el "bienestar", temas que posteriormente Séneca retoma en su tratado *De tranquillitate animi* (sobre la tranquilidad de espíritu).

[195] Cfr. Diels, 302a; Diels, 49 (Heráclito): "para mí uno vale por diez mil si es el mejor".

[196] Cfr. Usener, 208.

8

Vale más la riqueza de espíritu que los bienes inciertos de la fortuna

(**1**) Preguntas: "¿tú me propones evitar la multitud, alejarme de ella y así estar tranquilo de conciencia? ¿Y dónde quedan esos preceptos tuyos que mandan tener por costumbre la acción?" ¿Que acaso te aconsejo inercia? En este momento me he apartado y cerrado la puerta por dentro para así ser más útil al prójimo. Ningún día lo he dedicado a la pereza; parte de las noches la dedico a los estudios; no me abandono al sueño, aunque ahora me siento agotado, y mantengo los ojos fijos en el trabajo, aunque estén fatigados y se cierren. (**2**) Me he apartado no tanto de los hombres, sino de los asuntos, y principalmente de los míos[197]: el trabajo que ahora realizo es para la posteridad. Redacto ciertas obras que puedan ser útiles; confío a mis escritos exhortaciones agradables, como recetas de medicamentos

---

[197] Para la época en que escribe las cartas (62 – 64 d. C.), Séneca se ha retirado de la corte. Ya en los tratados del año 59 *De tranquillitate animi* y *De otio* recomienda el ocio, que no significa una vida inactiva, sino una vida sin quehaceres políticos. Hacia el 62 d. C., las intrigas del prefecto Sofonio Tigelino terminan por "congelar" a Séneca y hacerle perder el favor de su alumno, el joven emperador Nerón. Previendo mayores peligros, el filósofo deja la vida pública alegando una salud frágil. Sabiéndose en desgracia y hasta en peligro de muerte, se apresura a terminar las obras literarias detenidas por los quehaceres de la corte. Según Sørensen (p. 203), "es comprensible que Séneca debiese estudiar incluso de noche: ahora se trataba de recuperar el tiempo perdido y mostrar a los demás la vía recta, que él había encontrado sólo cuando se había cansado de errar; ahora debía admitir que su vida había transcurrido en ocupaciones vacías y vanas".

útiles, probando su eficacia en mis llagas, las cuales, aunque no han sanado totalmente, al menos han dejado de extenderse. (3) Indico a otros el camino que conocí ya tarde, tras un fatigoso vagabundear. A gritos digo: "eviten todas las cosas que gustan al vulgo, esas que la casualidad concede; manténganse firmes ante todo bien fortuito llegado de manera imprevista y sorpresiva: la bestia y el pez son engañados por una carnada atrayente. ¿Consideran este privilegio un favor de la fortuna? Son asechanzas. Quien desee guiar sanamente su vida, evite lo más posible estos beneficios falaces, por los que miserablemente también erramos: no llegamos a poseerlos en plenitud y aun así nos aferramos a ellos. (4) Este camino conduce al precipicio; el final de tan eminente vivir es la caída. En consecuencia, cuando la felicidad comienza a obrar inesperadamente, es lícito y válido no resistirse; o bien mantiene su curso o se precipita al fondo de una vez por todas[198]: la fortuna no sólo cambia de rumbo, sino que cae de cabeza y se estrella dando vueltas[199]. (5) Por lo tanto, mantengan esta forma de vida sana y limpia, para que así brinden al cuerpo lo que le basta y siempre tenga salud. Hay que tratarlo con mayor disciplina para que no perjudique al espíritu: que el alimento mitigue el hambre, el agua quite la sed, la vestimenta nos tape del frío, la casa nos proteja del mal tiempo. No interesa si ésta se ha

---

[198] Metáfora que usa Séneca teniendo en mente al oficio de naviero. Si el naufragio era inevitable, el marinero debía hundirse con su barco, manteniendo la proa en alto como para desafiar al mar. Cfr. *Ep.* 85, 33 para el famoso dicho del piloto de Rodas.

[199] El verbo *cernulo* o *cernuo* en el texto original latino da a entender algo que cae dando volteretas. Séneca equipara la racha de buena suerte con un caballo que, espoleado durante una carrera desenfrenada, tropieza y sólo se detiene tras un sinfín de giros, arrastrando consigo al jinete y lesionándolo con su brusco derribo.

construido con hierba o mármol de distintas regiones: sepan bien que el hombre igual puede cubrirse con un techo de paja que con uno de oro. Desdeñen todo lo que brinde el esfuerzo superfluo, como reconocimientos y honores; entiendan que nada es más digno de admiración que el espíritu, porque ante algo tan magnánimo nada es ya grandioso". (**6**) Si de tal modo hablo conmigo y los postreros, ¿no crees que así soy más útil que compareciendo en un juicio y abogando por alguien, o marcando mi anillo en las tablillas de un testamento[200], o poniendo a disposición de un candidato al senado mi voz y mi esfuerzo? Créeme que los que parecen no hacer nada en realidad hacen más: se ocupan simultáneamente de las cosas humanas y divinas.

(**7**) Pero es ya el momento de terminar y, como de costumbre, dar la contribución para esta carta. No es de mi cosecha; la tomo de Epicuro, de quien hoy leí este pensamiento: "para que alcances la verdadera libertad, debes seguir a la filosofía"[201]. Quien a ésta se somete y se entrega, no posterga su libertad un día más: se emancipa al instante[202]; en efecto, el hecho mismo de seguir a la filosofía ya es libertad. (**8**) Quizá me preguntes por qué cito tantas bellas frases de Epicuro y no de nuestros autores; ¿acaso consideras tales frases solamente de Epicuro y no de autoría pública?

---

[200] En la antigua Roma, el *testamentum* se redactaba en tablillas de cera (*tabulae*), o bien en papiro o *membrana* (pergamino hecho con piel de bovino); las tablillas se perforaban para cerrarlas con un cordón de lino, el cual se asegura con cera; luego, el testador (comúnmente un *paterfamilias* o ciudadano libre) y los testigos "sellan" con sus anillos el cordón encerado. Una vez hecho lo anterior, era dado a una persona de confianza o depositado en un templo. Así, Octavio Augusto confió su testamento a las Vírgenes Vestales, en el templo de Vesta del Foro (Suet., *Aug.*, 101).
[201] Cfr. Usener, 199.
[202] Cfr. Persius, 5, 75 f.

¡Qué de cosas expresan los poetas que han dicho o deben decir los filósofos! Por no referirme a los autores trágicos o a nuestras obras togadas[203] (aunque también éstas tienen cierta seriedad y pueden contarse entre las tragedias y comedias de tipo griego): ¡Qué versos tan más expresivos tienen los mimos[204]! ¡Cuántas frases de Publilio[205] citan los actores descalzos y los que usan zapatillas[206]! (**9**) Citaré un solo verso suyo, perteneciente más a la filosofía y de alguna manera tomada de ésta, que niega la casualidad de lo llegado a nuestro patrimonio:

"Todo lo que llega deseándose nos es ajeno"[207].

---

[203] En el teatro latino, la *togata* era una obra cómica de argumento romano o itálico (a diferencia de la *palliata* griega), llamada así por la toga que usaban los artistas en escena. Tramas y personajes, generalmente sencillos, se tomaban de la vida cotidiana; la acción se ubicaba en alguna ciudad itálica, pues la austeridad romana prohibía representar en sentido abiertamente cómico a personajes o sitios de Roma. Los fragmentos llegados a nosotros dificultan juzgar este género teatral, cuyas celebridades fueron Ata (siglo I a. C.), Titinio y Afranio (segunda mitad del siglo II a. C.)

[204] Género literario cuya estructura no es del todo conocida. Festo, erudito del siglo II d. C., afirma que el mimo era un intermedio, probablemente de carácter farsesco y licencioso con numerosas connotaciones satíricas, realizado entre un acto y otro de una representación dramática de mayor dimensión, como la tragedia.

[205] Publilio Siro, poeta latino (¿Antioquía?, siglo I a. C.). Liberto de origen oriental, mimógrafo, logró rápidamente un notable éxito en las provincias. Conoció el triunfo en el 46 a. C. cuando, llegado a Roma, con motivo de los *ludi* (juegos) apenas instituidos por Julio César, desafió en competición a todos sus colegas: César constriñó a participar incluso al célebre escritor de mimos, Décimo Laberio, pero fue derrotado. Sobreviven dos títulos y tres fragmentos de los mimos de Publilio, además de una compilación de 700 sentencias en versos iámbicos y septenarios trocaicos tomadas de sus textos; ordenadas alfabéticamente, constituyen un manual escolástico, desplegando una sabiduría variada sobre la amistad, el amor, la fortuna y la conducta.

[206] Séneca se refiere a los comediantes o mimos. En el teatro cómico, los actores usaban un calzado muy bajo, lo que les hacía parecer descalzos. Por el contrario, los actores de tragedia usaban un calzado de mayor grosor.

[207] Cfr. Ribbeck, *Syrii sententiae*, p. 309.

(**10**) En este sentido tú lo has dicho mejor y con mayor precisión[208]:

"No es tuyo eso que la fortuna te entregó"[209].

Tampoco omitiré lo dicho por ti de mejor modo:

"Un bien que puede ser dado puede ser arrebatado"[210].

Este pensamiento no lo doy en pago: es tuyo y lo devuelvo. Que estés bien.

---

[208] Recordemos que Lucilio era virtuoso de la poesía.
[209] Cfr. Ribbeck, *Com. Rom. Frag.*, p. 394.
[210] *Idem.*

9

Al bastarse a sí mismo, el sabio puede darse a los demás

(**1**) Deseas saber si Epicuro critica con mérito en cierta carta[211] a esos que dicen estar satisfechos por considerarse sabios y no necesitan tener un amigo a su lado. Epicuro se refiere a Estilpón[212] y a los que consideran como bien absoluto un ánimo insensible[213]. (**2**) Se cae en la ambigüedad si deseáramos usar el término griego ἀπάθειαν (apatía) como palabra genérica queriendo dar a entender impasibilidad; podría significar lo contrario de lo que deseamos entender. Nosotros pretendemos referirnos al que se aleja de la sensación de todo mal: con ello se entiende que hay quien ningún mal puede soportar. Por tanto, mira bien qué es más adecuado: referirse a un ánimo invulnerable o a un espíritu alejado de toda perturbación. (**3**) Es importante tal distinción entre ellos y nosotros: cierto que nuestro sabio supera toda adversidad, aunque la sienta, pero el de ellos no. Con todo, ambos tienen algo en común: el sabio se basta a sí mismo. Pero, aunque se baste a sí mismo, también desea tener un

---

[211] Cfr. Usener, fr. 174.

[212] Estilpón de Megara, filósofo griego (Megara, ca. 360 – ca. 280 a. C.). Crítico de la lógica discursiva, objetó también la doctrina platónica de las ideas; bajo su guía, la escuela megárica logró un apogeo para luego declinar rápidamente al afirmarse las nuevas filosofías helénicas. En el plano ético, Estilpón defiende la autarquía y la apatía como ideales del sabio: bastándose a sí mismo, el sabio debe ser superior a las necesidades, incluso a la de la amistad. Sus ideas influyeron en la ética estoica y en la escuela escéptica.

[213] Séneca se refiere a los integrantes de la escuela cínica. *Vid. supra*, nota 271.

amigo, un vecino, un camarada. (4) Mira lo satisfecho que está consigo mismo: algunas veces es feliz con una parte de su ser. Si alguna enfermedad o adversario le quitasen una mano, si alguna desgracia le arrancase uno o los dos ojos, le bastarán los órganos restantes para estar feliz con su cuerpo disminuido y amputado como cuando estaba íntegro; pero si bien no echa de menos los miembros que le faltan, no por ello desea su suerte. (5) De este modo, el sabio se basta a sí mismo, no porque desee estar sin amigos, sino porque puede estarlo; y al decir "puede" lo afirmo como tal: acepta esa renuncia con ánimo sereno. Seguramente nunca estará sin amigos: en su poder está el adquirir fácilmente uno. Así como Fidias[214] haría inmediatamente otra estatua si hubiese perdido una, así este experto de las amistades sustituirá con otra el lugar dejado. (6) ¿Preguntas cómo es posible hacer tan rápidamente un amigo? Te lo diré, si ello me permite quedar a mano contigo, pues ahora mismo pagaré lo que te adeudo y con esta carta estaremos saldados. Hecatón[215] dijo: "Te mostraré un filtro amoroso sin fórmulas mágicas, sin plantas, sin ninguna imprecación hechizante: si quieres ser amado, ama"[216]. Brinda un placer enorme no tanto la costumbre de

---

[214] Exaltado en las fuentes literarias antiguas como el más grande escultor de su tiempo (Atenas *ca.* 490 a. C. – *ca.* 430 a. C.). Inicialmente pintor, se dedicó poco después a la escultura bajo la guía del ateniense Egias y de Agelades de Argos. Intérprete de los ideales más nobles de la cultura helénica, Fidias es considerado el creador del estilo "clásico"; la búsqueda del elemento humano al reflejar piscológicamente los sentimientos representan los aspectos fundamentales del complejo lenguaje figurado de Fidias y de su acción renovadora. Dejó una huella profunda en la civilización artística de su época, ya sea directamente en su obra, ya sea mediante la influencia ejercida en otros discípulos (Agorácrito, Alcámenes) y en los diversos arreglos de los templos de Olimpia y el Partenón.

[215] *Vid. supra*, nota 173.

[216] Cfr. Fowler, fr. 27.

una amistad vieja y segura, sino el inicio y la adquisición de una nueva. (7) Lo que diferencia al campesino sembrador del cosechador es lo que diferencia al que tuvo un amigo del que lo consigue. El filósofo Atalo[217] solía decir que era más feliz haciendo un amigo que teniéndolo, "al igual que el artista es más feliz pintando que habiendo pintado". En el afán y entrega a su trabajo encuentra una enorme satisfacción: no se alegra del mismo modo quien ha retirado la mano de una obra consumada. Ahora se deleita con los resultados de su arte, pero cuando pintaba se deleitaba tan sólo en su arte. Es más fructífera la adolescencia de los hijos, pero su infancia es más dulce.

(8) Regresemos ahora al tema inicial. Aunque el sabio se basta a sí mismo, desea tener un amigo, si no por otra cosa, para ejercitarse en la amistad y no dejar ociosa tan gran virtud; no tanto por lo que decía Epicuro en esta misma carta, "para que tenga quién le asista en la enfermedad, quién le socorra en la prisión o en la desgracia"[218], sino para tener alguien al que atender estando enfermo, a quien liberar cuando haya caído prisionero del enemigo. Quien sólo piensa en uno mismo y así se acerca a la amistad, lleva ya mala intención. Del mismo modo que empieza, termina: quizá adquirió un amigo que estará a su lado en prisión, pero que se alejará al primer sonido de cadenas. (9) A estas amistades el pueblo las llama pasajeras; quien ha sido buscado por conveniencia agradará mientras sea útil. Por ello, a los afortunados les rodea una multitud de amigos, mientras que

---

[217] Filósofo griego que inició a Séneca durante su juventud en la filosofía estoica, cuando el segundo se trasladó con su familia de Córdoba (España) a Roma.
[218] Cfr. Usener, fr 175.

la soledad rodea a los desgraciados, y en consecuencia los amigos huyen al momento de probarlos[219]; hay muchos ejemplos abominables de individuos que por temor se alejaron o incluso traicionaron la amistad. El inicio y el final coinciden inevitablemente entre sí: quien comienza a ser amigo por conveniencia [dejará de serlo porque así le conviene][220]; si puede lograr algo de ella, cualquiera antepondrá sus intereses a la amistad. (**10**) "¿Para qué te procuras un amigo?" Para tener alguien por quien morir, para tener alguien a quien acompañar en el exilio[221], por el cual me oponga a la muerte y me sacrifique; eso que tú describes es comercio, no amistad, se equipara a una conveniencia momentánea, algo de lo que se espera sacar ventaja. (**11**) Indudablemente la amistad tiene algo en común con la pasión amorosa; puede decirse de ésta que es una amistad loca. ¿Acaso alguien ama verdaderamente por causa de lucro, por ambición o gloria? Debido a su misma esencia, el amor puro, indiferente a todo lo demás, enciende en las almas una pasión por la belleza con la esperanza de un genuino afecto recíproco. ¿Entonces una pasión brutal surge de una causa más noble? (**12**) Respondes: "Ahora no se discute si la

---

[219] Pensamiento ya expresado por Cornificio en *Rhet. ad Her.* 4, 17, 224.

[220] Fragmento agregado en la edición de L. D. Reynolds (Oxford, 1965) inexistente en el original. (N. del T.)

[221] Alejamiento permanente o temporal, coactivo o voluntario, de la patria. En Roma esta pena no se declaraba explícitamente, pero se orillaba al condenado a dejar el territorio por medio de la *interdictio aquae et ignis* (interdicción del agua y el fuego, prohibiéndole usar tales elementos; cfr. Gayo, *Institutiones*, 1, 128; *Digesta*, 4, 5, 5 pr.). En ocasiones, si el delito era tal que hubiese ameritado la *sacratio capitis* (pérdida de la ciudadanía), al *exilium* se agregaba la confiscación de bienes. En época imperial, desde Tiberio (14 – 37 d. C.) se conmutó por la *deportatio in insulam* (deportación a una isla), con posible confisca total o parcial de bienes y pérdida de ciudadanía, o su atenuante, la *relegatio in insulam*, sin las penas adjuntas.

amistad deba desearse por sí misma". Más bien, justamente esto debe probarse; si por ella misma debe buscarse, sólo podrá iniciarla quien esté satisfecho consigo mismo. "¿Y entonces cómo hacer para iniciarla?" Considerándola lo más bello, no estando motivado por la idea del beneficio ni temiendo a la inconstante fortuna; quien sólo busca la amistad en circunstancias favorables, denigra su grandeza.

(**13**) "El sabio se basta a sí mismo". Querido Lucilio, la mayoría interpreta erróneamente esto: considera al sabio alejado en todos los sentidos y lo encierra dentro de su piel. Por ello, hay que distinguir lo que implica dicha frase y hasta qué punto: el sabio se basta a sí mismo por vivir felizmente, no por vivir; en efecto, para esto último se requieren muchas cosas, mas para la primera solamente un espíritu sano, noble y alejado de la cambiante fortuna. (**14**) También deseo mostrarte la definición de Crisipo[222]. Dijo que al sabio nada

---

[222] Filósofo griego (Soli, Chipre, 281 ó 277-Atenas 208 ó 204 a. C.). Fue durante casi treinta años discípulo de Cleantes, heredando la dirección de la escuela estoica a la muerte del segundo. Las fuentes de su pensamiento fueron Zenón, el fundador del estoicismo, la lógica megárica y la filosofía académica. Contrario al escepticismo académico, fue uno de los más fuertes apoyadores del principio de que el conocimiento es adquirible y puede establecerse sobre fundamentos ciertos. Así, aunque no fue el fundador del estoicismo, fue el primero en basar su doctrina en un sistema plausible de razonamiento, por lo que llego a decirse: "si Crisipo no hubiera existido, el pórtico no hubiera llegado a ser lo que fue" (Dióg. Laer., 7, 183); entre los estoicos posteriores sus opiniones tuvieron más peso que las de Zenón o Cleantes, y fue considerado una autoridad a la que no podía contradecirse.
El valor de Crisipo como filósofo radica en que, si bien no fue el autor de doctrinas novedosas, se opuso exitosamente a los que disentían con el sistema estoico vigente, ofreciendo nuevos argumentos a su favor. Aparte de sus luchas con Cleantes y la Academia, veía muy fuerte la influencia perniciosa del epicureísmo; con objeto de contrarrestar la influencia seductora de su teoría moral, parece que buscó en cierto grado popularizar la doctrina estoica, y darle al estudio de la ética un lugar más prominente que a la física, la rama más elevada de la filosofía, razón por la cual las reflexiones morales de este sistema filosófico hoy son universalmente conocidas.
Autor de más de 700 libros sobre lógica, física y ética —de los que restan algunos títulos y pocos fragmentos-, gozó en la antigüedad de inmensa fama y su obra resultó

le falta y, sin embargo, necesita muchas cosas[223]: "por el contrario, al tonto nada le falta [porque de nada sabe servirse][224] pero carece de todo". El sabio necesita las manos, los ojos y tantas cosas para la vida cotidiana, pero de nada carece; en efecto, carecer de algo es lo propio de la necesidad, pero el sabio nada necesita de manera absoluta. (**15**) Así, pese a bastarse a sí mismo, necesita de amigos; desea tenerlos como todos los demás, pero no para vivir bien, porque aun estando sin amigos ya vive felizmente. El bien absoluto no exige utensilios exteriores: los tiene ya en casa, todo lo toma de sí mismo; sin embargo, comienza por someterse a la fortuna si alguna parte suya busca hacia el exterior. (**16**) "¿Pero cómo será la vida del sabio si se queda solo y sin amigos, arrojado al calabozo, abandonado en alguna tierra extraña, llevado durante largo tiempo en una travesía marina o perdido en una playa desierta?" Será como la de Júpiter cuando, destruido el mundo, los dioses y hasta la propia naturaleza en un instante, halló reposo abstraído en sus pensamientos[225]. El sabio actúa de este modo: se refugia en sí mismo, se tiene a sí mismo[226]. (**17**) Sin duda, al poder

---

decisiva para fortuna del estoicismo, llamándosele "segundo fundador".

[223] Cfr. Von Arnim, Chrysippus, *Frag. Moral.*, 674. Gummere observa que la distinción se basa en el significado del verbo *egere*, "necesitar algo indispensable", y de la locución *opus esse*, "necesitar algo necesario, pero no indispensable".

[224] Fragmento agregado en la edición de L. D. Reynolds (Oxford, 1965) inexistente en el original. (N. del T.)

[225] Cfr. Von Arnim, Chrysippus, *Frag. Phys.*, 1065. Según la concepción estoica del universo, cuya autoría al parecer fue de Crisipo, el mundo y la divinidad están sujetos a una serie infinita de creaciones y destrucciones, producidas por una inviolable necesidad. En este pasaje de Séneca se delinea la figura de una divinidad suprema, indestructible, cuya esencia es autónoma respecto a la del universo, el cual, según la doctrina estoica de la conflagración, el universo será destruido por el fuego. Sobre esta línea se mueven también religiones reveladas como el judaísmo y el cristianismo.

[226] Vid. infra, *Ep.* 25, 6-7.

ordenar sus asuntos según su albedrío, se basta a sí mismo y elige una esposa, educa a sus hijos y, pese a ello, no desearía vivir si, bastándose y logrando lo que se propone, viviera alejado del género humano. No le impulsa a tener amigos la conveniencia propia, sino una tendencia natural, pues, así como es natural nuestra inclinación por otros asuntos, así lo es por la amistad. Así como se aborrece la soledad y se desea la compañía, así también un estímulo similar nos motiva a desear tener amistades. (**18**) No obstante que estime muchísimo a sus amigos, los considere tanto como a sí mismo, y muchas veces los anteponga a sí mismo, el límite de todo bien lo tendrá siempre dentro de sí, repitiendo aquello que dijo Estilpón, el que se citó después de la carta de Epicuro. Conquistada su patria, habiendo perdido hijos y esposa, quedando solo y habiendo huido de un incendio público, viéndole sereno, le preguntó Demetrio, llamado Poliórcetes por la destrucción de ciudades[227], si había perdido algo, a lo que le respondió: "todos mis bienes están conmigo"[228]. (**19**) ¡He aquí un varón fuerte y resuelto! Así superó la victoria misma del enemigo. Al responder "nada perdí", le hizo dudar hasta de su triunfo. "Todos mis bienes están conmigo": la justicia, la virtud, la prudencia... poseyendo esto, ningún bien puede considerarse arrebatado. Admiramos a ciertos animales que atraviesan el fuego sin

---

[227] Demetrio I Poliórcetes (ca.336 – Apamea 283 a. C.). Rey de Macedonia (293 – 287), hijo del diádoco (sucesor de Alejandro Magno) Antígono I Monoftalmo, nombrado corregente en el 306; persiguió tenazmente, aunque con enorme fracaso, el diseño paterno de reunificar los estados nacidos tras la disgregación del imperio de Alejandro Magno. El sobrenombre Poliórcetes ("asediador de ciudades") atestigua la pericia militar pero, al mismo tiempo, la falta de agudeza política.
[228] Sternberg, *Gnomologici Vaticani*, 515a. Cfr. Dióg. L. 2, 115.

dañarse el cuerpo[229]: ¡cuánto más admirable este hombre que escapó ileso al hierro de la espada, las ruinas y el fuego! ¿Te das cuenta de que es más fácil vencer a todo un pueblo que a un solo individuo? Esta frase lo hace común al pensador estoico: éste avanza igualmente con sus bienes intactos en medio de las ciudades reducidas a cenizas; en efecto, él se basta a sí mismo, y con dicha felicidad se traza el límite. (20) Pero no consideres que sólo nosotros lanzamos discursos excelsos, pues como Estilpón, Epicuro lo afirmó con palabras similares, las cuales deseo que juzgues benignamente, incluso como si ya hubiese pagado el adeudo de este día. Dijo: "Es pobre quien, no contento con bienes abundantísimos, todavía anhela ser dueño del mundo entero"[230]. Veamos si es mejor decírtelo de este modo (pues hay que servirnos de las ideas más que de las palabras): "es pobre quien a sí mismo no se considera el más feliz, aunque gobierne el mundo". (21) Para que veas lo comunes que son estos pensamientos, dictados evidentemente por una ley natural, reflexiona lo dicho en la obra de un poeta cómico[231]:

No es feliz quien no cree serlo[232].

---

[229] Séneca se refiere a la salamandra, que en la creencia popular no se le consideraba un anfibio, tal como lo hace hoy la zoología, sino como una criatura que tiene su morada en el fuego, con objeto de infundirle vida y protegerlo. Ya Plinio el Viejo en *Nat. Hist.* 10, 67-68, había recogido una noticia sobre la facultad de la salamandra de apagar el fuego.

[230] Cfr. Usener, fr. 474. El pasaje moraliza posiblemente recordando a Alejandro Magno, rey de Macedonia que, en su megalomanía, conquistó el mundo conocido hasta los confines de Asia.

[231] Se refiere al comediógrafo Publilio Siro. *Vid. supra*, nota 205.

[232] Según Buecheler, el pensamiento quizá se adaptó de los griegos. Cfr. Ribbeck, 147.

Porque, ¿qué importa cuál sea tu posición social si te consideras desgraciado? (**22**) Quizá digas: "¿Y entonces? Si quien se enriqueció vergonzosamente, o quien es amo de varios pero esclavo de muchos más, se declara feliz, ¿no le volverá su dicho un hombre feliz?" No importa quién lo declare, sino quién lo sienta, y esto no sólo un día, sino constantemente. No importa que un gran bien llegue a alguien indigno: a no ser que al sabio no le agraden sus cosas, cualquier necedad arrastra consigo su fastidio. Que estés bien.

10

Exhortación a la soledad
sin abandonarse a malos pensamientos

(**1**) Así es, no cambio de opinión: apártate de la multitud, de los pocos, incluso de uno solo[233]. No quisiera que te relaciones con nadie. Mira bien el concepto que tengo de ti: me atrevo a confiarte a ti mismo. Cuentan que Crates[234], discípulo del mismo Estilpón que mencioné en la carta anterior, al ver a un adolescente que paseaba en un lugar apartado, le preguntó qué hacía solo. El joven respondió: "Hablo conmigo mismo". A lo que Crates dijo: "Te pido que tengas cuidado y pongas esmerada atención: hablas con un hombre malo". (**2**) Acostumbramos prestar atención al que se lamenta o al temeroso, pero no al que se relaciona de mala manera con la soledad. Nadie debería ser abandonado a sus irreflexiones: es entonces cuando los malos pensamientos persiguen, cuando se planean futuras intrigas contra los demás o contra uno mismo, cuando las pasiones insanas nos guían; es entonces cuando queda al descubierto todo lo que el espíritu custodiaba por miedo o pudor, cuando la osadía

---

[233] Séneca no sugiere a Lucilio aislarse totalmente del mundo, sino de "conversar" más intensamente consigo mismo para descubrir y revalorar con sentido crítico lo que subsiste de bueno y racional en el espíritu humano, y de no prestar atención a los malos consejeros; de lo contrario, incluso la reflexión en soledad sería, como dirá más adelante, un traicionarse a sí mismo.

[234] Crates de Atenas (siglo III a. C.) filósofo académico griego; fue el cuarto escolarca de la Academia tras la muerte de Platón (269 – 264 a. C.); como su predecesor, Polemón de Atenas, parece que se mantuvo fiel a las doctrinas del maestro, oponiéndose al rigorismo cínico y estoico.

aguijonea, el deseo ciego empuja, la iracundia espolea. En fin, lo que la soledad brinda de agradable a uno, es decir, el no tener que confiar algo a alguien, el no temer al denunciante[235], en el tonto es perjudicial: se traiciona a sí mismo.

Por tanto, mira lo que espero de ti; más aún, lo que me prometeré a mí mismo (pues la esperanza es el término para designar un bien incierto): no encuentro con quien debas convivir más que contigo. (3) Repito de memoria y con gran alegría algunas expresiones tan llenas de vigor que has dicho; me enorgullezco y constantemente he dicho: "estas frases tienen fundamento, no se dicen a la ligera; este hombre no es del pueblo, tiende a lo sublime". (4) Vive tal como te expresas; cuida que nada te derrote. Es bueno que agradezcas a los dioses por tus anteriores promesas cumplidas, pero ahora empéñate plenamente con otras nuevas: pide que primero se te otorgue mente buena, salud de espíritu, y luego de cuerpo[236]. ¿Por qué no hacer frecuentemente estos votos?

---

[235] En época de Séneca eran numerosísimos los *delatores*. Constituían una especie de "policía secreta" al servicio del emperador.

[236] Este pensamiento de cuño estoico sin duda estaba difundido en la antigua Roma; incluso un poeta satírico como Juvenal lo refiere de manera jocosa en las siguientes líneas, las cuales incluyen el célebre aforismo *mens sana in corpore sano*: "¿Los hombres, pues, no deben desear nada? Si quieres un consejo, deja a los mismos dioses apreciar lo que nos conviene o lo que es de utilidad a nuestros intereses. Porque los dioses nos darán en vez de las cosas agradables las cosas más convenientes. El hombre es más caro a ellos que a sí mismo. Nosotros, guiados por el impulso de nuestro ánimo y por nuestra ambición grande y ciega, pedimos matrimonio y parto de nuestra esposa; pero ellos saben qué clase de hijos serán éstos y qué clase de esposa. Sin embargo, para que pidas algo y prometas en los santuarios las entrañas y las sagradas salchichas de un cochinito blanco, debes implorar tener una mente sana en un cuerpo sano. Pide un ánimo esforzado, exento del miedo a la muerte, que cuente entre los favores de la naturaleza la última etapa de la vida, que pueda sobrellevar cualquier tipo de trabajos, que no sepa airarse, que no ambicione nada y que considere preferibles las pruebas y los atroces trabajos de Hércules al amor, las comidas y las almohadas de Sardanápalo. Te expongo lo que tú mismo puedes darte; en verdad el único sendero de una vida tranquila se abre a través de la virtud" (*Sátiras*, 10, 346-364).

Ruega valerosamente a la divinidad: nada extraño has de suplicar.

(5) Pero, como es ya mi costumbre, terminaré la carta con una pequeña contribución; encontré en Atenodoro[237] algo verdadero: "estarás libre de toda pasión cuando logres pedir a la divinidad únicamente lo que se puede pedir estando en público"[238]. Sin embargo, ¡qué locura la de los humanos! En voz baja hacen los votos más torpes a los dioses; enmudecen si alguien acerca la oreja, y lo que no desean hacer saber a sus semejantes se lo cuentan a la divinidad. Por tanto, mira si puede enseñarte algo bueno esta reflexión: vive con los hombres como si la divinidad te observase y habla con la divinidad como si te escuchasen los hombres. Que estés bien.

---

[237] Atenodoro Cordilión (siglos II – I a. C.), filósofo originario de Tarso, dirigió la biblioteca de Pérgamo, por lo que pudo realizar importantes estudios sobre los fundadores de la escuela estoica y particularmente de Zenón.
[238] Según Rossbach, *De superstitione*, fr. 36 H.

11

Las reacciones instintivas sólo pueden dominarse, no erradicarse

(1) Ha platicado conmigo un amigo tuyo de buen carácter; ya desde la primera conversación mostró gran espíritu e ingenio, demostrativo de ciertos progresos alcanzados. Nos ha causado una grata impresión, estará a la altura de las enseñanzas[239]; en efecto, no ha hablado premeditadamente, sino de manera espontánea y fluida. Pero al momento de retraerse en sí mismo, apenas y pudo reprimir el pudor, buena señal ésta en un adolescente: un rubor surgido de lo más profundo de su ser le cubrió totalmente el rostro. Por cuanto supongo, esto le acompañará incluso cuando haya madurado y extirpado todos sus vicios, e incluso tras haber alcanzado el grado de sabio. Ninguna sabiduría logrará extirpar los defectos naturales del cuerpo o del alma: cualquier cosa arraigada e innata únicamente se modera con el arte, pero no se vence. (2) Hay algunos que, pese a ser firmísimos de carácter, en presencia del público les cubre copiosamente el sudor, como sucede a los fatigados y acalorados; a otros les tiemblan las rodillas cuando se proponen hablar, a otros les castañetean los dientes, les traiciona la lengua o balbucean con los labios: ni disciplina ni

---

[239] Con esta frase, Séneca intenta resaltar la comunidad de intereses que lo ligan a Lucilio, a quien se dirige no como un maestro de moral en la cima de la perfección, sino como un amigo que, aunque filosóficamente más preparado, busca recorrer con él la misma vía hacia esa meta.

práctica erradican jamás esto, pues la naturaleza ejerce su poder y con dicho defecto recuerda su existencia incluso a los más vigorosos. (3) Entre tales vicios está el rubor, el cual se abre paso hasta en los varones más serios. Con más razón aparece en los jóvenes, en quienes el rostro es más tierno y existe mayor pasión; sin embargo, también afecta a maduros y ancianos. Algunos deben ser más temidos cuando el ardor se manifiesta en el rostro, como ignorando toda prudencia; (4) por ejemplo, Sila[240] era violentísimo cuando la sangre le invadía el rostro[241]. En el rostro de Pompeyo[242] nada había de agradable, pero siempre enrojecía delante de la multitud, generalmente en los discursos públicos[243]. Recuerdo cuando Fabiano[244] fue llamado ante el Senado como testigo y

---

[240] Lucio Cornelio Sila, general y político romano (138 – 76 a. C.). De familia patricia, inició como cuestor con Mario en el 107 a. C.; tras diversas batallas en Oriente, regresó a Roma hacia el 87 a. C. para abrogar las leyes de Sulpicio Rufo que le negaban el mando militar, persiguiendo a los miembros del partido popular y desatando una guerra civil. En el 82 volvió a Roma tras pacificar la zona helénica y, como hábil político, junto a las temibles proscripciones realizó acuerdos con los que se acercaban a pactar. En ese año fue designado dictador, realizando un vasto programa político novedoso, aunque contradictorio, pues los dos ataques que realizó contra Roma le valieron una prolongada hostilidad del Senado, al que venció sólo a través de presiones, una transformación radical de las asambleas y nuevas proscripciones. Se retira de la política en el 79 a. C., y a su muerte un funeral imponente le acompañó a la ciudad.

[241] Cfr. Plutarco, *Sila*, 2.

[242] Véase el comentario sobre este personaje en la carta 4.

[243] Cfr. Plutarco, *Pompeyo*, 2.

[244] Papirio Fabiano (siglo I d. C.), uno de los maestros de Séneca. Filósofo de tendencia neopitagórica y célebre orador, fue discípulo de la escuela fundada en Roma por Quinto Sestio, la cual buscaba difundir ideales filosóficos, especialmente entre la clase media urbana. El objetivo era la enseñanza ética para la formación del ciudadano y la divulgación de materias como ciencias naturales, política, retórica y medicina: puede notarse en dicha escuela una tendencia ecléctica, con fuerte influencia estoica; al parecer, Fabiano escribió las obras *Libri causarum naturalium* (Libros de las causas naturales), *De animalibus* (Sobre los animales) y *Libri civilium* (Libros de las cuestiones civiles). Séneca afirma en *De brevitate vitae* que él no fue filósofo de escuela, sino un auténtico filósofo a la antigua. Cfr. *Ep*. 100.

enrojeció: dicha reacción le sentó maravillosamente. (**5**) Esto no sucede por alguna enfermedad mental, sino por lo imprevisto de un suceso, ante el cual los novatos, aunque no se atemorizan, se turban, especialmente si por naturaleza son proclives a esta afección corporal; porque, así como algunos son de sangre tranquila, otros la tienen impetuosa y voluble, por lo que en éstos se manifiesta rápidamente. (**6**) Como ya dije, ninguna erudición logra echar fuera tal reacción; además, si quisieran extirparse todos estos defectos, debería tenerse bajo total dominio a la naturaleza. Por mucho que el espíritu se hubiese construido diariamente, en algún sitio se pegará algo propio de nuestra condición innata y de la constitución física[245]; nada puede erradicarlos, pues sin más se presentan. (**7**) Los actores expertos, que saben imitar los estados de ánimo y expresan el miedo o la tensión nerviosa, que saben actuar con tristeza, intentan también imitar la vergüenza. En efecto, bajan el rostro, cortan las palabras, fijan los ojos en tierra y se abaten, pero no pueden ruborizarse: esto no se domina ni tampoco se provoca. La sabiduría nada puede contra dichas reacciones, en nada es útil: son autónomas, llegan espontáneamente y así desaparecen.

(**8**) La carta reclama ya cerrarla. Pon atención, pues deseo grabarte en el espíritu algo útil y positivo: "Algún hombre virtuoso debe estimarnos y siempre tenernos vigilados para que vivamos como si nos estuviese juzgando y hagamos nuestros quehaceres como si nos estuviese

---

[245] En la mentalidad antigua se creía que los elementos constitutivos de nuestro organismo, a imitación de la naturaleza, eran el agua, el aire, la tierra y el fuego. Cfr. Lucrecio, *De rerum nat.* 3, 5.

observando"[246]. (**9**) Querido Lucilio, Epicuro sentenció esto; con razón nos aconsejó un vigilante y maestro: la mayoría de pecados desaparecen si el pecador tiene ante sí a un testigo. El espíritu debe tener a alguien respetable por su autoridad para que purifique totalmente hasta el aspecto más oculto. ¡Oh, feliz el que se enmienda no tanto por tener a alguien delante, sino únicamente por recordarlo[247]! ¡Oh, feliz el que puede respetar a un hombre, y tan sólo pensando en él, se corrige y domina! Quien de tal manera puede venerar a una persona rápidamente será alguien respetable. (**10**) Así, pues, elige a un Catón; pero si éste se te imagina demasiado rígido, elige a un hombre de carácter más suave, como Lelio[248]. Elige el que te plazca y dirige el rostro, la forma de hablar, la vida e incluso tu espíritu hacia él; tenlo siempre como vigilante o ejemplo. Considero necesario tener a alguien que nos exija practicar buenas costumbres; de lo contrario, sin aspirar a una cierta regla de conducta no corregiremos lo malo. Que estés bien.

---

[246] Usener, *op. cit.*, fr. 210.

[247] Cfr. *Ep.* 25, 5.

[248] Séneca toma como ejemplos contrapuestos a Catón el Uticense y Cayo Lelio el Menor, idealizados en buena parte de la literatura clásica, y ya comentados en la carta 7: frente al rigorismo ético del primero, especialmente su firmeza al afrontar la muerte, nuestro filósofo sugiere una sabiduría sonriente, más tolerante pero igual de constante con la cual rijamos nuestra vida.

12

Aprovechemos cada momento, porque la vida pasa

(**1**) Hacia cualquier parte donde volteo veo las pruebas de mi vejez[249]. Fui a mi villa cercana a la ciudad[250] y me lamenté de los gastos realizados en un inmueble tan ruinoso. El granjero me dijo que tal irregularidad no se debía al descuido; ha puesto todo de su parte, pero la villa es vieja. La vi crecer entre mis manos: ¿qué futuro me espera si estas piedras tan vetustas son el reflejo de mi edad? (**2**) Enojado con él, espero impaciente otra ocasión para irritarme. Le digo: "Es evidente que estos platanares se han descuidado: no tienen hojas. ¡Y qué ramas tan nudosas y resquebrajadas las de estos árboles, qué troncos estos tan escuálidos y miserables! Tal cosa no sucedería si alguien cavase un foso alrededor y los regase". Jura por mi genio protector[251] que él

---

[249] La idea de la vejez parece turbar a Séneca, pero no es así. Según los parámetros de la época, un hombre que apenas y rebasase la sesentena de años era considerado *senex*, "viejo", y ya no solamente anciano, como hoy se dice eufemísticamente. Sin embargo, se reconocían las ventajas propias de esta fase de vida. Mientras escribía esta carta, Séneca tendría alrededor de 63.

[250] Probablemente se refería a la casa de descanso que poseía en *Nomentum*, colonia latina al noreste de Roma sometida en el 338 a. C., más tarde elevada al rango de municipio y hoy ciudad de Mentana, a unos veinte kilómetros de la capital. En época imperial conoció momentos de gran prosperidad económica gracias al comercio de vinos; igualmente, debido a la amenidad de su vida se convirtió en centro residencial apreciado por los romanos pudientes.

[251] El varón romano tiene un protector personal llamado 'genio' (*genius*); el nombre deriva de la raíz del verbo *generare* (generar, dar a luz) y por ende el "genio" es el generador de la vida, la divinidad que preside el nacimiento del hombre y lo acompaña en la vida, protegiéndolo. Representa la continuidad de la familia y es

mismo ha hecho todo esto, ha puesto todo su cuidado, pero aún así ya están añejos. Que quede entre nosotros: yo los planté, yo vi brotarles la primera flor. (3) Volteo hacia la puerta y digo: "¿Quién es este viejo decrépito que por alguna razón se ha colocado en la puerta de entrada?[252] A decir verdad, mira hacia afuera. ¿De dónde lo sacaste? ¿Por qué te gustó levantar el cadáver de un extraño?"[253] Y me responde: "¿Acaso no me reconoces? Soy Felicio, al que acostumbrabas traer estatuitas de arcilla[254]; soy tu pequeño consentido, el hijo del granjero Filósito". Digo: "Éste delira irremediablemente: ¿pequeño, y además mi consentido? Sin duda debe ser así, sobre todo ahora que cambia dientes"[255].

---

connatural al individuo; se le representa como una serpiente, un hombre togado, o bien como un bello joven desnudo que sólo porta una *chlamys* colgada del hombro y un par de alas en la espalda, según ciertas pinturas que han surgido en Pompeya; a las mujeres las protege *Iuno*. Censorino (*Censor.*, 3) señala: "el Genio es un dios bajo cuya protección es puesto cada uno de nosotros, desde el momento que ve la luz… Se dice que nuestro Genio tiene sobre nosotros un poder grandísimo, total… es para nosotros un guardián tan fiel y vigilante que no se aleja un solo instante; nos ha recibido al salir del vientre de nuestra madre y nos acompaña hasta el último día de nuestra existencia…". De estas palabras se deduce que el *genius*, del cual participa toda la *familia*, comprendidos los esclavos, es una especie de doble del sujeto, un *daemon* personal que nos atiende, dirige nuestras acciones y ve por nuestro bienestar a lo largo de la vida (Hor., *Ep.* 2, 2, 187; Tibul., 4, 5). La imagen de esta entidad divina, junto con la de los Lares (los dioses buenos personificados en los antepasados del linaje), los Penates (los dioses protectores de la despensa) y Vesta (diosa del fuego casero), se coloca en el atrio de la casa y también al interior del lario (*lararium*), altar de los dioses caseros que se venera en la *domus*. En relación con el pasaje, debemos recordar que un juramento adquiría validez si se pronunciaba por el propio genio. Los esclavos juraban por el genio del amo. Posteriormente, el cristianismo absorbe la figura pagana del *genius*, transformándolo en el 'ángel de la guarda'.

[252] Séneca se refiere al *ianitor*, el portero que cuida el ingreso a las villas.

[253] El filósofo juega con la antigua tradición romana de exponer al difunto durante siete días en el *atrium* o ingreso (*vestibulum*) de la casa, frecuentemente con el rostro vuelto hacia la puerta.

[254] Los *sigillaria* son figuras de cera o racilla grotescamente deformes que frecuentemente se regalaban a los niños en el último día de los festejos de las *Saturnalia* (*vid. infra*, nota 128) junto a otros regalos. Cfr. Macrobio, 1, 11, 49.

[255] Nuestro autor ironiza sobre su esclavo, que al verlo tan anciano parece un niño en

(4) Estoy en deuda con mi villa, pues todo donde he caminado me ha mostrado mi vejez. En fin, abracemos con gusto esta etapa y amémosla; si sabes servirte de ella, estará llena de placeres. Los últimos frutos del árbol son los más deliciosos; lo más hermoso de la infancia es cuando termina; a los bebedores les encanta la copa de vino que los sumerge, esa que en el último trago los embriaga; (5) todo placer tiene su punto máximo reservado para el final. La edad es mucho más agradable cuando ya va en descenso, justo cuando declina, pues considero que estar incluso al borde del sepulcro tiene sus placeres; o bien, como ya nada se ambiciona, esto sustituye a los placeres. ¡Qué dulce es quedar hastiado de las pasiones y hacerlas a un lado! (6) Dices: "Pero es angustiante tener la muerte frente a uno". Ante todo, por fuerza la tiene ante los ojos el viejo y el joven (pues no somos llamados a ella según aparezcamos en el censo de habitantes[256]); por ende, nadie es tan viejo como para anhelar un día más de vida. En contraste, un solo día es ya un tiempo de vida. Toda la existencia se compone de partes, poseyendo círculos mayores que rodean a otros menores: hay uno que todo lo rodea y circunda (abarcando desde el nacimiento

---

la etapa de cambiar dientes por segunda vez... al perderlos irremediablemente.

[256] Séneca se refiere al censo poblacional donde se llamaba a los *patresfamilias*, sin duda hombres maduros o ancianos, para declarar ante el Estado el monto de sus bienes. La tradición atribuye a Servio Tulio (578-535 a. C.) la instauración del censo (Livio, 1, 42); ordenó que los ciudadanos de Roma y de la campiña se presentasen a declarar sus posesiones y los individuos que habitaban en sus casas, expresando el valor de sus bienes y el lugar donde estaban; el vecindario del declarante; su edad y la de los hijos; el nombre de su mujer, así como el número de esclavos y libertos. La enumeración de los individuos y la estimación de sus bienes sirvieron para dividir a todos los ciudadanos en clases y centurias (Livio, 1, 43). El último gran censo se realizó en el año 74 d. C., durante el principado de Vespasiano y Tito, después de lo cual dicha institución cayó finalmente en desuso.

hasta el último día); hay otro que corresponde a los años de la adolescencia; hay aquel que, en su extensión, rodea a toda la infancia; luego está el periodo que encierra en sí a todos los demás periodos, los cuales integran la vida entera; en ese círculo mayor se incluye el mes, un periodo de tiempo más estrecho; el día posee un diámetro pequeñísimo, pero incluso éste tiene inicio y final, un nacimiento y un ocaso. (7) Por esto Heráclito, que se ganó el sobrenombre por la oscuridad de su discurso[257], dijo: "un día es igual al que sigue". Otro pensador lo concibió de manera diferente. En efecto, dijo •••••[258] hay similitud en las horas, y no miente; porque si el día se compone de veinticuatro horas, entonces todos los días son iguales entre sí, pues la noche posee lo que el día ha perdido. Otro más dijo que un día es absolutamente igual a todos los demás; nada de particular tiene un lapso de tiempo larguísimo que no encuentres repetido en cualquier otro día, hay luz y oscuridad, y esto sucede por los infinitos giros que da el mundo, no [por nada] ••••• en algunas el periodo es

---

[257] Heráclito de Éfeso, filósofo griego (550 ca – 480 ca a. C). Escribió hacia el 490 a. C. una obra que en la antigüedad le mereció fama de pensador enigmático y oscuro por su estilo y contenido, frecuentemente ambiguo y paradójico, de tonos proféticos (cfr. Diels, fr 106: ὁ σκοτελυός, "el obscuro"). Los fragmentos que se conservan se refieren al *lógos* (razón universal o principio creador) como un "orden" (*kósmos*), un fuego y como "alma" o "vida" (*psychê*). Así, el *lógos* es la "armonía secreta" de los contrarios, es su coincidencia, así como coinciden el inicio y el final de un círculo. Dicha armonía es el "buen orden" común a todo y a todos, no generado y eterno. El intercambio dinámico de elementos contrarios da lugar a ciclos donde el "fuego siempre vivo" del mundo crece y decrece según equidad y justicia universales. Así, la justicia de los sucesos se capta como contraste y necesidad debido a ese conflicto; el alma también forma parte de esta lucha, y se transforma repitiendo dichas fases: el alma superior va de acuerdo con el *lógos*, adecuándose a dichos ciclos. Por lo anterior, a Heráclito se le considera el filósofo del devenir, del "todo pasa" (*pánta reî*), porque "no podrás bañarte dos veces en las aguas del mismo río", según una célebre metáfora suya.

[258] A lo largo de las cartas, estos símbolos representan fragmentos perdidos.

más corto, en otras más prolongado. (**8**) Por ende, es menester ordenar cada día, porque el ciclo se completa y la vida se consume y termina. Pacubio[259], que por el largo tiempo transcurrido hizo suya Siria[260], celebraba las propias exequias con vino y banquetes fúnebres; tras la cena, entre aplausos de los convidados, era conducido a su recámara mientras un fondo musical cantaba: "Ya fue, y no es más"[261]. Cada día se lo recordaba. (**9**) Bien, esto que él hacía movido por su conciencia intranquila, hagámoslo nosotros por tenerla limpia, y antes de irnos a dormir digamos contentos:

He vivido, y el tiempo concedido lo atravesé con dicha[262].

Si la divinidad nos permite ver otro amanecer, recibámoslo felices. Quien recibe sin ansia un nuevo día es un poseedor seguro y dichosísimo; cualquiera que diariamente afirme "he vivido" eleva el premio de volver a vivir.

(**10**) Pero ya debo concluir la carta. Preguntas: "¿Y me llegará así, sin su regalo?" No temas: lleva algo. ¿Por qué dije 'algo'? Lleva mucho. En efecto, ¿hay algún pensamiento más elevado que otro como para que lo ponga en esta carta y

---

[259] Pacubio, gobernador de Siria durante el principado de Tiberio (14 – 37 d. C), según Tácito (*Ann.*, 6, 27); adquirió el sobrenombre de "Siro" por su largo mandato en esta tierra. Originalmente el gobierno provincial le había sido asignado a Elio Lamia, pero Tiberio le impidió pararse en esa provincia.

[260] Séneca emplea el vocablo *usus*, requisito jurídico para obtener la propiedad de un bien poseído durante uno o dos años de manera pacífica y no por causa de necesidad (*usucapio*). Así, gracias a esta posesión ininterrumpida, ve en Pacubio un dueño simbólico de la provincia de Siria.

[261] En el texto original, βεβίωται, βεβίωται. Tan extrañas costumbres eran frecuentes en época imperial y con ellas se intentaba recordar la fragilidad de la vida. Cfr. Petronio 71-78; en 78, 4, Trimalción invita a los comensales a presenciar sus funerales, oportunidad extrema de refinado placer.

[262] Palabras que Virgilio pone en boca de Didón antes de matarse (*Eneida*, 4, 653).

llegue a ti? Sin duda: "Malo es vivir en la necesidad, pero no hay necesidad de vivir en la necesidad". ¿Por qué no? Porque en todas partes existen muchos caminos cortos y sencillos hacia la libertad. Agradezcamos a la divinidad que nadie pueda permanecer vivo siempre: es lícito sustraerse a tales necesidades[263]. (11) Quizá preguntes: "Pero esto lo dijo Epicuro: ¿acaso te importa lo dicho por otro?" Lo que es verdadero me pertenece; continuaré abrumándote con Epicuro, y así, esos que solemnemente afirman criticar al autor más que a sus palabras, sabrán que las cosas excelsas son patrimonio común[264]. Que estés bien.

---

[263] Séneca se refiere a uno de los aspectos más polémicos de la doctrina estoica: cuando una vida se ve abrumada de penurias y no es ya capaz de encontrar sostén en el mundo, queda el recurso extremo del suicidio como acto absoluto de voluntad y, sobre todo, de pleno uso de la libertad. *Vid. infra*, nota...

[264] Séneca alude a la secta de los sofistas, quienes acostumbraban criticar los aspectos o circunstancias personales del individuo antes que la validez o certeza de sus opiniones. En retórica, atacar a la persona más que a su juicio se denomina falacia *ad hominem*.

Libro segundo

13

Procuremos dominarnos
ante lo incierto de un mal futuro

(**1**) Sé bien que tienes carácter, porque antes siquiera de haberte instruido en los buenos principios y en los momentos de dura adversidad, ya te habías preparado lo suficiente para rechazar a la fortuna: hoy eres mucho más conocedor de las cuestiones de la vida, gracias a que adecuaste voluntad y energía a la primera. Estas cualidades podrán ser plenamente confiables sólo tras haberse presentado tantos obstáculos aquí y allá, a veces literalmente atacando. Por ende, un espíritu seguro de sí mismo no se deja ya gobernar tan fácilmente por una voluntad ajena: de hecho, ésta es el yunque donde se forja. (**2**) El atleta que nunca ha tenido moretones no puede ofrecer su mejor desempeño en la competición: se presenta con mayor seguridad en la arena el que ya vio brotar su sangre, o aquél cuyos dientes crujieron ante un puñetazo, o quien derribado por tierra soportó todo el peso del adversario pero mantuvo la compostura de carácter, o bien el que cayendo tantas veces se levantó más aguerrido que antes. (**3**) Por lo tanto, sigue actuando del mismo modo: ya la fortuna se dejó caer muchas veces sobre ti, pero aun así no te has traicionado, sino que te has repuesto y alzado más decidido. La virtud que ha sido desafiada sin duda se fortalece enormemente.

No obstante, acepta de mí los consejos que puedan servirte si así lo crees conveniente. (4) Lucilio, hay muchas cosas que no amedrentan sino que angustian, preocupándonos más la apariencia que la cosa en sí[265]. No me dirijo a ti en términos estoicos, sino con otros más sencillos, pues no hablo de todo eso que hace gemir y, entre suaves lamentos, debemos reprimirlo[266]. ¡Dioses buenos! En vez de palabras tan elevadas, las honestas: te aconsejo que no seas infeliz antes de tiempo; si por alguna razón esas situaciones amenazadoras y angustiantes no llegaron, seguramente ya no llegarán. (5) De ahí que algunas cosas nos atormentan más de lo debido, justo cuando no debería ser así: o aumentamos el dolor, o lo anticipamos o lo inventamos de la nada.

Volvamos al inicio. Hay una controversia pendiente que debemos profundizar en este momento, porque lo que yo he considerado leve tú lo ves gravísimo; sé de algunos que reían en medio de los latigazos, y de otros que gemían con un simple puñetazo. En otro momento veremos si alguno de ellos se fortalece debido a nuestra imbecilidad. (6) Por ahora atiende esto: muchas veces te rodearán los que quieren hacerte ver dicho argumento como superfluo; no prestes atención a lo que oigas sino a lo que sientas, y como ya té conoces bien, decide con paciencia y pregúntate: "¿por qué

---

[265] Cfr. Séneca, *De const. sap.* 5, 2.
[266] El filósofo se refiere a temas como la muerte y la pérdida de bienes, ante los cuales el estoicismo recomienda aceptación por la inminencia del primero y serenidad ante la inconstancia de los segundos.

se lamentan de mí, agitándose y temiendo que los contagie, como si la calamidad pudiera saltar de uno a otro? ¿Hay algo realmente malo en esto, o tal cosa es más vergonzosa que dañina? ¿Acaso me estoy torturando y afligiendo sin razón, dando importancia a lo que realmente no es tan malo? (7) ¿Cómo distinguir si eso que me angustia es real o falso?" Recuerda este precepto: o nos atormentamos por las cosas presentes, o por las futuras o por ambas. En cuanto a las cosas presentes la solución es fácil: si tu cuerpo es libre y sano, la rudeza no le provocará sufrimiento alguno; y respecto a las futuras, en este preciso momento no se han materializado. (8) "Pero se intuyen a futuro". Primero distingue si son males venideros reales, pues la mayoría los inventamos debido a simples sospechas, jugando con nosotros como ese rumor malsano que suele circular durante una guerra, desmoralizando a los soldados. Así es, querido Lucilio: nos adherimos rápidamente a una suposición, sin observar la falsedad de eso que nos induce al miedo, y en vez de rechazarlo temblamos y le damos la espalda, como esos que se dan a la fuga viendo el polvo que levanta un rebaño de ovejas; o los que al oír una leyenda sin autor cierto se espantan y salen corriendo. (9) No sé por qué inquietan situaciones tan banales, siendo que las verdaderas tienen su característica; todo lo originado en una mera suposición y en la ligereza de un ánimo temeroso nos traiciona. Nada hay más perjudicial, indomable e instintivo que los temores fantasiosos; los hay aquellos irracionales, pero los primeros no tienen fundamento alguno. (10) Observemos, pues, atentamente. En un mal futuro hay algo cierto: en este momento no es real. ¡Cuántas cosas inesperadas sucedieron! ¡Cuántas otras que ya se esperaban nunca se hicieron realidad! Además, si el suceso es inminente, ¿en qué contribuye nuestro dolor a materializarlo? Ya te lamentarás lo suficiente cuando se presente; entre tanto, prométete momentos mejores. (**11**) ¿Qué ganarás? Tiempo. Muchas cosas pasan entre tanto, y cuando ese peligro incierto esté casi cerca, o se detendrá, o perecerá o bien se desviará hacia otra persona: el incendio hizo huir a uno, mientras que a otro lo protegió generosamente entre las ruinas; en ocasiones, la espada se retiró cuando ya casi cortaba la cabeza; alguno logró sobrevivir a su verdugo. Sí, la mala suerte es muy voluble. Podrá ser, podrá no ser: entre tanto no es; dedícate a mejores asuntos. (**12**) A veces, no existiendo signos aparentes que anuncien algún mal, el espíritu se crea falsas representaciones de las cosas[267]: ya una palabra de dudoso significado se deforma hacia lo peor, ya alguien imagina en mayor dimensión la injuria que otro dice y no piensa qué tan enojado pueda estar, sino hasta dónde llegará estando enojado[268]. Si teme todo lo que percibe, no existirá límite a las inquietudes ni razón para vivir. En estos momentos sirve la prudencia: rechaza con fortaleza de ánimo todo temor presente, o por lo menos, repele el vicio con otro vicio, es decir, modera el miedo con la esperanza[269]. Nada hay más cierto en todo esto que temer lo incierto, pues lo que se teme no llega a consumarse y lo que se anhela no se materializa. (**13**) Así, pues, pondera entre la esperanza y el miedo; como

---

[267] *Vid. infra*, *Ep.* 104, 10.
[268] Velada referencia a la cólera de los poderosos. Cfr. Séneca, *De ira* 3, 16, 2.
[269] *Vid. supra*, *Ep.* 5, 7 y ss., así como notas respectivas.

todas las cosas son inciertas, benefíciate de una: cree en la más agradable. Si continúan las habladurías inquietantes, opta igualmente por esta alternativa: deja de angustiarte y darle tantas vueltas en la mente como hace la mayoría de mortales, agitándose incesantemente y yendo de un lado a otro pese a no existir ningún mal presente ni tener la certeza de alguno futuro. En verdad, nadie se resiste a sí mismo, pues cuando alguien comienza a inquietarse es incapaz de reducir el temor a su dimensión real; nadie dice: "qué hablador tan frívolo, o finge o se lo ha creído". Damos excesiva confianza a los rumores; nos espantamos ante la incertidumbre tomándola por certeza. De ningún modo prestemos atención a esto, pues frecuentemente una inquietud banal se convierte en temor real.

(14) Me avergüenzo de hablar así contigo, curándome yo con simples remedios pasajeros[270]. Alguno dirá: "Pueda ser que no llegue"; tú dile: "¿qué hacer si llega? Veamos quién ganará de los dos; quizá se dirija hacia mí, pero la muerte ennoblecerá la vida". La cicuta hizo grande a Sócrates[271]. Arrebátale a Catón el puñal liberador[272]: le robarás gran

---

[270] En este pasaje Séneca recuerda su situación inestable tras abandonar la corte del emperador Nerón, aceptando humildemente que también es víctima de un profundo temor ante la incertidumbre de su futuro. Temor que, al final, se hizo realidad, cuando en el 65 d. C. se dictó la sentencia de muerte en su contra. En tal perspectiva, esta carta y muchas más que tratan sobre la aceptación de la muerte, la abrogación de las inquietudes futuras y el suicidio como forma última de liberación de todo mal vienen a ser una autorreflexión del momento que vive nuestro filósofo, por medio de la cual busca serenar su espíritu atribulado ante el miedo fundado de su precaria situación.
[271] El filósofo se refiere a la serenidad con que Sócrates aceptó la condena fatal del jurado, aun sabiendo que era injusta; bebiendo la copa con el potente veneno de la cicuta, el ateniense venció a la muerte, pues lejos de destruirlo, le brindó inmortalidad.
[272] Séneca toma como metáfora de su discurso los sucesos del año 46 a. C.: Catón el Uticense se refugia en África tras la derrota de Cneo Pompeyo en Farsalia (48 a. C.),

parte de la gloria. (**15**) Desde hace mucho tiempo te lo vengo diciendo, pues es más útil recordártelo que estimularte repentinamente a actuar. No te pido nada ajeno a tu naturaleza: desarrolla y mejora aún más lo bueno que hay en ti, pues naciste con esa inclinación.

(**16**) Pero ya finalizaré la carta, y si debo ponerle un sello[273], será alguna frase excelsa que confíe a ésta para que llegue a ti. "Entre sus innumerables males, la idiotez tiene este: siempre comienza a vivir"[274]. Lucilio, tú que eres eminente entre los hombres, fíjate lo que da a entender este pensamiento y reflexiona qué penosa es la frivolidad humana al colocar todos los días los cimientos de una nueva vida, poniendo esperanzas renovadas ya al final de la existencia. (**17**) Observa a los que te rodean: te encontrarás con ancianos que se afanan obsesivamente en aumentar su popularidad política, en viajar a tierras lejanas u ocupándose en diversos negocios. ¿Hay algo más lastimero que un anciano afanado en comenzar a vivir?[275] No agregaría al autor de esta máxima

---

defendiendo el bastión de Útica, localizada en la moderna Túnez. Tras la derrota que Julio César propina a los pompeyanos en Tapso, se hace del control de Útica; no soportando el Uticense la idea de una Roma cuyos poderes quedarán monopolizados en manos de su adversario, y donde Catón, de nobilísima estirpe, tendrá que vivir como esclavo que espera los favores del amo, toma una decisión radical: mejor morir que ser el ciudadano sometido de una ciudad libre. No neguemos que con el suicidio también se sustrajo al cruel destino que espera a los vencidos: una muerte ignominiosa al considerarse su proceder un *crimen maiestatis* (crimen contra la soberanía de Roma). Como sea, la muerte del Uticense es narrada retóricamente en Plutarco, *Catón el Menor*, 70-71. *Vid. infra, Ep.* 24, 6-8.

[273] Al igual que los testamentos, las cartas podían ser tablillas enceradas (*tabulae*) que, una vez escritas, se cerraban, se amarraban con un cordel (*linum*), se aseguraban con cera y protegían con un sello (*signum*). No existían sobres, y rara vez se escribía algo más que el nombre del destinatario, pues por lo común el portador (*tabellarius*) entregaba el documento en la mano del interesado.

[274] *Vid. infra, Ep.* 23, 9.

[275] Para el momento en que escribe, Séneca tiene más de sesenta de años; por el tono del pasaje, se está recordando uno de los temas frecuentes en la filosofía práctica, y

si no fuese una de las más populares y conocidas de Epicuro, la cual me he permitido elogiar y adoptar. Que estés bien.

especialmente en el estoicismo: prepararse mental y espiritualmente para la muerte. El tono trágico de la epístola es, en verdad, altamente realista, teniendo el escritor frente a sí la amenaza de muerte.

14

Evitemos las perfidias del poderoso alejándonos a tiempo

(**1**) Reconozco que debemos tener caridad hacia nuestro cuerpo y cuidarlo. No niego que debamos condescenderlo, pero sí niego que debamos servirle; quien se esclaviza al cuerpo, quien por él se preocupa excesivamente, quien todo lo hace girar a su alrededor, realmente sirve a muchas cosas. (**2**) Así, evitemos no tanto vivir para el cuerpo, sino más bien el no poder vivir sin el cuerpo; el amor excesivo hacia él nos angustia con temores, nos abruma con inquietudes, nos expone a ultrajes; ah, despreciable aquél a quien el cuerpo le es admirable y no honorable. Se le debe cuidar muchísimo hasta que la razón, la dignidad y la lealtad exijan arrojarlo a las llamas. (**3**) Con todo, evitemos en lo posible las desgracias, no tan sólo los riesgos, y repleguémonos a lugar seguro, meditando inmediatamente cómo rechazar las cosas que pueden aterrorizarnos. A menos que me engañe, éstas son de tres clases: se teme la pobreza, las enfermedades y los sucesos desatados por la maldad de un poderoso[276]. (**4**) De todas, ninguna perturba tanto como la que se desata por una voluntad ajena a la nuestra, pues realmente llega con gran estrépito y tumulto. Los males naturales que he citado, es decir, la pobreza y la enfermedad,

---

[276] Esta última causa sin duda alude a la degeneración en que ya vive su antiguo discípulo, el emperador Nerón, fuente de angustia y zozobra para el filósofo.

113

penetran en silencio sin provocar terror alguno a ojos y oídos; en cambio, el mal ajeno se nos presenta con gran séquito: la espada viene acompañada de brasas ardientes, cadenas y una multitud de fieras que se clavan en las entrañas. (5) Igualmente, piensa en la cárcel, las cruces, los potros de tormento, los garfios, el palo que atraviesa a un hombre y termina saliéndole por la boca, los miembros arrancados por coches lanzados en diversas trayectorias, la túnica untada de aceite para ser devorada por el fuego y todos los demás artilugios inventados por la crueldad[277]. (6) Así, no sorprende que el máximo temor se deba a este mal, cuya amplia variedad y puesta en escena aterra, pues al igual que el verdugo se ensaña más donde expuso mayor instrumental para producir dolor (pues su sola presentación doblega a quienes habían tratado de resistir serenamente), así sucede con aquellos males que subyugan y domeñan nuestro espíritu, presentándose de manera espectacular. Otras desgracias no son menos graves –me refiero a la sed, el hambre, las úlceras viscerales y la fiebre ardiente de las entrañas– pero se mantienen ocultas, nada tienen de amenazantes ni ostentosas; en cambio, las primeras, como las grandes guerras, superan en aspecto y aparato.

(7) Así, pues, pongamos manos a la obra y abstengámonos de ofender. A veces debemos temer al pueblo; a veces, si la organización de la ciudad es tal que la mayoría de asuntos deben ventilarse ante un senado, a los miembros más influyentes; a veces, al individuo cuyo poder le fue dado por el pueblo para ejercerlo sobre el pueblo. Es

---

[277] Cfr. Juvenal, *Sátiras* 8, 235; Séneca, *Ep.* 85, 27.

difícil tener a todos estos como amigos: baste no tenerlos de enemigos. En consecuencia, el sabio nunca provocará la ira de los poderosos: al contrario, en lugar de navegar en medio de la tempestad, la evitará. (8) Cuando te dirigiste a Sicilia[278], atravesaste el estrecho marítimo[279]. El capitán temerario desdeña las amenazas del viento del sur (que encrespa al mar siciliano y arroja a los remolinos): no se dirige hacia la costa izquierda sino justo a donde reina el mar de Carybdis[280]. En cambio, el naviero más prudente pregunta a los que conocen la región cuál es el oleaje conveniente, qué indicios climáticos ofrecen las nubes; navega lejos de aquella zona de remolinos, tan de mala fama. Lo mismo hace el sabio: evita el poder perjudicial, siendo especialmente cuidadoso en no dar a

---

[278] Lucilio fue enviado por Nerón durante un tiempo como procurador imperial a esta isla, cargo ajeno a todo control senatorio que durante la época del principado, poseyó tareas siempre más vastas e importantes en el ámbito de la administración estatal. Fue así como apareció una jerarquía de funcionarios bien pagados (el sueldo fluctuaba entre 60,000 y 300,000 sestercios al año), encargados de la gestión de las oficinas centrales (cancillería, contabilidad, etc,), de administrar el patrimonio imperial en las provincias, de recolectar impuestos, del censo y, en algunos casos, del gobierno de provincias, como en Judea, llamadas justamente "procuradurías" (recordemos a Poncio Pilato). La institución declina gradualmente hasta que desaparece a fines del siglo III d. C.

[279] Se refiere al estrecho de Mesina, franja marítima angosta que separa la península suroeste de Italia (la "punta" de la bota) de la isla de Sicilia.

[280] La zona al noreste de la isla siciliana; en la mitología antigua, Carybdis era un monstruo hijo de la Tierra y Poseidón; criatura de gran voracidad, Zeus la castigó precipitándola al mar, viviendo desde entonces en una gruta del estrecho de Mesina, donde se tragaba a los barcos que navegaban en las cercanías por medio de remolinos. En el mismo sitio, pero del lado de la costa calabresa, en tierra continental (Reggio), habitaba otra criatura marina, Escila, hija de Tifón y Equidna; Homero la describe como un ser con doce patas informes y fauces horribles que habita en una profunda caverna, enviando furiosos vendavales a los barcos que transitan por la zona, lo que vuelve particularmente difícil navegar por el estrecho de Mesina, ya debido a las corrientes de aire, ya debido al choque de corrientes marinas. Con el tiempo, estos seres pasaron de la mitología al lenguaje culto: la frase "entre Escila y Carybdis" se ha acuñado para describir un momento particularmente tormentoso en la vida de una persona, rememorando a los bravos marinos que luchaban por no ver su barco reducido a astillas ante la inclemencia de los elementos.

conocer su alejamiento; de hecho, la serenidad radica en esto, no en buscarla de manera clamorosa, pues quien huye de algo a la vista de todos se condena. (9) Por tanto, hay que analizar cómo podemos protegernos del vulgo. Primero, no anhelando lo que la mayoría: la riña se desata entre competidores. Luego, evitemos poseer lo que puede arrebatársenos con gran provecho del intrigante; retén lo menos posible en tu persona. Nadie ataca por el placer de la sangre humana, o al menos pocos lo hacen; la mayoría va pensando más en la ganancia que en el odio. El ladrón ignora al que nada lleva; es más, en una calle llena de gente el pobre está seguro[281]. (10) Además, según un precepto antiguo, tres cosas deben advertirse y evitarse: el odio, la envidia y el desprecio. Solamente la sabiduría mostrará cómo lograr esto, pues es difícil evitar que el temor a la envidia se convierta en veneración o desdén, o bien que mientras rechacemos pisotear a los otros demos la impresión de poder ser pisoteados. A muchos sucede que de ser temidos pasan a sentir temor[282]. Alejémonos de estas actitudes: el desdén y la atención excesiva perjudican por igual. (11) Por tanto, hay que refugiarse en la filosofía; dichos estudios son como esas cintas sacramentales colocadas no ya en la cabeza de los buenos, sino de los menos malos[283]. La elocuencia forense,

---

[281] Este elogio de la pobreza fue constantemente retomado por diversos escritores, como Juvenal, que en una de sus sátiras señala: "con sólo que lleves algunos pequeños vasos de plata pura, si te pones en camino de noche temerás la espada y la lanza, y temblarás ante la sombra de una caña que se agita a la luz de la luna; si le sale un ladrón, el viandante que no lleva nada se pondrá a cantar" (Sátira 10, 21-24).
[282] Cfr. Séneca, *De ira* 2, 11, 4.
[283] Séneca se refiere a la *infula*, cinta que aunque usada por las mujeres de la antigüedad griega y romana como elemento del peinado (aquí llamada *vitta*) o del vestido (*taenia*), poseía significados religiosos precisos. Consistía en una tira de lana de

como cualquier otra actividad pública, tiene sus enemigos; en cambio, la filosofía es pacífica y su objeto de estudio no puede desaprobarse, siendo honrada por todas las ciencias y hasta por los peores individuos. De este modo, la maldad nunca aumentará ni se conspirará contra las virtudes, permaneciendo el término 'filosofía' sagrado y venerable[284]. Con todo, debe usarse modesta y serenamente[285].

(**12**) Preguntas: "¿Y entonces te parece que Marco Catón filosofó moderadamente al contener la guerra civil con su discurso? ¿Cuando, interviniendo como mediador entre ejércitos de generales enfurecidos que ya atacaban a Pompeyo, ya a César, desafió a los dos simultáneamente?" (**13**) Alguno sin duda puede objetar que en ese momento el sabio optó por la política. ¿Qué pretendes con esto, Marco Catón? Ya no se lucha por la libertad: desde hace tiempo está sometida. Todo mundo se pregunta si se apoderará de la república César o Pompeyo: ¿de qué te sirve tal esfuerzo? Nadie está de tu parte. Se ha elegido amo: ¿para qué intervienes, si sólo uno de ellos vencerá? Quizá gane el mejor, pero también puede que haya vencido el peor. He abordado los últimos momentos de la vida de Catón, aunque

---

medida diversa, signo de consagración y unión con la divinidad: en los ritos nupciales se ataban a las antorchas del cortejo nupcial o se extendían sobre el umbral de la casa conyugal, o bien se entrelazaban en el cabello de la novia (*vitta crinalis*) como símbolo de castidad y pureza. Los sacerdotes usaban una cinta alrededor de la cabeza como si fuese diadema, sostenida por otra venda de modo tal que los dos extremos colgasen a ambos lados: de este modo tomaba el nombre de *ínfula*. También la usaban las Vestales y más tarde los emperadores y magistrados de rango elevado. Por su significado de grandeza y autoridad, sentido que busca darle Séneca en esta carta, también implica, *contrario sensu*, altanería y vanagloria: decir de alguien que "habla con ínfulas" es dar a entender un interlocutor pedante e incomprensible.

[284] En Séneca, *De brevitate vitae* 15, 5 se afirma que los filósofos son los sacerdotes de las "buenas teorías".

[285] *Vid. supra, Ep.* 5.

los años anteriores tampoco fueron los idóneos para este sabio, pues se desató la rapiña por la república. ¿Qué más podía hacer Catón sino hablar a gritos y lanzar discursos airados, mientras la mano del populacho lo aferraba y, cubierto de escupitajos, ora lo expulsaba por la fuerza del foro, ora lo conducía del senado a la prisión?[286]

(14) Veamos ahora si el sabio debe permitirse la actividad política; entre tanto, te recuerdo a ciertos estoicos que, alejados de la vida pública[287], se refugiaron en la práctica de una vida digna de elogio y redactaron nobles reglas para el género humano sin ofender de ningún modo al poderoso[288].

---

[286] El filósofo entremezcla una serie de sucesos iniciados en el año 52 a. C., cuando el Senado, para poner fin a los desórdenes que el primer triunvirato ha creado, nombra a Cneo Pompeyo cónsul único. Julio César, apoyando al principio este nombramiento inconstitucional, pasa a la ofensiva cuando, hallándose en campaña militar fuera de Roma, Pompeyo promulga una ley donde ordena que los candidatos al consulado (entre ellos César) deben estar presentes en la capital. Pese a buscar por todos los medios evitar el conflicto, entre los cuales están las airadas reconvenciones de Catón el Uticense a la paz y el bien de la república, que le provocan el rechazo de la plebe y hasta linchamientos, César y Pompeyo chocan finalmente: el segundo, apoyado por la casta senatoria, de la cual Catón es su líder político y moral, se repliega en Grecia para preparar su ataque; Julio César, atravesando con sus tropas el Rubicón, límite natural en el norte de Italia, pasa al ataque en el 49 a. C., iniciándose una guerra cruenta por el poder con gran daño a la población. Cfr. Séneca, *De constantia sapientis* 1, 3.

[287] Recordemos que la filosofía estoica era particularmente apreciada por la casta patricia romana, opositora del despotismo imperial. Agravada la tiranía de Nerón, debieron retirarse y practicar en silencio esos principios de vida política y civil, que prevalecieron en época de Trajano y de sus sucesores e influyeron también en la cultura de los juristas.

[288] Como ejemplo de lo que asevera Séneca tenemos a Cicerón: en el año 45 a. C., caída su popularidad ante la avalancha de los generales Pompeyo y César, evita prudentemente tomar partido por uno u otro, prefiriendo refugiarse en su villa de *Tusculum*, cercana a la actual Frascati, y así seguir la pista de los eventos políticos. De este "autoexilio" vienen los tratados *De finibus bonorum et malorum* (sobre los beneficios de los bienes y males); *Tusculanae disputationes* (discusiones tusculanas); *Academica* (cuestiones académicas); *Paradoxae stoicorum* (las paradojas de los estoicos); *De officiis* (de los deberes); *De natura deorum* (de la naturaleza de los dioses); *De divinatione* (de la adivinación); *De fato* (del destino); *Cato Maior de senectute* (de la vejez) y *Laelius de amicitia* (de la amistad).

Por otro lado, es posible que en este pasaje Séneca se recuerde su situación tras

El sabio no alterará las costumbres públicas ni atraerá la atención del pueblo con formas insólitas de vida[289]. (**15**) "¿Y entonces estará totalmente seguro quien siga este comportamiento?" No puedo prometerte sino lo que brinda la templanza al humano: buena salud, y sin embargo ya es ofrecer algún bienestar. Si cualquier barco se hunde estando en el puerto, ¿qué crees que pueda suceder en medio del mar? ¿Cuánto más evidente será este peligro al activo y al ocupado en muchos asuntos, si ya ni siquiera alejarse de la vida pública es seguro? Algunas veces mueren inocentes (¿quién lo niega?), sin embargo lo hacen mayormente los inicuos. Al que mataron atravesándole la armadura le sobrevive su talento. (**16**) En resumen, el sabio decide a partir de todas las circunstancias presentes sin preocuparse por el final: el inicio depende de mi voluntad, la fortuna decide el resultado, del cual no me preocupo. "Pero se vislumbra cierto perjuicio, cierta desgracia". El ladrón no abre proceso para perjudicar.

(**17**) Ahora extiende la mano para recibir el óbolo cotidiano. Será una moneda dorada; y al decir que es de este material, toma de él lo que pueda serte útil, provechoso y agradable. "Disfruta al máximo de las riquezas quien las necesita mínimamente". Dices: "Hazme saber el autor". Para que veas que soy generoso, me he propuesto exaltar las máximas de otros: es de Epicuro, de Metrodoro o de algún seguidor de esa escuela. ¿Y de qué sirve saber quién la dijo? La dijo para todos. (**18**) Quien anhela las riquezas se angustia

---

alejarse de la corte neroniana y, siguiendo los ejemplos de otros anteriores a él, prefiera la vía del *otium* por convicción... y también por cautela.
[289] Cfr. carta 5, "Invitación a la sencillez sin sacrificios torturantes".

por ellas; a su vez, nadie disfruta de un bien que causa inquietud. Alguno se afana por aumentar sus posesiones, y mientras lo planea se olvida de usarlas. Realiza cuentas, pasa el tiempo en el foro, da vueltas al calendario[290]: de ser dueño se convierte en administrador. Que estés bien.

---

[290] Cfr. Marcial, *Epigramas* 8, 44, 11.

15

Ejercitemos más la razón que el cuerpo

(1) Era costumbre ya desde tiempos antiguos[291], observada hasta mi época, el añadir en las primeras frases de una carta: "si estás bien, yo estoy bien". Nosotros decimos con justa razón[292]: "si te dedicas a filosofar, está bien". En efecto, esto es lo verdaderamente valioso para estar bien. Sin la filosofía el cuerpo está enfermo; e incluso aunque tenga fortaleza, el cuerpo no es más saludable que el de un demente o un enfermo. (2) Por tanto, preocúpate ante todo de esa salud espiritual y después de la corporal; si deseas realmente sentirte bien, no te costará mucho. Así es, querido Lucilio: al hombre erudito le es necia e inútil esa ocupación consistente en ejercitar los músculos, ensanchar las espaldas y endurecer el cuerpo; aunque desapareciera felizmente en ti la gordura y creciesen los músculos, nunca igualarás las fuerzas o el peso del corpulento buey. Agrega ahora que un mayor peso corporal oprime el espíritu y lo vuelve menos activo. Así, pues, limita cuanto puedas al cuerpo y en su lugar

---

[291] Séneca, como muchos otros romanos, tenían en gran aprecio las llamadas *mores maiorum*, las costumbres de los antepasados: ideas, usanzas, hábitos de conducta y tradiciones arcaicas respetadas durante cierto tiempo por la generalidad de los ciudadanos, convencidos de su valor y, en ocasiones, incluso de su juridicidad; esto se traducirá en costumbres y modos de vivir de familias y linajes. Esas "viejas costumbres", señala Barrow, "sobrevivían como realidades y, todavía más, como ideales... [Dichas formas de vivir se relacionan] con las cualidades autóctonas, con las ocupaciones y modos de vida, con la lucha de los primeros tiempos por sobrevivir y con la religión de los primeros siglos de la República".

[292] Se refiere a los miembros de la escuela estoica.

ensancha el alma. (3) A los dedicados al cuidado físico les acompañan muchas incomodidades: primero los ejercicios, por cuyo esfuerzo el espíritu se agota y se paraliza la intención de adentrar en estudios más complejos; luego, la abundancia de alimentos impide la profundización mental[293]. Agrega a esos individuos emancipados de pésima fama que son admitidos como maestros[294], preocupados por el aceite para el cuerpo y el vino, para quienes el día ha terminado favorablemente si han sudado bastante, y para compensar lo derramado beben vino hasta el fondo y en ayunas. La vida del enfermo del estómago es beber y sudar[295]. (4) Hay ejercicios sencillos y de corta duración, que fatigan rápidamente y ahorran tiempo, razón esta que debe tenerse en cuenta: la carrera[296], levantar pesos con las manos y el salto, ya sea el de altura o el de longitud[297], o aquél que llaman de los sacerdotes salios[298] o, por decirlo más

---

[293] Cfr. Quintiliano, *Inst. Orat.* 1, 11, 15.

[294] El filósofo se refiere a ciertos esclavos griegos que, una vez manumitidos, aprovechaban el concepto favorable que en la mentalidad romana merecía ese pueblo para colocarse como maestros espurios de alguna especialidad, aunque no poseyesen los conocimientos suficientes en el ejercicio de tal profesión.

[295] Según Plinio el Viejo, *Nat. Hist.* 23, 1, 24, los *cardiaci* eran personas que sufrían de dispepsia acompañada por frecuentes sudoraciones.

[296] Cfr. *Ep.* 83, 4.

[297] Estos deportes forman parte de los *certamina graeca*, los llamados juegos agonales olímpicos que en época de Séneca eran favorecidos por los emperadores, aunque no tenían plena aceptación entre el pueblo. Séneca criticará frecuentemente a los atletas despreocupados por cultivar el espíritu; cfr. *Ep.*, 80.

[298] Los dos colegios de *salii*, que tenían un carácter social y guerrero, estaban integrados por doce miembros: uno de los *Salii Palatini* (con sede en el Palatino) y otro de los *Salii Collini* (con sede en el Quirinal). Según la tradición, Numa Pompilio instituyó ambos colegios, pero en realidad sus orígenes debían ser más antiguos, quizá etruscos (Serv., *Aen.*, 7, 285) o latinos. Eran electos de forma vitalicia entre los miembros del patriciado romano y su cargo era incompatible con otros. Particularmente ligados a los ritos bélicos y, por ende, a Marte, participaban en las diversas ceremonias guerreras que se celebraban en Roma, sobre todo durante el mes de marzo. Los *Salii* endosaban, como los *Flamini*, un gorro en forma de punta (*apex*),

coloquialmente, el del lavandero[299]: elige cualquiera de estos ejercicios elementales y fáciles. (5) Cualquier ejercicio que hagas, elévalo rápidamente del cuerpo a la razón; ejercítala día y noche. Ésta se sustenta con trabajo medido; al ejercicio intelectual no lo frena el frío, el calor o la edad avanzada. Cuídala bien para que en la vejez trabaje mejor. (6) No te aconsejo que siempre te mantengas concentrado en los libros o las tablillas para escribir[300]: hay que dar cierto reposo a la razón, y esto no tanto para debilitarla sino para relajarla. Un paseo distiende el cuerpo y no perjudica el estudio: puedes leer, escribir, conversar, escuchar, y nada de esto impide en lo más mínimo realizar una caminata. (7) Tampoco reprimas tu deseo de entrenar la voz, pero te prohíbo elevarla y luego bajarla con cadencia y tonos estudiados[301]. ¿Y si después quisieras aprender la manera de caminar elegantemente? Aceptarás a esos nuevos instructores a quienes el hambre impele a enseñar nuevas habilidades: uno que regule tus pasos y ponga atención en que la boca no se mueva demasiado, avanzando en audacia según crezca tu credulidad y paciencia. ¿Y entonces qué hacer? ¿Tu voz surgirá

---

a cuya extremidad estaba inserta una ramita de olivo sujeta por un hilo de lana. En las ceremonias anuales solían levantar alternativamente los pies y sonar escudos sagrados, realizando así una especie de danza ritual; por eso eran llamados *Salii*, de *salio*, "saltar" (Varrón, *l. l.*, 5, 84; Val. Max., 1, 1, 4).

[299] Para poder ejercer su oficio, el lavandero (comúnmente un esclavo) debía brincar en unas enormes tinajas enterradas en el suelo que contenían las ropas a lavar. Restos de tales establecimientos pueden todavía observarse en la antigua ciudad portuaria de Ostia y en Pompeya.

[300] Las *tabulae litterariae* eran tablillas de madera cubiertas de cera en las que se escribía con un punzón (*stylum*). Eran usadas de varias maneras: como "cuadernos" para los niños que aprendían los rudimentos de la escritura, como "hojas" donde se asentaban pensamientos, cuentas, actos negociales o bien jurídicos, como las disposiciones testamentarias.

[301] Cfr. Quintiliano, *Inst. Orat.* 12, 3, 15.

directamente como un alarido preñado de enorme esfuerzo? No: debe crecer paulatinamente en intensidad a partir de un tono natural, como lo hacen los litigantes en un juicio público hasta llegar a la exhortación final; nadie demanda el juicio favorable de los Quirites[302] de manera inmediata. (**8**) Por lo tanto, sea como sea que te hayan aconsejado canalizar el ardor de tu carácter, habla de modo más severo y violento al reprobar los vicios, o bien más moderadamente, según la frase te lo aconseje, de modo relajado en ese momento; cuando retires o hagas volver la voz, hazlo de forma discreta, para que así descienda suavemente, no para que se derrumbe, como se evidencia cruelmente en ese estilo inculto y cerril que no tiene un mediador. En fin, propongámonos no que la voz suene cultivada, sino que cultive.

(**9**) Te he alejado de una dificultad nada pequeña: a sus beneficios agrego una pequeña paga de origen griego. He aquí un precepto insigne: "vida estúpida y fastidiosa la que discurre apresuradamente, toda ella dirigiéndose al futuro"[303]. Preguntas: "¿quién dijo esto?" El mismo de antes[304]. ¿Cuál estilo de vida consideras que debe llamarse estúpido? ¿El de Baba e Isión?[305] Para nada: el nuestro, al que una avidez ciega

---

[302] *Quirites* era la manera para designar a los romanos nacidos de las familias fundadoras de Roma. Proviene de *Quirinus*, antiguo dios protector de la ciudad y que era la forma deificada de Rómulo, el mítico fundador de la ciudad. El apelativo *Quirites* indicaba a ciudadanos romanos con plenos derechos en cuanto a actividad civil y política interna. Cfr. Tácito, *Ann.* 1, 42.

[303] Este es un tópico que se remonta a Demócrito y que es recurrente en los autores latinos. Cfr., por ejemplo, Horacio, *Carmina* 1, 11, 8.

[304] Séneca se refiere a Epicuro.

[305] Nombres de personajes desconocidos para nosotros, célebres seguramente en la Roma de Séneca por su modo de vida despreocupado y contrario a la visión aristocrática, quizá originados en algún proverbio de la época. Sobre Baba, cfr. Séneca, *Apoloc.* 3, 4.

arroja al perjuicio, no teniendo nunca hartazgo, que si pudiera satisfacerse ya lo hubiera hecho, pues no entendemos cuán agradable es no anhelar nada, cuán magnífico es no depender de la fortuna. (**10**) Por tanto, Lucilio, ten presente que has obtenido muchos beneficios: no examines cuántos te adelantan, medita más bien cuántos te preceden. Si quieres ser honorable ante los dioses y la vida, piensa bien a cuántos has superado. ¿Pero qué importan los demás? Te has superado a ti mismo[306]. (**11**) Ponte ahora como finalidad no poder exceder los límites que te has marcado aun deseándolo; que se alejen de una buena vez estos bienes insidiosos y anhelemos confiadamente otros más elevados. Si algo hay de real en los primeros, es que al final también fenecerán: por ahora incitan el hambre insaciable de devorarlos. Debe renunciarse a toda ostentación; y ya que la fortuna vuelve incierto el mañana, ¿por qué prefiero esforzarme para que la fortuna me lo dé en lugar de rechazarlo? ¿Por qué pues seguir pidiendo? ¿Para qué acumular bienes mientras se pierde de vista la caducidad humana? ¿Por qué perseverar en tan vano esfuerzo? El día final está ante nuestra puerta; y si no es así, está ya muy cerca. Que estés bien.

---

[306] Con esta frase Séneca alude a la espléndida carrera política de Lucilio, desde su admisión en el rango de los caballeros (*equites*) al cargo de procurador imperial en Sicilia.

16

Perseveremos en el estudio de la filosofía
para que nos oriente y proteja

(1) Sé bien que esto te queda claro, Lucilio: nadie puede vivir dichosamente, ni siquiera tolerablemente, sin amor por la sabiduría[307], y ya con esa perfecta sabiduría edificar una vida dichosa habiendo al menos comenzado por hacerla soportable. Pero esto que te es evidente hay que consolidarlo y grabarlo en la memoria con una reflexión diaria y muy elevada: se requiere mayor trabajo intelectual al perseverar activamente en este plan de conducta que en tan sólo proponerse vivir de modo honorable. Hay que perseverar y agregar la solidez del estudio constante, de modo tal que se posea una mente buena allí donde existe una voluntad buena[308].

(2) Así pues, conmigo no hay necesidad de tantas palabras solemnes o de algún juramento tremendamente largo: bien sé que has avanzado mucho. Conozco de dónde surgen las cosas que escribes; no son falsas ni superficiales. Pero diré con franqueza lo que siento: tengo puesta mucha esperanza en ti, pero aún no plena confianza. Quiero que también tú hagas lo mismo: no debes creer tan rápida y fácilmente en ti. Despabílate, obsérvate y analízate de diversas formas; ante todo, fíjate si has logrado algún avance

---

[307] Séneca se refiere a la filosofía.
[308] Cfr. Séneca, *De clementia* 2, 2, 2.

en la filosofía y en el propio estilo de vida. (**3**) La filosofía no es como cualquier oficio popular ni un objeto para ostentar; su grandeza radica en los actos, no en las palabras. Tampoco se usa para consumir el día en alguna diversión, o demorar la náusea con cualquier ocio[309]: la filosofía forma y edifica el espíritu, ordena la vida, rige los actos, muestra lo que debe hacerse y evitarse, maneja el timón de uno mismo y señala el trayecto adecuado en medio de lo inseguro de las tempestades. Sin ella nadie puede vivir valerosa ni seguramente; innumerables males se dejan caer en aquellas horas que, suplicando un consejo, deberíamos pedirlo a ella. (**4**) Pero alguien dirá: "¿para qué me sirve la filosofía si ya existe un destino? ¿Para qué sirve si hay una divinidad rectora? ¿Para qué, si la fortuna manda? Ya que no pueden cambiarse los acontecimientos previamente definidos y nada puede preverse contra lo incierto de la vida, la divinidad se apoderó de mi juicio y decretó lo que había de hacer, o bien la fortuna no me brinda concesión alguna para decidir". (**5**) Lucilio, ya sea que exista una de estas opciones o estén todas presentes, hay que dedicar tiempo a filosofar; ya sea que por alguna ley inexorable el destino nos ponga frenos, que la divinidad rectora del universo haya dispuesto previamente todo, o que el azar sacuda y mueva sin orden alguno los asuntos humanos, la filosofía nos debe proteger. Ella animará para que nos sometamos gustosamente a la divinidad y rebeldemente a la fortuna; ella enseñará a seguir a

---

[309] Séneca se refiere al momento en que, durante un *convivium* (banquete), el comensal llegaba al hartazgo de alimentos y terminaba por vomitar para continuar degustando nuevos platillos. Así, critica el realizar cualquier actividad distractora (desde la música a la charla coloquial, pasando por los debates filosóficos) para esperar solamente la sensación de la náusea.

la primera o a tolerar lo inestable de la segunda. (**6**) Pero por ahora no debemos desviarnos hacia el tema de lo que corresponde a nuestra potestad cuando la Providencia tiene el pleno imperio, o si una serie de acontecimientos vienen íntimamente ligados, o si los sucesos repentinos e inesperados reinan sobre nosotros; a ello volveré luego, para no dejar de exhortarte y motivarte, evitando así que el ímpetu de tu espíritu se debilite y apague. Lo haré continua y decididamente para que este hábito del espíritu se convierta en tenacidad.

(**7**) Si te conozco bien, ya desde el inicio has buscado el pequeño regalo que esta carta trae: examínala y lo encontrarás. Pero no te admires de mi espíritu dadivoso: también ahora soy generoso gracias a otro. ¿Entonces por qué lo he citado? Porque todo lo que esté bien dicho por alguien es de mi propiedad. Y así, también esto lo dijo Epicuro: "Si vives según la ley natural, nunca serás pobre; si vives según las pasiones, nunca serás rico"[310]. (**8**) La naturaleza desea muy poco, el capricho demasiado. Mírate: en ti se acumula todo lo que muchos otros ricos poseyeron; puede que la fortuna te colme de más dinero que a cualquier ciudadano; que te cubra de oro, te vista de púrpura, te conduzca a un grado tal de goces y riquezas que sepultes la tierra entera bajo mármoles; puede que te conceda no tanto tener, sino pisar riquezas; agreguemos también estatuas, pinturas y cualquier otro arte ejercido para brindar suntuosidad: así y todo, con el tiempo aprenderás a deseas más que antes. (**9**) Los deseos naturales tienen un límite, pero

---

[310] Cfr. Usener, *op. cit.*, 201. *Vid. supra*, nota 167.

los que nacen de una falsa opinión, no; para un criterio errado no hay frontera alguna. El camino seguro tiene una meta final, pero el equivocado es interminable. Por ende, aléjate de toda vacuidad, y cuando quieras reflexionar si aquello a lo que aspiras es natural o propio de una ciega obstinación, analiza si puede limitarse en algún punto: si tras largo avance siempre se vislumbra algo más lejano, debe entenderse que ya no es natural. Que estés bien.

17

El hambre de riquezas aleja de la filosofía

(**1**) Si eres juicioso, es más, para que en verdad lo seas, desdeña todo asunto engorroso y esfuérzate por adquirir una mente buena a toda prisa y con todas tus fuerzas; si algo te ha detenido, libérate de ello y corta todos los lazos. Dices: "los asuntos personales me retrasan; primero deseo disponer de ellos de modo tal que ningún pendiente pueda distraerme, para que así la pobreza no me abrume o yo a alguno". (**2**) Cuando dices esto, demuestras no conocer el valor y la grandeza de ese bien al que aspiras y, por cuanto a la filosofía importa, en verdad tan sólo te concentras en lo superficial de la cuestión, sin reflexionar empero con suficiente penetración, y sin saber aún cuánto puede ayudarnos en cualquier circunstancia, ni cómo "socorre" en las ocasiones grandes o pequeñas, como dice Cicerón[311]. Créeme, llámala en tu auxilio: te aconsejará no detenerte en calcular el monto de tus bienes. (**3**) Pero sin duda te esmeras más en esto último y deseas perseverar en el retraso, para no temer a la pobreza. ¿Y si más bien debiera buscársele? Las muchas riquezas impiden dedicarse a filosofar: la pobreza lo facilita y consolida. Cuando ha sonado el toque de advertencia, sabe que no debe reclamar nada para sí; cuando se ha dado la

---

[311] Según el estudioso y filólogo belga Joost Lips (Justo Lipsio en español, 1547-1606), es probable que la cita pertenezca al *Hortensius*, obra filósofica de Cicerón hoy perdida, la cual contenía una exhortación a la filosofía en forma de diálogo.

alarma de inundación, busca cómo escapar, no qué bienes llevarse; si hay que hacerse a la mar, los puertos no hacen ruido, ni las playas se agitan con un gran séquito ansioso de partir, ni merodea esa multitud de esclavos que sólo para alimentarlos se necesita la fertilidad de tierras ultramarinas. (4) Es muy fácil alimentar pocos estómagos bien educados que no desean otra cosa sino tan sólo ser llenados: el hambre se contenta con poco, el capricho con mucho. La pobreza se contenta satisfaciendo los deseos apremiantes: ¿por qué rechazas entonces a este compañero de viaje cuyas costumbres imita hasta el rico juicioso? (5) Si quieres ser libre de espíritu, es pertinente ser pobre o parecerlo. El estudio no puede ser benéfico sin observar previamente moderación; ésta, como la pobreza que te propongo, es voluntaria. Así que termina ya con excusas de este tipo: "todavía no tengo lo suficiente; cuando logre llegar al máximo, entonces me entregaré de lleno a la filosofía". Veamos. Antes que nada hay que procurarse lo que tú quieres adquirir hasta el final: primero hay que iniciar por la filosofía. Dices: "quiero proporcionarme lo necesario para vivir". Aprende al mismo tiempo a lograrlo: si algo te impide vivir bien, no te impedirá morir bien. (6) No veo por qué la pobreza o la privación nos deba alejar de la filosofía. Para apurarla hay que tolerar incluso el hambre: ¿qué decir de algunos que la toleran en medio de los asedios, sin mayor premio a la paciencia que evitar caer en manos del vencedor? Cuánto más esto que se te garantiza: la perpetua libertad, nada que temer del hombre o de la divinidad. ¿Acaso no ha de llegar a esta meta el hambriento? (7) Hay ejércitos que soportan pacientemente la

131

escasez de todo, viviendo con simples raíces y quitándose el hambre con alimentos repugnantes de tan sólo mencionarlos; para mayor admiración tuya, todo esto se aguantó por un reino que no era suyo: ¿alguno habrá dudado acaso en padecer pobrezas para liberar al espíritu de sus pasiones desenfrenadas? Por tanto, no hay que adquirir antes otras cosas: es más, importa llegar a la filosofía sin equipaje alguno. (**8**) Así, pues, ¿una vez que lo hayas tenido todo entonces deseas obtener ya la sabiduría? ¿Este será el último atributo de la vida y, como se diría, su complemento? En verdad, si algo posees, entrégate a filosofar (¿de dónde sabrás con certeza si ya posees demasiado?); si nada tienes, debes buscarle antes que otra cosa. (**9**) "Pero faltará lo necesario". Ante todo, no podrá faltar, porque la naturaleza pide lo mínimo, y el sabio se adapta a la naturaleza. Pero si las necesidades extremas se dejan caer, hace ya tiempo se ha alejado de la vida mundana y ha dejado de ser molesto a sí mismo. Si el camino por donde la vida pueda discurrir llega a ser corto y angosto, acoge de buen grado el presente sin turbarse ni angustiarse más allá de lo necesario; otorga lo adecuado al vientre y al cuerpo; observa los afanes de los ricos, los ires y venires de los que persiguen las riquezas, riendo tranquilo y diciendo feliz: (**10**) "¿Por qué te dispersas tanto? ¿Acaso esperas el interés que produce el préstamo, o la ganancia de la mercancía, o las tablillas testamentarias de un anciano agradecido, cuando puedes volverte rico al instante? La sabiduría otorga inmediatamente las riquezas; ante ella, todas las demás son superfluas". Pero estas palabras pertenecen a otros: tú formas parte de los ricos. Un siglo tiene muchas cosas, pero tú tienes demasiadas; lo que basta es igual en todo tiempo.

(**11**) Podría cerrar la carta en este punto, si no te hubiese malacostumbrado. Ninguno puede ir a saludar a los reyes partos sin llevar un regalo[312]; no es lícito despedirme de ti sin dejarte algo. ¿Qué será? Tomaré en préstamo una máxima de Epicuro: "para muchos, haber adquirido riquezas no fue el final de sus miserias, sino su continuación". (**12**) Que esto no te sorprenda, pues el vicio no se halla en las cosas, sino en el propio espíritu. Eso mismo que volvió penosa la pobreza volvió penosa la riqueza. Al igual que a cualquier enfermo no le restablece la salud el colocarlo en un lecho de madera o en uno de oro (pues a todo donde lo lleves su enfermedad va con él), así nada restablece la salud de un espíritu enfermo, ya sea que esté en medio de las riquezas o de la pobreza: su enfermedad lo persigue a todas partes[313]. Que estés bien.

---

[312] Cfr. Plutarco, *Vidas paralelas, Artajerjes*, 5.
[313] Séneca abunda sobre este tema en la carta 28.

18

Preparémonos para la adversidad en los momentos prósperos

(**1**) Es diciembre, el mes en que la ciudad suda más. Se concede oficialmente derecho a la lujuria; todos los lugares resuenan con grandes preparativos, como si hubiese alguna diferencia entre la fiesta de las Saturnales y los demás días de trabajo[314]; de hecho, tan ninguna diferencia existe que me parece acertado quien dijo que alguna vez diciembre fue un mes y ahora es un año. (**2**) Si estuvieses aquí, me reuniría gustosamente contigo para decidir qué hacer: continuar sin más nuestra actividad cotidiana o, para aparentar que no nos apartamos de las costumbres públicas[315], cenar jovialmente y quitarnos la toga[316]. Porque lo que no solía hacerse salvo en momentos de tumulto[317] y de ocasiones tristes para la ciudad[318],

---

[314] Las celebraciones religiosas de diciembre se relacionaban con labores agrícolas del mes, que eran sobre todo las de la siembra. Se renovaban las *Consualia* y *Opiconsivia*, fiestas de agosto en honor al dios *Consus*, en este caso invocado como protector de la semilla que reposa bajo tierra y de *Ops*, diosa de la abundancia. Pero la fiesta más importante ligada a la siembra era la dedicada a Saturno (*Saturnalia*), antiguo dios itálico de la tierra y de los graneros. Se trata quizá de uno de los primitivos reyes del Lacio, del que se dice introdujo la agricultura e inauguró una "Era de Oro" de paz y abundancia. Las *Saturnalia*, celebradas del 17 al 23 de diciembre, eran un periodo de regocijo general en el que las restricciones habituales quedaban abolidas. En el primer día se ofrecía un sacrificio al dios, mientras que en los siguientes el pueblo se abandonaba a una alegría desenfrenada: se hacían banquetes, se hacían las bromas más licenciosas con el consenso de la ley y los esclavos gozaban de plena libertad. En *Apok.* 8, 2 Séneca sostiene irónicamente que el emperador Claudio institucionalizó, por decirlo así, la excesiva duración de la fiesta.
[315] Séneca abunda sobre este tema en la carta 5.
[316] Durante las Saturnales se endosaba una vestimenta de estofa más fina y elegante que la toga, la *synthesis*.

hoy lo hacemos por causa de diversión y en días festivos. (**3**) Si te he conocido bien, desearás tomar una actitud intermedia: ni ser en todo similar a la turba disoluta de los que portan el gorro[319] ni en todo diferente; hay que dominar enormemente el espíritu en estos días de jolgorio y abstenerse de las pasiones cuando la multitud ha sucumbido ante ellas. Se toma como evidente testimonio de firmeza de ánimo no correr ni dejarse llevar ante la blandura y el desenfreno: (**4**) lo segundo demuestra que se es más fuerte que el populacho ebrio y vomitante al mantenernos firmes y sobrios; lo primero que se es más moderado, pues ni nos alejamos, ni nos diferenciamos, ni nos mezclamos con todos, haciendo lo que los demás pero no del mismo modo. Es lícito comportarse sin desenfreno en los días festivos.

(**5**) Además, me gusta poner a prueba la firmeza de tu carácter, por lo que también te instruiré sobre este precepto que hacen saber los hombres eminentes: vive algunos días contentándote con el mínimo de alimentos, con una vestimenta burda y áspera, y luego pregúntate: "¿a esto se teme?" (**6**) En medio de esa misma seguridad, el espíritu se prepara para las adversidades y en medio de la prosperidad se fortifica contra los reveses de la fortuna. El soldado se

---

[317] En tiempo de guerra la toga se sustituía por el *sagum*, una mantilla militar, de modo que la expresión *saga sumere* significaba "vestirse para la guerra". Así, la toga significaba la paz, mientras que el *sagum* era signo de guerra.

[318] En la antigua costumbre republicana, una señal de luto público en los varones era aparecer sin toga ya para demostrar una reprobación, ya para unirse al duelo que embargaba a los deudos de un personaje socialmente reconocido, por ejemplo, en los funerales de Augusto, según narra Suetonio: "los más distinguidos del orden ecuestre, descalzos y vistiendo sencillas túnicas, recogieron sus cenizas…" (*Aug.*, 100).

[319] Séneca se refiere al *pileum*, un gorro de fieltro usado por los romanos de clase baja en los festejos y las solemnidades, y por los esclavos liberados.

entrena durante los periodos de paz; la empalizada se construye cuando no merodea el enemigo, y en vez del descanso se fatiga con trabajo excesivo al cuerpo para poder estar listo en el momento necesario; si no quieres angustiarte en el instante mismo, ejercítate antes. Esto lo hacen quienes en todos los meses han imitado la pobreza y casi enfrentan la privación: no les atemorizó nunca eso en lo que se entrenaron[320]. (7) No pienses que hablaré de las cenas timoneas[321], o de los cuartuchos de los pobres[322] y de todo eso con que la comodidad de las riquezas juega para alejar el aburrimiento: que sea un verdadero camastro, un burdo manto y un pan duro y miserable. Haz esto durante tres o cuatro días, y de vez en cuando durante más días, pero no por juego, sino por verdadera vivencia. Créeme, Lucilio: te alegrarás al bastarte sólo con dos ases[323], y entenderás que no se necesita de la fortuna para poseer seguridad; aun cuando esté enojada contigo, te dará lo que basta para cubrir las prioridades de la vida. (8) Sin embargo, no debes pensar que

---

[320] Séneca se refiere a los epicúreos.

[321] Se trata del famoso Timón, quien vivió en Atenas durante la guerra del Peloponeso (431-404 a. C.), llamado "el misántropo". Con esta frase posiblemente Séneca busca referirse a la *coena magra* de algunas familias extremadamente pobres de Roma, hoy desconocidas para nosotros en cuanto a los alimentos que las integraban.

[322] Algunos antiguos romanos que se las daban de filósofos acondicionaban en su habitación un "cuartucho de pobre", donde se complacían pasando algunos días en total simplicidad y meditación. Cfr. Marcial, *Epigramas*, 3, 48.

[323] El as fue la principal moneda emitida durante época republicana; vino a representar artísticamente la creciente fuerza de Roma, al ser evidente el uso de un barco en el reverso de la moneda y el rostro del dios Jano en el anverso. Emitida por primera vez en el siglo III a. C., su valor como moneda quedó reemplazado en época imperial por el *sestertium*. Para la época en que Augusto gobernaba, los ases fueron reducidos en su peso de acuñación, por lo que pasaron a representar una versión moderna del "centavo", el valor monetario más sencillo en el sistema financiero romano; de ahí que la afirmación de Séneca significa vivir satisfecho con la menor cantidad de dinero posible cuando éste no se tiene en abundancia.

con esto ya haces mucho (en verdad harás lo que hacen muchos miles de esclavos y muchos miles de pobres): admírate de llevar este nombre, no lo haces a la fuerza; lo que será muy fácil para ti para los otros es constante y no lo experimentan de vez en cuando. Ejercitémonos en el poste de combate[324] para que la fortuna no nos coja desprevenidos, y que así la pobreza nos sea familiar; sin duda seríamos ricos si supiéramos que no es grave ser pobres. (**9**) Epicuro, aquel maestro del placer, tenía determinados días en los que apaciguaba pobremente el hambre, para ver si le faltaba algo tras deleitarse de manera absoluta, o bien cuánto le faltaba, y si valía la pena lo que compensaba con gran esfuerzo. Esto lo dijo en las cartas que escribió a Polieno[325] siendo arconte[326] Carino; y en verdad se gloria de alimentarse con menos de un as, mientras Metrodoro[327], que aún no progresaba lo suficiente, lo gastaba entero. (**10**) ¿Acaso consideras que con poco alimento has vencido a la saciedad? También considéralo un placer; pero no un placer frívolo y fugaz que se extingue en un rato, sino constante y seguro. Ciertamente no es algo agradable el agua y la polenta, o un trozo de pan de cebada, pero es un enorme placer poder obtener

---

[324] El *palus* era un poste con figura humana que los soldados o los gladiadores embestían durante su entrenamiento.

[325] Discípulo de Epicuro.

[326] El arconte era la más alta magistratura en muchas ciudades importantes de la Grecia antigua, y particularmente en Atenas, donde se remontaba al periodo regio y cada vez se había afirmado más y más hasta obtener algunas prerrogativas, siendo muy similar al cónsul romano. En época histórica, había nueve arcontes en Atenas: el rey arconte, investido de las antiguas atribuciones sacrales de los reyes, el arconte epónimo (en esencia, el jefe de Estado), que daba el nombre al año, el arconte polemarco, que se ocupaba de asuntos militares, y seis *testmoteti* o "custodios de las leyes".

[327] *Vid. supra*, nota 182.

satisfacción incluso de estos alimentos, para luego concluir que después de esto la crudeza de la fortuna nada puede arrebatar. (**11**) Alimentos más generosos ofrecen en la prisión[328], elegidos sin límite alguno para saciar al que será ajusticiado con la pena capital: ¡qué magnanimidad hay en quien por voluntad propia llega a este grado sin temer las situaciones extremas originadas en los decretos! Esto es anticiparse a los dardos de la fortuna. (**12**) Así, pues, querido Lucilio, empieza desde hoy a seguir la costumbre de aquellos condenados, y utiliza algunos días para desligarte de tus asuntos y acostumbrarte a vivir con lo mínimo; comienza ya a tener trato con la pobreza,

Huésped, atrévete a desdeñar las riquezas y al mismo tiempo
vuélvete digno ante la divinidad [329]

(**13**) Nadie es más digno de la divinidad que quien ha despreciado el dinero; no te prohíbo poseerlo, sino que deseo formarte para que lo poseas con dignidad, y lo lograrás si te convences plenamente de poder vivir feliz sin él, si tienes siempre en mente que se puede perder.

(**14**) Pero comencemos ya a enrollar esta carta. Dices: "primeramente regresa lo que me debes". Te enviaré a Epicuro para que realice el pago: "la ira desmesurada engendra la locura"[330]. Es necesario que medites la gran

---

[328] Salustio informa en su *Discurso del tribuno Gayo Licinio Macro* que las raciones consistían en cinco medidas de grano, hoy incuantificables, distribuidas al prisionero una vez al día. En esencia, a los prisioneros se les alimentaba con pan y agua.
[329] Virgilio, *Eneida*, 8, 364-65. Son las palabras que Evandro dirige a Eneas, invitándole a aceptar de buen grado la pobreza de su morada, recordándole que en ella fue acogido Hércules.

verdad de esta máxima cuando tengas un esclavo o un enemigo[331]. (**15**) Esta pasión se enciende en todas las personas; nace tanto del amor como del odio, no digamos al tratar asuntos serios o en medio de juegos y bromas; pero no importa qué motivo excelso la origina, sino en qué espíritu toma forma, así como no importa el tamaño del fuego sino dónde se inicia. Porque aunque sea enorme, no se extiende ante cuerpos sólidos; por el contrario, la chispa enciende fácilmente entre objetos áridos e inflamables hasta convertirse en incendio. Así es, querido Lucilio: la furia irracional es el resultado de una ira desmesurada, y por ello la ira que puede evitarse no surge de la moderación, sino de la cordura. Que estés bien.

---

[330] Palabras de Epicuro que Séneca retoma en varios pasajes de sus obras, por ejemplo *De ira* 1, 4, 2. Cfr. Horacio, *Ep.* 1, 2, 62.
[331] *Vid. supra*, *Ep.* 4, 8.

19

Los beneficios de una vida retirada

(**1**) Me alegro enormemente cada vez que recibo tus cartas; en verdad me llenan de buena esperanza, pues veo que ya no son una simple promesa, sino una verdadera garantía. Te pido que sigas así. ¿Qué otra cosa pedir a un amigo sino lo que más le favorece? Si puedes, rechaza todas esas ocupaciones; de lo contrario, retírate sin más de ellas. Ya hemos perdido demasiado tiempo: comencemos en la vejez a reunir la vajilla. (**2**) ¿Acaso es odioso? Hemos vivido entre las olas, qué mejor morir en el puerto. No te propongo que busques la celebridad en una vida retirada, la cual en sí no debes ocultar ni jactarte de ella; siendo sincero, nunca te alejaré de la odiosa locura del género humano para luego colocarte en algún escondite y hundirte en el olvido: actúa como te digo no para que te eleves, sino para que destaques. (**3**) Quienes tienen un criterio íntegro y joven decidirán si desean transcurrir la vida en la oscuridad: tú no tienes esa opción. El vigor de tu ingenio, la elegancia de tus escritos, las amistades nobles e ilustres te han colocado en medio del bullicio; la notoriedad te atacó; y aunque te ocultes en los rincones más alejados y te hundas profundamente, el pasado te hallará. (**4**) No puedes vivir en la oscuridad; a todo donde huyas te persigue mucho de la anterior luz: pero puedes reclamar esa tranquilidad sin rencor alguno, sin aflicción ni dolor de conciencia. ¿Qué cosa debes abandonar de mala

140

gana como para meditarla antes? ¿Tus clientes? Ninguno de ellos te sigue por tu persona, sino por algo tuyo; ayer se te buscaba por la amistad, hoy por un provecho[332]; los ancianos abandonados cambiarán su testamento[333], el saludador pasará de una puerta a otra[334]. Lo excelso no puede obtenerse a bajo

[332] En los primeros tiempos, los *clientes* eran extranjeros o gente de provincia que, habiendo emigrado a Roma, se sometían a familias patricias (*gentes*) con miras a obtener su protección. La clientela creaba deberes recíprocos en los ámbitos laboral, familiar, social, jurídico y político, basados todos ellos en un compromiso de carácter ético-religioso llamado *fides*. En época republicana, el *patronus*, al disponer de mayor influencia social, debe, ante todo, aconsejar a sus clientes en materia de derecho y apoyarles durante los procesos. Despliega sobre ellos su ala protectora, garantizándoles la seguridad de un poderoso que los "cuida" y al cual pueden dirigirse cada vez que se hallen en dificultades, como una especie de "padrino" mafioso. A cambio, el cliente debe ofrecer al *patronus* sus mejores servicios. Inicialmente consisten en mano de obra, participación en el séquito en época de guerra y apoyos financieros en caso de gastos extraordinarios realizados por el patrón (Cic. *Off.*, 1, 359). Con el paso del tiempo, se hace más importante el apoyo político: el cliente tiene el deber moral de ayudar activamente a su *patronus* cuando busque un cargo público, no sólo con la propia conducta electoral, sino también estando presente y aplaudiendo en sus salidas electorales y procurando conquistar votos. En época imperial la figura de la clientela decae al eclipsarse la influencia política de las familias patricias ante la omnipotencia del Príncipe, convirtiéndose en mero símbolo de *status* social y una forma cómoda de obtener, por parte de los clientes, dinero y alimentos para vivir, que a esto se refiere el filósofo.

[333] Los relatos y las sátiras clásicas son unánimes al afirmar que la cacería de herencias (*testamenti captatio*) era el cáncer de la sociedad imperial. En una sociedad donde la búsqueda de herencias es común, no se puede excluir que las víctimas potenciales aprovechen esto: se hacen pasar por débiles y enfermos, a fin de suscitar esperanzas hacia su muerte y recibir otros regalos suntuosos; por ejemplo, Plinio el Viejo (*Nat. Hist.* 20, 160) habla de una palidez inducida por fármacos con el fin de hacer caer nuevos cazaherencias; o bien, como señala Séneca, modifican a menudo el testamento, o continuamente declaran que intentarán hacerlo (cfr. Marcial 11, 67), disfrutando descaradamente de la entrega de los aspirantes a herederos (cfr. Marcial 2, 40; 9, 8).

[334] Un grupo considerable de clientes ofrecía al patrón un evidente prestigio social y político: de aquí el protocolo del saludo matutino al patrón (*salutatio*), en el cual deben participar todos los clientes. Este ritual viene a ser el principal deber del cliente en época imperial: esto no asombra, ya que con el nuevo sistema político que hace del emperador una especie de patrón supremo de todos los romanos, el significado político de la relación clientelar adquiere más un tinte social, y quien tiene un atrio matutino lleno de clientes acrecienta su prestigio (cfr. Tácito, *Ann.*, 3, 55, 3). A cambio, la clientela ve recompensada su dudosa lealtad con favores materiales: por lo

precio: decide si debes perderte o perder alguno de tus males. (5) ¡Ojalá hubieses llegado a envejecer tal como naciste, y sin que la fortuna te hubiese puesto tan alto! La felicidad fugaz, el gobierno de la provincia, la procuración y todo lo que esto asegura te apartó de una vida sana; luego te llegarán mayores cargos y con ellos otros más. ¿Cuándo concluirá todo eso? (6) ¿Qué esperas para dejar de poseer lo que aferras obsesivamente? Ese momento nunca llegará. Así como decimos que existe una serie de causas que el destino encadena, así existe ······ de los deseos: una nace al terminar la otra. Te has sumergido en esa forma de vida que por sí sola nunca representará el final de tus miserias y esclavitud: retira de una vez la cerviz acostumbrada al yugo; es mejor darla de una vez por todas al suplicio que tenerla siempre oprimida. (7) Si te retirases a una vida privada, los pocos bienes que poseas lo serán ciertamente todo, pero te colmarán abundantemente: sin embargo, por ahora no te sacian las riquezas acumuladas en todas partes. ¿Qué prefieres más: la saciedad surgida de la pobreza o el hambre en medio de la abundancia? Además, la prosperidad es ávida[335] y está igualmente expuesta a la avidez ajena; mientras nada te baste, no bastarás a los demás[336]. (8) "¿Pero de qué modo

---

general, un estipendio diario que frecuentemente se distribuye en las audiencias matutinas, con valor de unos seis sestercios (cfr. Marcial, 1, 59, 1; 10, 74), o bien una canasta (*sportula*) llena de alimentos; no es una suma con la cual sea posible mantener una familia o a sí mismo, de ahí que dichos individuos se vuelvan literalmente "especialistas de la antecámara". Es común ver a muchos de ellos yendo y viniendo de puerta en puerta para brindar el saludo matutino que les permitiera reunir, al final de tan agotadora jornada, una cantidad decente para llevar el alimento a casa, con la posterior degradación de la relación clientelar, tal como señala Séneca.

[335] Cfr. Séneca, *De clementia* 1, 1, 7.
[336] Vid. *supra*, *Ep.* 9.

acabar con todo esto?"[337] Como puedas. Piensa en lo mucho que te has angustiado por las riquezas, en lo mucho que has arriesgado por un cargo público: también debes escuchar algo a favor de una vida retirada, o envejecerás en esa despreciable inquietud de los gobiernos provinciales y luego de los cargos públicos de la ciudad, pues en medio del tumulto siempre habrá nuevas perturbaciones que impedirán lograr la discreción y la tranquilidad de vivir. ¿Qué importa todo lo anhelado cuando deseas vivir en paz? Tu fortuna no lo desea. ¿Y qué pasará si de todo ello se te permitiere subir un escalón más? Entre más se asciende al éxito más miedo se acumula. (**9**) En este punto quiero recordarte lo dicho por Mecenas[338] en el mismísimo potro de tortura[339]: "la cima más alta es la más golpeada". Si deseas saber en qué libro se dijo,

---

[337] Cfr. *Ep.* 22, 1.

[338] Mecenas, de ascendencia etrusca y ejemplo socialmente valiosísimo, posee en la mentalidad del escritor una referencia más bien desvaída y crítica, quizá porque no tuvo de él un conocimiento directo o bien no le interesaban otros aspectos que aquellos desde los cuales pudiera emitir reflexiones moralistas sobre lo voluble del poder y la riqueza. De hecho, la referencia que hace en esta carta es en el contexto de una obra teatral que lo usa como modelo de ascenso y posterior desgracia, ajeno todo ello a su biografía. Eficiente colaborador de Augusto, envidiado por el pueblo, padecía desgracias conyugales, sufriendo continuamente los *cotidiana repudia morosae uxoris* (desprecios cotidianos de una esposa arisca; Sén., *De prov.*, 3, 10). Quizá por esa especie de compensación entre la intimidad insatisfecha y los aciertos de la vida pública, Mecenas destacó por una clarividencia política especial. Aconsejó a Octavio que se abstuviera de dar cabida en el Senado a los descendientes directos de senadores pero marcados por una vida innoble y, por el contrario, admitiera a los individuos de otras procedencias sociales que, con su inteligencia y limpieza de vida, aportasen savia nueva al Imperio. Poseedor de un vivísimo gusto por el arte, llegó a componer con elegancia poesías de género diverso.
Las grandes riquezas de Mecenas favorecieron también la política literaria de Augusto. Realmente no fue político; sólo obtuvo algunas misiones diplomáticas delegadas por el emperador. Perteneció al orden de los *equites* o caballeros, y a pesar de que puntos favorables no le faltaron, nunca quiso ascender al de los *senatores*.

[339] Con esta frase Séneca quiere dar a entender que Mecenas estaba sometido a los tormentos que provienen de ocupar altos cargos y de gozar demasiado los favores de la fortuna.

fue en el que se intitula "Prometeo"[340]. Con eso quiso dar a entender que los rayos golpean a la montaña más alta. ¿Acaso es tan enorme el poder que tienes como para serte vano tal discurso? Aquél fue un varón preclaro, y pudo ser un gran ejemplo de elocuencia romana si la felicidad no le hubiese debilitado, o más bien, le hubiese castrado. Este final te espera a menos que retraigas las velas y, aunque aquél ya lo quiso muy tarde, navegues muy pegado a tierra.

(**10**) Podría quedar a mano con esta sentencia de Mecenas, pero, conociéndote bien, me harás un reclamo, pues no deseas recibir el adeudo si no es en moneda labrada y de buen cuño. Para obtener tal bien, debo pedir prestado a Epicuro. Dijo: "hay que observar primero con quiénes comerás y beberás, no lo que comerás y beberás; porque comer sin un amigo al lado es como llevar la vida del león o del lobo". (**11**) Esto no lo podrás saber a menos que te apartes del mundo. De lo contrario, tendrás convidados que tu esclavo encargado de los nombres ha elegido entre la multitud de saludadores[341]; se equivoca quien busca al amigo en el atrio de la casa y los prueba en la mesa del banquete. El hombre ocupado y obsesionado con sus bienes no tiene mayor mal que considerar amigos suyos a quienes en realidad

---

[340] Obra de Mecenas de género literario incierto; probablemente era una sátira menipea, escrita siguiendo el modelo del poeta cínico griego Menipo de Gadara (s. III a. C.).

[341] Séneca se refiere al *nomenclator*, el esclavo encargado de recordar a su amo los nombres de los ciudadanos que van encontrándose al paso o que frecuentan la casa, sobre todo en periodo electoral. Frecuentemente le acompaña en sus salidas al foro, encargándose previamente de recabar noticias sobresalientes de personas importantes o útiles que se van encontrando, incluyendo los oportunos "chismecillos", para luego susurrarle al oído las "actualidades" al estilo de un periódico y aconsejarle saludar o alejarse.

no lo son, pensando en la eficacia de los favores que concederá para atraer los espíritus, aunque algunos, entre más deben, más odian: el dinero en poca cantidad crea un deudor, en mucha cantidad crea un enemigo. (**12**) "¿Y entonces qué? ¿Acaso los beneficios no proporcionan amistades?" Lo hacen si se eligen bien a quienes los recibirán, si se cobran juiciosamente y no se esparcen a ciegas. Así, pues, ahora que comienzas a actuar con esa mentalidad nueva, utiliza este consejo de los sabios: juzga quién debe recibir el beneficio, no el monto del beneficio[342]. Que estés bien.

---

[342] Esta idea recorre frecuentemente otros escritos del autor, como *De beneficiis* 1, 1, 1; 2, 7, 7.

20

Aspiremos a una vida coherente

(**1**) Si posees disciplina y te consideras digno de obtener algún día el pleno dominio de ti mismo, me alegro: en verdad será mi mayor gozo lograr arrancarte de ese camino por donde vas errando sin esperanza de salida. Te pido y te exhorto a ello, querido Lucilio, para que así la filosofía descienda hasta las entrañas mismas y valores tus logros no por lo que dices o escribes, sino por la firmeza de espíritu y por la disminución de los deseos. Que tus actos confirmen lo que dices. (**2**) Los declamadores persiguen un solo propósito al buscar la aprobación del auditorio: obtener la preciada guirnalda, y con un debate errático y voluble, mantienen ocupadas las orejas de los jóvenes y los ociosos. La filosofía enseña a actuar, no a hablar[343], y exige que cada uno viva según determinados preceptos, de forma tal que no haya incoherencia entre palabra y vida o en la vida misma, y así nuestra imagen exterior sea toda ella armónica. He aquí el máximo deber y un indicio de sabiduría: que las palabras vayan acordes con las acciones, para que uno sea siempre el mismo en todo lugar. "¿Y quién dará prueba de esta forma de vida?" Pocos, pero los hay. Ciertamente tal aspiración es difícil; no digo que el sabio caminará siempre con un mismo paso, sino por una misma senda. (**3**) Por tanto, observa si hay contradicción entre tus vestidos y tu casa, si eres pródigo

---

[343] Cfr. *Ep.* 24, 15; Epicteto, *Disertaciones* 3, 21, 1.

contigo y avaro con los tuyos, si cenas frugalmente y levantas construcciones exuberantes; adopta ya una regla de conducta a la cual ciñas tu vida y así toda ella se equilibre. Algunos se encogen en casa mientras que fuera se dilatan y agrandan: esta divergencia es un vicio, la señal de un carácter vacilante y falto de toda disciplina. (4) También te diré de dónde viene esta inconstancia y ambigüedad de conductas y proyectos: nadie se propone una meta, y si lo hizo no persevera en ella, sino que se desvía en otra dirección; y no tanto es que cambie, sino que regresa al estilo de vida que había dejado y condenado. (5) Así, pasando por alto las definiciones antiguas sobre sabiduría, abarcaré todo tipo de vida humana, y responderé a lo siguiente: ¿qué es la sabiduría? Es siempre querer y no querer jamás la misma cosa. No necesitas agregar esta pequeña condición: que sea honesto lo que deseas; en verdad, nadie puede gustar siempre de lo mismo a menos que sea honesto. (6) Por desgracia, los hombres no saben lo que quieren salvo en el instante en que lo desean; nadie ha determinado en general lo que desea y lo que no desea; de un día a otro la opinión varía hacia la contraria, llevando y trayendo la vida como en un simple juego. Por ello, persevera en lo que has comenzado y tal vez llegarás a la meta, o más allá, donde todavía no has llegado por ti mismo.

(7) Preguntas: "¿Y qué será de esta multitud de sirvientes sin patrimonio?" Cuando esa pesada turba alimentada por ti se vaya, se alimentará por sí sola, y lo que no puedes afirmar debido a tu generosidad, lo harás en medio de la pobreza: ella retendrá a los amigos verdaderos y seguros, apartando a todo aquel que te seguía por otra cosa[344].

¿Acaso no basta este solo motivo para desear la pobreza, indicativo de quienes te apreciarán realmente? ¡Ah, cuando llegará ese día en el que nadie mienta por respeto a tu persona! (8) Por ello, que tus pensamientos tiendan hacia este objetivo, preocúpate por ello, elígelo, y pide a la divinidad renunciar a todo lo demás, para que seas feliz contigo mismo y con los verdaderos bienes que surgirán de tu interior. ¿Cuál felicidad puede ser la más cercana? Dirígete a esa condición humilde de la cual no puedes caer más; y lo harás de muy buen modo, pues a dicha especie pertenece el pago de esta carta que inmediatamente daré para su envío.

(9) No lo tomes a mal, pero ahora Epicuro paga para liberarme. "Créeme, tu discurso será más elocuente si yaces en un simple camastro y te ciñes un mísero pedazo de tela; esas palabras no sólo se externarán, sino que se probarán con hechos". Ahora escucho de otra manera las enseñanzas que transmite nuestro Demetrio[345], desde que lo contemplé desnudo y recostado en un lecho de paja: no es un simple maestro, sino testimonio viviente de la verdad. (10) "¿Y

---

[344] Cfr. *Ep.* 19, 4 y notas respectivas.

[345] Filósofo cínico (llamado así para distinguirlo de Demetrio de Falera, el peripatético), contemporáneo de Séneca, a quien frecuentó como discípulo en su último periodo de vida. Acentuó el tradicional concepto cínico de πόνος, declarando que no es concebible la vida del verdadero sabio sin esfuerzo, sin vencimiento de los obstáculos y adversidades y, por consiguiente, sin la posesión de suficiente energía para hacer frente a la experiencia de la vida. Las opiniones de Demetrio se aproximan mucho a las de los estoicos, especialmente a las de Epicteto, e influyeron sobre Séneca, por lo menos en la doctrina del sabio cordobés acerca de la necesidad de que el sabio halle suficiente lo que tiene a mano, sin buscar nada más. Así mismo, Demetrio acentuó la conveniencia de que el sabio se considere como un elemento y miembro de la naturaleza y posea esa "perspectiva cósmica" sin la cual no hay virtud. A lo largo de sus cartas, Séneca elogia la coherencia de este hombre como modelo de vida a seguir, llamándole *virorum optimus* (el mejor de los hombres; *Ep.*, 62, 3). Cfr. Séneca, *De vita beata* 18, 3.

entonces? ¿No es adecuado desdeñar las riquezas aunque las tengamos con nosotros?" ¿Y por qué no? También existe aquel individuo de espíritu extraordinario que se ha rodeado de ellas, maravillado de lo que por largo tiempo ha llegado a él, pero se ríe de sus bienes y los siente menos suyos de lo que dicen los demás. Ya es mucho no dejarse corromper teniendo cerca las riquezas; grande aquél que en medio de la abundancia se conduce como pobre. (**11**) Dices: "No sé de qué manera tal varón llegue a ser feliz abrazando la pobreza si ésta se presentase fortuitamente". Ni yo, oh, Epicuro, si …⌗[346]… este pobre sea feliz ante las riquezas en caso de obtenerlas. Y así, en ambas situaciones debe considerarse la disposición del ánimo y debe observarse si el primero se muestra indulgente ante la pobreza y el segundo sabe resistir las tentaciones de las riquezas. Por otra parte, el camastro y la túnica son argumentos ridículos para demostrar buena voluntad, a menos que dicha elección se haya realizado deseándola, no por necesidad. (**12**) Además, es propio de un carácter superior no perseguirlas frenéticamente como si fuese la mejor opción, sino prepararse a vivir como si fuera lo más sencillo de soportar. Y así será, Lucilio; más aún: ciertamente te será agradable si antes de llegar lo has meditado bastante; efectivamente, en esta condición anímica hay una tranquilidad sin la cual todo es angustia. (**13**) Por tanto, como te he escrito, considero necesario imitar las acciones de tan excelsos varones[347], elegir algunos días en los que nos ejercitemos con una pobreza imaginaria para cuando

---

[346] Pasaje corrompido e imposible de restaurar en la versión de L. D. Reynolds.
[347] Cfr. *Ep*. 18, 5.

llegue la verdadera; siendo esto más obligatorio cuando nadamos en medio de la bonanza y todo lo juzgamos cruento y difícil. Hay que despertar del sueño, levantarse y recordar al espíritu que la naturaleza nos ha dado mínimas exigencias. Nadie nace rico: apenas llegado al mundo se le permite contentarse tan sólo con leche y un pedazo de tela; pero a partir de aquí los reinos terminan por no bastar[348]. Que estés bien.

---

[348] Cfr. Plutarco, *Alejandro* 6.

21
Una vida honorable brinda inmortalidad

(**1**) ¿Consideras que gestionas asuntos molestos con esas personas de las que me has escrito? La mayor molestia eres tú, a ti te eres incómodo. No sabes lo que quieres. Aplaudes lo virtuoso pero no lo imitas, observas dónde se halla la estable felicidad pero no te atreves a llegar a ella. Te diré en este momento qué te estorba para que por ti mismo abras un poco los ojos: das excesiva importancia a lo que de suyo vas a perder, y al proponerte alcanzar esa seguridad pasajera por naturaleza, el esplendor te alejó de esa vida tan necesaria a ti y, por decirlo de algún modo, terminará hundiéndote en la vileza y la oscuridad. (**2**) Estás equivocado, Lucilio: de la vida que llevas a la que te propongo se asciende. Lo que diferencia al brillo de la luz, que ésta tiene una fuente propia mientras que el otro brilla por una fuente ajena, es también lo propio de uno y otro estilo de vida: uno es golpeado por un fulgor proveniente del exterior, dando inmediatamente una densa sombra si alguno se pone enfrente; en cambio, el otro modo brilla con luz propia. Tus estudios filosóficos te harán célebre y preclaro. (**3**) Citaré el ejemplo de Epicuro. Cuando escribió a Idomeneo[349] con la intención de conducirlo de una vida engañosa a la gloria

---

[349] Idomeneo de Lámpsaco vivió entre el 370 y el 325 a. C.; fue pariente y seguidor de Epicuro, desarrollando actividad política como ministro de un tirano de su ciudad y del rey de Macedonia, Lisímaco.

firme y perdurable, pues entonces era un poderoso ministro que atendía muy delicados asuntos, le dijo: "si aspiras a la gloria, mis cartas te harán más famoso que todos los ambientes que frecuentas y que seguramente frecuentarás"[350]. (4) ¿Acaso mintió? ¿Quién sabría de Idomeneo si Epicuro no lo hubiera citado en sus cartas? El olvido hundió a todos esos señores y sátrapas, e incluso al mismísimo rey por cuyo cargo aspiraba Idomeneo. Las cartas de Cicerón no permiten que muera el nombre de Ático[351]. En nada le fue útil el yerno Agripa[352] ni Tiberio[353], el marido de la nieta, ni el bisnieto

---

[350] La relación entre Séneca y Lucilio, es decir, entre maestro y discípulo, rememora la de Epicuro e Idomeneo de Lámpsco.

[351] Tito Pomponio Ático (109-32 a. C.), *eques* (caballero) romano, de tendencia epicúrea, mejor conocido por su relación con Cicerón. El *cognomen* Ático le fue dado tiempo después, debido a su larga residencia en Atenas (88-65 a. C.) y su profundo conocimiento de la literatura y lengua griegas; adquirió el nombre de Quinto Cecilio Pomponiano cuando su opulento tío, Quinto Cecilio, murió en el 58. Pomponio se trasladó con su fortuna a la ciudad de Atenas en 88 a. C. con objeto de escapar de la guerra civil. Vivió tranquilamente, dedicándose al estudio y al manejo de sus negocios, y tras volver a Roma se mantuvo apartado de la vida política. Su amigo más cercano fue Cicerón, cuya correspondencia con él se prolongó durante varios años. Aunque escribió una historia del consulado de Cicerón en griego, una historia que llega hasta el 54 a. C. y obras genealógicas diversas, nada se conserva de su obra escrita. Su obra más importante fue la edición de las cartas enviadas por Cicerón.

[352] Marco Vipsanio Agripa (¿63 a. C.? – 12 a. C.), importante asistente del emperador Augusto. De modesto nacimiento, aunque de acomodada condición económica, era despreciado por la aristocracia romana, lo que le impidió portar el manto púrpura de los *imperatores* (comandantes). Poco se sabe de sus primeros años de vida; aparece como compañero de Octaviano en Apolonia al momento de morir Julio César (44 a. C.), regresando ambos a Italia para hacer valer la calidad de heredero del futuro Augusto. Se cree que en el 43 a. C. Agripa ejerció el cargo de tribuno de la plebe, lo que le permitió perseguir al tiranicida Casio quien se hallaba en Oriente. Durante las luchas por el poder, Agripa fue uno de los comandantes clave de Octaviano, derrotando a diversos enemigos, entre ellos a Marco Antonio en la batalla de Accio (31 a. C.); ejerció diversos cargos públicos, ya en Roma, ya en el extranjero, siendo recordado en la ciudad por su generosidad para atender los acueductos, el sistema de drenaje y las termas, realizando construcciones célebres como el *Pantheon*; igualmente, supervisó la construcción de caminos en *Lugdunum* (Lyon), fundó colonias en Berito y Baalbek y planeó otros pueblos en Oriente. Agripa tuvo tres esposas: Cecilia, hija de Tito Pomponio Ático; Marcela, sobrina de Augusto, y Julia, hija de Augusto. A su

Druso César[354]; a menos que Cicerón lo ligase de esta forma, habría desaparecido en medio de nombres tan importantes. **(5)** El abismo del tiempo se abre ante nosotros, pocos talentos elevan la cabeza, y aunque algún día el silencio se los llevará, resistirán al olvido y durante largo tiempo se les recordará. Lo que Epicuro pudo prometer a su amigo es lo que yo te prometo, Lucilio: obtendré la consideración de los postreros llevando en mi haber nombres perdurables. Nuestro Virgilio prometió eterno recuerdo a dos varones, y lo cumplió:

¡Afortunados ustedes dos! Si algo valioso posee este poema mío,
ningún día habrá que su recuerdo sea fulminado por el tiempo,
mientras la estirpe de Eneas se mantenga junto a la roca del Capitolio
y el venerable pueblo romano conserve su imperio[355].

(6) Aquellos a quienes la fortuna coloca en el centro, o que tienen sus miembros y órganos puestos al servicio de un poder ajeno al suyo, gozaron del favor de los demás y su casa

---

muerte el propio Augusto le honró con un discurso fúnebre.

[353] Tiberio Claudio Nerón, segundo emperador romano (14 – 37 d. C.); hijo adoptivo de Augusto, cuyas instituciones y fronteras imperiales buscó preservar. En sus últimos años se convirtió en un recluso tiránico, imponiendo un reino de terror sobre los principales personajes de Roma.

[354] Druso Julio César, hijo único del emperador Tiberio. Tras la muerte de Germánico, sobrino e hijo adoptivo de Tiberio (19 d. C.), Druso se convirtió en heredero a la sucesión imperial. Aunque se le tacha de violento y disoluto, Druso mostró habilidad para los asuntos públicos. En 14 d. C. reprimió un peligroso motín en Panonia. Fue cónsul en el año 15. Como gobernador de *Illyricum* (17 – 20), planeó la caída de Maroboduo, rey de los marcomanos germanos. Tras repetir el consulado en el año 21, recibió los privilegios de la potestad tribunicia en el 22. Murió antes de Tiberio, supuestamente envenenado por la esposa Livila y el consejereo imperial, Sejano.

[355] *Eneida* 9, 446-449. En este célebre pasaje, Virgilio exalta el recuerdo de los dos jóvenes héroes troyanos Euríalo y Niso.

siempre fue visitada mientras los grandes se mantuvieron en la cima: pero rápidamente su recuerdo se desvaneció.

(7) Idomeneo no fue citado gratuitamente en esta carta: él mismo paga de su peculio en mi nombre. Epicuro le escribió esa noble máxima exhortándolo a enriquecer a Pitocles[356], pero no por medios comunes ni peligrosos. Dijo: "si quieres enriquecer a Pitocles, no debes acrecentar sus riquezas sino alejarle de tantos deseos". (8) Esta máxima es demasiado clara como para interpretarla y bastante elocuente como para ponerla en práctica. Te animo a actuar así, pero no creas que se refiere tan sólo a las riquezas: será aplicable en cualquier situación que la uses. Si quieres hacer honesto a Pitocles, no debes agregarle honores sino alejarle de tantos deseos; si quieres que Pitocles viva perpetuamente en la dicha, no debes agregarle más placeres sino alejarle de tantos deseos; si quieres que Pitocles llegue a viejo y viva satisfecho, no debes agregarle años sino alejarle de tantos deseos. (9) No consideres estas reflexiones como exclusivas de Epicuro: son de dominio público. Considero que eso que suele hacerse en el Senado también debe hacerse en la filosofía: cuando alguien se manifiesta a favor de un punto en el cual estoy de acuerdo sólo parcialmente, lo invito a dividir en partes su dicho y luego adherirse a lo que apruebo.

Por ello menciono de buena gana las egregias máximas de Epicuro, para que quienes se refugian en él llevados por una falsa esperanza, considerando que podrán cubrir con un velo sus vicios, se convenzan que a donde quiera que vayan se debe vivir honestamente. (10) Cuando llegues a sus

---

[356] Joven estimado por Epicuro y confiado por éste a Idomeneo.

jardincillos… ‡‡[357] y escrito en ellos…‡‡[358]: "Viajero, aquí descansarás con tranquilidad, aquí el máximo placer es el bien"; estará preparado el encargado de esta morada, hospitalario y cortés, recibiéndote con polenta, sirviéndote también agua en abundancia y diciendo: "¿Te han recibido agradablemente? Estos jardincillos no estimulan el hambre, sino que la extinguen; con sus bebidas no se provoca mayor sed, sino que la calman con un remedio natural y gratuito; en este placer he envejecido"[359]. **(11)** Me refiero a esos deseos que no aceptan palabras de consuelo, a los que debe dárseles algo para que terminen. Porque de aquellos otros deseos antinaturales que es lícito aplazar, que es lícito someterlos y dominarlos, haré este recordatorio: tal placer es natural pero innecesario[360]. Nada le debes; pero si algo inviertes en él, ya es voluntario. El vientre no escucha preceptos: exige y reclama. Sin embargo, no es un acreedor molesto: con poco te deja en paz, si le das con medida lo que debes y no lo que puedes. Que estés bien.

---

[357] Pasaje corrompido e imposible de restaurar en la versión de L. D. Reynolds.

[358] Pasaje corrompido e imposible de restaurar en la versión de L. D. Reynolds.

[359] Séneca nos presenta la otra cara de un epicureísmo entendido dentro de sus justos valores y en línea con la naturaleza, fuente de sanos y auténticos placeres (deseos naturales y necesarios). En contraste, expresa un juicio negativo hacia los epicúreos en *De beneficiis* 4, 2, 1.

[360] Según Epicuro, de los deseos algunos son naturales y necesarios; otros, naturales pero innecesarios, y otros no son ni naturales ni necesarios.

Libro tercero

22
Alejémonos de las empresas inútiles
tras una adecuada reflexión

(**1**) Ya entendiste que debes alejarte de esos asuntos engañosos y perjudiciales, pero ahora me preguntas cómo puedes lograrlo. Ciertos consejos no se ofrecen a menos que se esté presente; el médico no puede prescribir un periodo de alimentos o de baños termales a través de una carta: debe palpar el pulso. Un antiguo proverbio dice que el gladiador ha de decidir su táctica en medio de la arena: observa atentamente el rostro del adversario, la mano que se mueve, la inclinación misma del cuerpo. (**2**) Puede aconsejarse y escribirse de manera genérica, lo que ocurre frecuentemente y es muy conveniente; sin embargo, tal consejo se da no tanto a los ausentes, sino a los postreros; el otro, referente a cuándo o cómo actuar no podrá darlo nadie a distancia, pues debe tomarse la decisión en el instante. (**3**) No tanto el que está presente, sino el prudente, observa cuándo es el momento justo; así, pues, observa bien y si es la ocasión propicia, tómala, y actúa con todo el ímpetu y todas las fuerzas, de modo tal que logres liberarte de esos quehaceres. En verdad pon atención a este consejo lapidario: o bien abandona ese modo de vida tuyo o bien abandona sin más la vida. Considero, sin embargo, que también ha de recorrerse suavemente el camino para que puedas superar el mal en que te has enredado, más que separarte de él, de modo que si no queda otra forma de superarlo te decidas a apartarte[361]. Nadie es tan temeroso como para preferir estar siempre en suspenso en vez de caer de una vez por todas. (4) Entre tanto, y lo que es más importante, no te busques mayores males; debes contentarte con los asuntos en que te has metido o, como parece, te has hundido. No necesitas esforzarte más allá de esto, de lo contrario arruinarás tu disculpa y será evidente que no te despeñaste. Son falsas frases como esta: "No pude actuar de otro modo. ¿Qué habría pasado si me hubiese opuesto? Era necesario". No hay ninguna necesidad de caminar la vía de la suerte: ya es algo poder resistir y no motivar el avance de la Fortuna, aunque no pueda rechazársele.

(5) ¿Acaso te ofenderás si para aconsejar no lo hago en persona, sino que hago venir a otros, ciertamente más eruditos que yo, a los que acostumbro dirigirme si necesito decidir algo? En este punto lee la importante carta que Epicuro escribió a Idomeneo[362], rogándole que en cuanto pudiera huyese rápidamente, antes que alguna fuerza mayor interviniera y le arrebatara la posibilidad de retirarse. (6) Con todo, también añade que nada ha de intentarse a menos que pueda hacerlo apropiada y oportunamente; pero cuando ese

---

[361] Séneca se está refiriendo al suicidio como remedio extremo para extirpar un mal irremediable del ánimo, no del cuerpo, a menos que el mal físico no destruya nuestro equilibrio interior.
[362] Cfr. Usener, *op. cit.*, fr. 163.

momento largo tiempo esperado llegue, le pide que se aleje rápidamente. Prohíbe adormecerse pensando en el retiro y con todo desea un final feliz ante las situaciones más adversas, si no nos precipitamos antes de tiempo ni nos demoramos al presentarse la oportunidad. (7) Pides ya una opinión estoica. Nadie puede tacharlos de temerarios: son más cautelosos que vigorosos[363]. Quizá esperes que digan esto: "Es vergonzoso ceder ante lo pesado de la carga; debes luchar contra el puesto del mismo modo que lo ganaste. No es hombre fuerte ni perseverante el que huye del trabajo, sino el que eleva el espíritu en medio de la adversidad". (8) Se te diría esto si la perseverancia tuviese alguna recompensa en tu caso, si nada indigno de un hombre virtuoso tuviese que hacerse o soportarse; aunque por lo demás no empleará el tiempo en un trabajo sórdido y ultrajante, ni se involucrará en variados asuntos para mantenerse ocupado. En verdad, quien realiza algo no siempre lo realizará eternamente, tal como piensas, como si, mezclado en proyectos ambiciosos, siempre deba soportar la tempestad; cuando percibe en lo que maneja algo penoso, incierto o peligroso, retrocede sin volver la espalda, retirándose gradualmente a sitio seguro. (9) Sin embargo, querido Lucilio, es fácil evadir esas ocupaciones si desdeñas el precio que te exigen; tales asuntos nos retrasan y detienen. "¿Y entonces? ¿Debo abandonar toda esperanza? ¿Alejarme de la cosecha beneficiosa? ¿No tener a nadie al lado, llevar la litera sin acompañante, ver el atrio de mi casa vacío?" Los hombres se apartan de mala

---

[363] Según Zenón, "segundo fundador" de la escuela estoica, evitar el peligro evidente no es signo de blandura de ánimo, sino un mérito. Cfr. Dióg. Laer. 7, 116.

gana de todo esto y terminan apreciando la recompensa de las mezquindades que ya habían escupido. (**10**) Se lamentan de su ambición como lo hacen de la amante, es decir, si examinas la verdad de su sentimiento, no detestan, sino que discuten mientras retienen. Sacúdete ya a estos individuos que deploran lo que desean y aléjate de esos que lamentan sus bienes pero no pueden dejarlos: verás que voluntariamente se entretienen en eso que soportan de mala gana y litigan en exceso. (**11**) Así es, Lucilio: la esclavitud retiene a pocos por necesidad, pero los más se someten voluntariamente. Pero si en tu espíritu radica el deseo de abandonarla y de buena fe anhelas liberarte, pidiendo para esto ayuda y lograrlo sin mayor dilación, ¿por qué no ha de aprobarlo toda la corte de estoicos? Todos los Crisipos y Zenones te exhortarán de manera prudente y honesta. (**12**) Pero si te andas con rodeos, pensando en lo que llevarás contigo y cuánto dispondrás para tu retiro, nunca pondrás un límite: nadie puede nadar con carga encima[364]. Aspira a una mejor vida con el favor de los dioses, pero no ese favor que conceden a algunos cuando, con rostro bueno y benigno, en verdad les otorgan males magníficos[365], y por esto debemos perdonarles, pues a quienes desean insistentemente se les da lo que al final les atormenta e inquieta.

---

[364] Séneca maneja un concepto análogo en *De tranquilitate animi* 14, 3: "ante el anuncio de un naufragio, nuestro Zenón, oyendo que todas sus pertenencias se habían hundido, dijo: 'la fortuna ordenó que filosofase con menos impedimento'".

[365] Séneca se refiere a los bienes materiales y todos aquellos honores y deseos que terminan siendo al final una pesada carga, fuente de angustias y desvelos, como opuestos a los bienes verdaderos que propone el ideal estoico y que se mencionan en la nota siguiente.

(13) Ya había sellado la carta, pero debo reabrirla para que llegue a ti con el regalito habitual y portando consigo una máxima grandiosa; y no me viene a la mente nada más cierto ni elocuente. Preguntas: "¿De quién es?" De Epicuro, pues hasta ahora otras cosas †admiro tal patrimonio†: (14) "nadie deja la vida del mismo modo que entró". Observa al que gustes, adolescente, anciano o maduro: hallarás por igual un temeroso de la muerte y un ignorante de la vida. Ninguno de ellos tiene algo culminado; en efecto, vamos posponiendo los asuntos para mañana. Nada me encanta más de esta máxima que cuando reprocha a los ancianos su infantilismo. (15) Dice: "Nadie abandona la vida en forma totalmente diversa de como nace". Esto es falso: morimos peores que al nacer[366]. No es un error de la naturaleza, sino de nosotros. Ella se lamenta de nosotros y exclama: "¿Pero qué es todo esto? Nacieron sin deseos, sin temores, sin superstición, sin perfidia ni demás plagas: salgan tal cual entraron". (16) Quien murió tan exento de vicios como nació ha alcanzado la sabiduría; sin embargo, cuando se vislumbra algún peligro temblamos, se nos altera el alma y el color, derramando lágrimas inútilmente. ¿Qué puede ser más vergonzoso que agitarse en el umbral mismo de la seguridad? (17) Y esto se debe a carecer de los bienes verdaderos[367], al tiempo que nos

---

[366] Cfr. Séneca, *De brevitate vitae* 3, 2.

[367] Ciñéndose al pensamiento estoico, Séneca recuerda aquí el distingo interesante que contrapone la riqueza de espíritu (que ya había señalado en la carta 9) como bien propio y cierto a los bienes materiales, exteriores e inseguros. Ya Epicteto distinguía adecuadamente esto al señalar: "de todas las cosas del mundo unas dependen de nosotros y otras no. Dependen de nosotros nuestros juicios y opiniones, nuestros movimientos, nuestros deseos, nuestras inclinaciones y nuestras aversiones: en una palabra, todos nuestros actos. Las que no dependen de nosotros son: el cuerpo, los bienes materiales, la reputación, las dignidades y honores; en una palabra, todas

inquieta <perder> la vida. A decir verdad, ninguna pequeña parte de la existencia se nos conserva: toda ella pasa y se desvanece. Nadie se preocupa de vivir bien sino de vivir largo tiempo, y aunque a todos les es permitido vivir bien, a ninguno le concierne vivir largamente. Que estés bien.

---

aquellas cosas que no entran en el círculo de nuestros propios actos. Las cosas que dependen de nosotros son libres por su misma naturaleza; nada puede detenerlas ni levantar ante ellas obstáculos. En cambio, las que no dependen de nosotros son débiles, esclavas, sujetas a mil contingencias e inconvenientes y extrañas por completo a nosotros. No olvides, pues, que si tomas por libres las cosas que por su naturaleza son esclavas, y por tuyas las que dependen de otros, no encontrarás más que obstáculos por doquier; te sentirás turbado y acongojado a cada paso y tu vida será una continua lamentación contra hombres y dioses. Por el contrario, si no tomas por tuyo sino lo que realmente te pertenece y miras como ajeno lo que pertenece a los demás, nadie podrá obligarte a hacer lo que no quisieres ni impedirte que obres según tu voluntad. No tendrás entonces que quejarte de nadie ni que acusar a nadie y como nada, por leve e insignificante que sea, tendrás que hacerlo contra tu deseo, no te saldrá al paso el daño, ni tendrás enemigos, ni te acaecerá nada perjudicial ni molesto" (*Manual* 1, 1 – 5).

23

La verdadera alegría surge
de un espíritu ordenado

(**1**) ¿Crees que escribiré acaso sobre lo clemente del invierno hacia nosotros, que fue breve y apacible, que la primavera es severa, que el frío llegó intempestivamente, y demás necedades de los debates ociosos? Al contrario, escribiré algo provechoso para ambos. ¿Y qué mejor que estimularte a una buena conciencia? ¿Cuál es el fundamento de eso que buscas? No complacerte con lo vano. (**2**) ¿He dicho fundamento? No, es la cumbre. Llega a la cima quien sabe qué debe disfrutar, quien no ha colocado su felicidad en una potestad ajena; vive agitado e inseguro quien pone alguna esperanza a futuro, así la tenga a la mano, así llegue fácilmente, o aunque nunca se vean defraudadas sus esperanzas. (**3**) Ante todo, obra de este modo, querido Lucilio: aprende a disfrutar[368]. ¿Acaso consideras que te apartaré de los muchos placeres llegados a ti casualmente, sólo por considerar que deban evitarse las esperanzas y sus dulcísimos deleites[369]? Al contrario, no deseo jamás que te falte el gozo. Quiero tan sólo que nazca en casa: será de ese modo si surge de tu interior. Las demás alegrías no colman el corazón; se dirigen al exterior y son vanas, a menos que

---

[368] Los estoicos solían afirmar que la verdadera alegría es contraria al placer; cfr. Dióg. Laer. 7, 116.
[369] Cfr. *Ep.* 49, 4.

consideres seriamente que quien ríe disfruta: el espíritu debe estar alegre, confiado y por encima de todo. (4) Créeme, la verdadera alegría es seria[370]. ¿Acaso crees que alguien con el rostro jovial y, como dicen los afeminados, regocijante, puede desdeñar la muerte, abrirle la puerta a la pobreza, mantener a raya las pasiones, prepararse a soportar pacientemente las aflicciones? Quien se detiene a pensar en estos tópicos posee gran regocijo, aunque sea poco risueño. Deseo que poseas tal gozo: una vez que hayas sabido de dónde surge nunca se extinguirá. (5) Los metales de poco valor se hallan en la superficie; los preciosos se esconden en un filón profundo, y para quien excava incesantemente serán mucho más abundantes. Las cosas en las que el vulgo se contenta son efímeras y brindan un placer superficial, careciendo de fundamento sólido cualquier gozo externo: de esto que te hablo, a donde intento conducirte, es firme; y más aún, se expande desde el interior. (6) Queridísimo Lucilio, te pido que realices la única cosa que puede garantizar la felicidad: desdeña y aleja de ti estos bienes que brillan exteriormente, que te han sido prometidos por uno o bien esperas de otro. Proponte como fin el verdadero bien y regocíjate en lo que ya te pertenece. ¿Y qué es eso "que ya te pertenece"? Tú mismo y la mejor parte de ti[371]. También nuestro caduco cuerpo, sin el cual nada puede hacerse, debes considerarlo más necesario que grandioso; brinda gozos vanos, efímeros y angustiosos: a menos que se dominen con

---

[370] Según Zenón de Citio, fundador de la escuela estoica, la alegría de ánimo, como estado de elección del espíritu, poco tiene que ver con el placer en la acepción común del término.
[371] *Vid. supra*, nota 157.

163

gran moderación, seguirán creciendo[372]. Afirmo esto: la pasión desbocada termina en dolor a menos que la mesura la atenúe; pero es difícil perseverar en lo que se considera bueno: el hambre del verdadero bien es constante. (**7**) ¿Preguntas qué bien es éste o de dónde surge? Te lo diré: de una buena conciencia, de honestos consejos, de rectas acciones, del desdeñar lo fortuito, de una vida tranquila y de perseverar en la mesura. Porque los que van de un propósito a otro, o bien ni siquiera van, y son en verdad juguetes de la circunstancia, ¿cómo pueden tener algo cierto o estable en medio de la indecisión y la inestabilidad? (**8**) Pocos adecuan su ser y su vida a la sabiduría: la mayor parte, como los objetos que flotan sobre el río, no van por sí solos, sino que son llevados; de estos, algunos los retuvo y arrastró apaciblemente la corriente lenta; a otros los arrastró violentamente; a otros la corriente debilitada los depositó en la orilla más cercana; a otros el impetuoso torrente los lanzó al mar. Por ello, debemos saber lo que anhelamos y en ello perseverar.

(**9**) Es el momento de pagar con moneda ajena. Puedo darte en pago una máxima de Epicuro y así concluir la carta: "es molesto comenzar la vida a cada instante"; o expresado de mejor manera, "viven mal quienes a cada instante comienzan a vivir"[373]. (**10**) Preguntarás por qué; esta idea requiere cierta explicación. Porque tal vida siempre está inacabada; no puede prepararse para la muerte quien en ese momento comienza a vivir. Debemos actuar de tal modo que

---

[372] Cfr. *Ep.* 49, 4.
[373] Recomenzar una nueva vida es una empresa fatigosa que genera inquietud, en cuanto nunca se sabe si la nueva vida sea la justa, esto es, la adecuada a la razón.

hayamos vivido lo suficiente: ninguno lo logra si comienza a ordenar la vida en su punto culminante. (**11**) No creas que son pocos: es casi la mayoría de humanos. Sin embargo, algunos inician justo cuando hay que terminar. Si lo consideras admirable, añadiré algo más admirable aún: algunos desean vivir antes que comenzar a hacerlo. Que estés bien.

24

Fortalezcamos el espíritu para
los tiempos adversos

(**1**) Me haces saber tu preocupación por el resultado del juicio que la ira de un enemigo ha desencadenado: tal vez pienses que te aconsejaré pensar en mejores tiempos y en hallar reposo en vanas esperanzas. ¿Entonces qué necesidad hay de atraerse los males, de anticiparse a ellos, si cuando llegan se les debe soportar con rapidez, y así se pierde el presente por temer al futuro? Sin duda esto es necio, porque cuando uno se ve infeliz a futuro, ya desde ahora se es infeliz. (**2**) Yo, sin embargo, te conduciré a la serenidad por otro camino: si quieres deshacerte de toda inquietud, ten presente que eso que temes no ocurrirá por azar, y cualquiera que sea ese mal, debes evaluarlo objetivamente y adecuar tu temor a él. Comprenderás con certeza que eso que temes o no es tan grande o no es tan prolongado. (**3**) No se necesitan reunir muchos ejemplos que te conforten durante largo tiempo: cualquier tiempo los posee. En cualquier época de la historia de la ciudad[374] o de otras naciones de las que hagas memoria, se te presentan figuras insignes ya por su progreso, ya por su tenacidad.

---

[374] Séneca piensa en Roma, con sus biografías ejemplares de *viri optimi* (hombres insignes) que permiten educar en el civismo y los valores republicanos a todo *civis romanus* (ciudadano romano) que se precie de serlo.

Si por caso llegase a suceder que te condenen, ¿puede haber algo más cruel que el enviarte al exilio o conducirte a prisión? ¿Acaso habrá algo más de temer que el tormento o la muerte? Examina cada uno de esos males y recuerda ejemplos que los desdeñaron; no son únicamente para estudiarlos, sino para elegirlos como modelo. (4) Rutilio soportó la condena como si nada le molestase más que el ser juzgado injustamente[375]. Metelo soportó gallardamente la condena del exilio[376], pero Rutilio lo hizo gustosamente; el

---

[375] Publio Rutilio Rufo, estadista, orador romano y seguidor del estoicismo. Fue *tribunus* militar bajo Escipión en la guerra de Numancia, pretor en el 111 a. C., cónsul en el 105 a. C. y *legatus* en el 95 a. C. bajo Quinto Mucio Escévola, procónsul de Asia. Durante el desempeño de este cargo mostró tal honradez y firmeza al reprimir las extorsiones de los *publicani* que fue blanco del temor y el odio de este sector. Al volver a Roma, un tal Apicio lo acusó de malversación de fondos (*de repetundis*), se le declaró culpable y se le obligó a exiliarse. Livio (*Epit.* 70), Cicerón (*pro Front.* 13, *Brut.* 30), Veleyo (2, 13) y Valerio Máximo (2, 10, 5) coinciden en que Rutilio fue un hombre de máxima integridad, y representan su condena como resultado de una inmoral conjura por parte del orden ecuestre, que no sólo administraba las rentas públicas, sino que en ese periodo también disfrutaba del privilegio exclusivo de actuar como jueces en los procesos criminales.

[376] Quinto Cecilio Metelo Numídico, uno de los miembros más distinguidos de su familia. El carácter de Numídico se elevó mucho entre sus contemporáneos; en una época de creciente corrupción su integridad personal permaneció sin mancha, y se distinguió por sus habilidades en la guerra y la paz. Sin duda fue uno de los ciudadanos más virtuosos de su época. Durante su juventud escuchó en Roma a Carneades; fue amigo y patrón del poeta Arquías. Cicerón alaba sus dotes oratorias (Orelli, *Onom. Tull.*, vol. II, p. 103 – 105), y sus discursos seguían siendo leídos con admiración en tiempos de Frontón (Meyer, *Orat. Roman. Frag.*, pp. 249 – 252). Fue uno de los principales líderes del partido aristocrático romano, desplegando la clásica arrogancia y desapego hacia los que no pertenecían a su orden, que distinguía a los romanos nobles de su época. No se ha establecido el año de su pretura, pero quizá fue después de volver de su gobierno provincial que fue acusado de extorsión, en cuya ocasión se relata que los jueces tuvieron tal confianza en su integridad que se negaron a revisar sus cuentas cuando fueron presentadas en el tribunal. Obtuvo el consulado en el 109 a. C., al lado de Marco Junio Silano, recibiendo Numidia como provincia; guió la guerra contra Yugurta y obtuvo una gran victoria cerca del río Mutul, recuperando el honor perdido de las legiones romanas. Salió victorioso de varias intrigas políticas, y en el 102 a. C. fue censor junto a su sobrino Metelo Caprario. Murió en el 91 a. C., al parecer envenenado por el tribuno de la plebe Quinto Vario (Cic., *De nat deor.*, 3, 33).

167

primero garantizó a la república su regreso[377], el segundo le negó su regreso a Sila, a quien entonces nada se le negaba[378]. Sócrates disertaba de filosofía en la cárcel, y aunque había quienes le hubiesen permitido huir, no quiso hacerlo y se quedó, liberando de esta forma a los hombres del miedo a las dos situaciones más terribles: la muerte y la cárcel[379]. (5) Mucio puso la mano en las llamas. Es cruel ser quemado: ¡cuánto más lo es si se soporta voluntariamente! Contemplas a un hombre sin instrucción, desconocedor de nuestros preceptos e impreparado contra la muerte o el dolor, tan sólo instruido rudamente como soldado, dispuesto a sufrir sobre sí mismo las penas que un esfuerzo vano le imponen; presencias asombrado cómo mantuvo la mano derecha sobre

---

[377] Séneca rememora el destierro de Metelo Numídico. Ante las intrigas del senador Lucio Apuleyo Saturnino (100 a. C.), quien propuso una ley agraria en la que se obligaba al Senado a jurar obediencia cinco días después de su emisión, o de lo contrario enfrentarían la expulsión y el pago de una multa de 20 talentos. Cayo Mario, enemigo de Numídico, se negó a jurar, secundándolo Metelo, pero cuando los senadores se reunieron ante los *rostra* para ejecutar la ley, Mario fue el primero en jurar obediencia, siendo Quinto Cecilio el único en no hacerlo. No contento con verlo expulsado del Senado, Saturnino inició un proceso para desterrarlo. Sin embargo, para evitar una conmoción civil, Metelo abandonó voluntariamente la ciudad y se retiró a Rodas, donde soportó su exilio con gran serenidad, sin preocuparse por su regreso, llevándose con él al retórico Lucio Elio Preconino y ocupando su tiempo en leer las obras y escuchar las lecciones de los filósofos. Sin embargo, ese mismo año las intrigas de Saturnino ocasionaron su ruina y la de sus amigos; con la muerte de ellos el partido popular recibió un tremendo golpe, y en el 99 a. C. el tribuno de la plebe Quinto Calidio propuso el regreso de Metelo, y ante la poca oposición el exiliado regresó como héroe a Roma.

[378] Al ser condenado al exilio, Publio Rutilio Rufo se dirigió primero a Mitilene y luego a Esmirna, donde fijó su domicilio y vivió tranquilamente el resto de sus días, negándose a volver a Roma, aun cuando Lucio Cornelio Sila (vid. *supra*, nota 49) lo mandó a llamar durante su dictadura (Sén., *De benef.*, 4, 37; cfr. Cic., *Brut.* 22, *pro Balb.* 11; Ov., *ex Ponto*, 1, 3, 63; Suet., *de ill. Gramm.* 6; Oros. 5, 17).

[379] En el diálogo Fedón, Platón resalta los últimos momentos del filósofo ateniense, quien deja una especie de legado sobre la filosofía de la muerte, es decir, una teoría del buen morir y de la inmortalidad del alma. Véase especialmente Plat. *Phaed.*, pp. 58, 59, 115, 118, ib. Int.; cfr. Xen., *Mem.*, 4, 8, 4.

el brasero enemigo, y no la retiró aun teniendo los huesos a la vista, sino hasta que el enemigo alejó el fuego. Pudo haber hecho algo más exitoso en el campamento enemigo, pero no más intrépido. Observa cómo la virtud puede ser más vigorosa al enfrentar los peligros que la crueldad al imponer un castigo: Porsena tuvo más disposición de perdonar a Mucio por tener la intención de matarlo que Mucio de perdonarse por no haberlo matado[380].

(**6**) Dices: "estas son fábulas repetidas en todas las escuelas; y ahora, llegado el momento de menospreciar la muerte, me contarás la historia de Catón[381]". ¿Y por qué no hablarte de esa última noche, mientras leía una obra de

---

[380] Séneca habla de Cayo Mucio, legendario héroe romano. Según el relato de Tito Livio, en el 509 a. C., Porsena, rey etrusco de *Clusium* que apoyó a Tarquino el Soberbio para restaurarlo en el trono, marchó contra Roma; tomó posesión del monte Janículo y después asedió la ciudad hasta hambrearla. Cayo Mucio, joven de la clase patricia, dejó la ciudad con aprobación del Senado, tras decir que no iba a saquear, sino a realizar una hazaña más noble con la ayuda de los dioses. Ocultando una daga bajo su ropa, se acercó al lugar donde Porsena estaba sentado con un escriba a su lado, vestido casi igual que el rey. Confundiendo al primero con el segundo, Mucio lo mató en el acto. Detenido por los guardias y llevado ante el trono real, dijo su nombre y declaró su deseo de matar al rey, agregando que había otros romanos deseosos de acabar con él. Alarmado, el rey ordenó que lo quemaran vivo a menos que explicase con claridad sus amenazas; Mucio alargó su mano hacia un brasero para sacrificios (*foculus*), manteniéndola allí. Ante tal firmeza, el rey ordenó que lo retirasen del altar y lo dejasen libre. Temiendo por su vida, la cual no podía proteger ante los 300 ciudadanos que habían jurado darle muerte, Porsena propuso la paz a Roma y evacuó el territorio (Liv., 2, 9 – 15). Debido a esta hazaña, Cayo Mucio recibió el sobrenombre de *Scaevola*, diminutivo usado para designar al amuleto protector que llevaban los niños (Varro, *De ling. lat.*, 7, 5), y a su vez derivado de *scaeva* (izquierda), en memoria de la pérdida de su mano derecha. Recibió un trozo de tierra al otro lado del Tíber, que fue llamado *Mucia Prata*. Este personaje de leyenda (Tácito menciona en *Hist.* 3, 72 que Porsena conquistó por breve tiempo Roma, coincidiendo en ello Dionisio de Halicarnaso [5, 34] y Plinio el Viejo [Hist. Nat., 34, 14 y 39]), dará lugar a la ilustre *gens Mucia* republicana. Este gesto de la tradición romana ha pasado al lenguaje cotidiano en la frase "meter la mano al fuego", para dar a entender la convicción y seguridad que sentimos hacia alguna opinión o proyecto, o bien para expresar la lealtad incondicional que se profesa hacia alguien.

[381] Se refiere a Marco Porcio Catón. *Vid. supra*, nota 191.

Platón[382] con la cabeza apoyada en la espada? Se preparaba en esos momentos extremos con dos instrumentos: uno para desear morir, el otro para poder morir. Arreglados todos los asuntos que podían arreglarse ante una situación tan extrema y trágica, se dispuso a actuar de forma tal que no hubiese la oportunidad de matar a Catón ni la pertinencia de salvarlo[383]; (7) y apretando la espada que hasta ese día había preservado pura de toda mancha, dijo: "nada conseguiste, Fortuna, oponiéndote a todos mis esfuerzos. He luchado, no por mi libertad, sino por la de la patria; he actuado con enorme tenacidad no para vivir libre, sino para vivir entre hombres libres. Como ahora los asuntos humanos son deplorables, Catón debe retirarse a buen recaudo". (8) Y entonces descargó sobre su cuerpo el golpe mortífero; aunque los médicos ligaban la herida para detener la sangre, él, cada vez con menos fuerzas y espíritu, enojado no tanto con César

---

[382] Se refiere al diálogo Fedón. *Vid. supra*, nota 272.

[383] Séneca deja entrever que, en caso de no morir, Catón el Uticense será llevado a Roma como esclavo, desprestigiando así el honor de la *gens Porcia*. Ante tal dilema, el suicidio queda como una forma honrosa de abandonar la vida, pudiendo así preservar su alta personalidad y su dignidad moral, dejando para la posteridad un nombre sin mancha. El llamado "suicidio ritual" hoy es visto como algo execrable en Occidente, sobre todo por la influencia del cristianismo y su discurso a favor de la vida. Sin embargo, culturas como la japonesa coinciden en el ideal romano de "honor recuperado" en rituales como el del *seppuku*, donde la persona, comúnmente un miembro de la casta samurái, se abre el vientre con un puñal para extirpar la indignidad que una falta de conducta ocasionó a su persona. En tiempos recientes, han sido varios los personajes históricos que optaron por el "suicidio ritual" antes que ver rebajada su altura social o política en un juicio o ejecución pública, como Adolf Hitler, o Herman Göring, ex ministro de la Luftwaffe durante el régimen del citado Hitler y segundo al mando en la jerarquía de la Alemania nazi, quien tras ser condenado a muerte en los juicios de Núremberg en 1946 por crímenes contra la humanidad logró introducir hasta su celda una cápsula de cianuro en circunstancias nada claras y quitarse la vida unas horas antes de ejecutarse la sentencia del tribunal; o como Salvador Allende, el presidente chileno que, durante la azonada de 1973 al palacio de La Moneda en Santiago de Chile, decidió quitarse la vida antes de caer en las manos del organizador del golpe de Estado, el general Augusto Pinochet.

sino consigo mismo, hundió las manos en la herida, y esa alma generosa, desdeñando todo aquel poder terreno, no salió, sino que se liberó.

(**9**) No evoco ahora estos ejemplos para ejercitar el intelecto, sino para exhortarte a enfrentar lo que consideras un mal terrible; te alentaré más fácilmente si demuestro que no sólo los hombres fuertes desdeñaron el instante de la muerte, sino también aquellos que indolentes en otras circunstancias igualaron en espíritu a los más fuertes, como Escipión[384], suegro de Cneo Pompeyo[385], que llevado por un viento adverso al África, se atravesó con el puñal cuando vio su barco en manos enemigas, y respondió a los que le preguntaban dónde estaba el comandante: "el comandante ahora está bien"[386]. (**10**) Tal respuesta lo equiparó a sus

---

[384] Quinto Cecilio Metelo Pío Escipión, hijo adoptivo de Quinto Cecilio Metelo Pío, quien adquirió este apelativo cuando arengó al pueblo para llamar del exilio a su padre Metelo Numídico (*vid. supra*, nota 376). Metelo Escipión fue hijo de Publio Cornelio Escipión Nasica, pretor en el 94 a. C. Por vía de abuela descendía de la *gens Metella*, en la que fue adoptado posteriormente. Antes de su adopción adquirió el nombre de Publio Cornelio Escipión Nasica, y por ello su nombre aparece de varias maneras. A veces se le llama Publio Escipión Nasica, a veces Quinto Metelo Escipión, y a veces simplemente Escipión o Metelo. Se le menciona por primera vez en el 63 a. C. en una supuesta visita nocturna a Cicerón junto con Marco Craso y Marcelo trayendo unas cartas relacionadas con la conjura de Catilina (Orelli, *Onom. Tull.*, vol. II, p. 105 y ss.; Plut., *Cic.*, 15). Tribuno de la plebe en 60 y 59 a. C., fue candidato al consulado en el 53 a. C., haciendo uso de la violencia y la fuerza para, en connivencia con Cneo Pompeyo, lograr que el segundo fuese nombrado *dictator* y así poder acabar con Julio César. Llegó a tal grado la situación, que en el 52 a. C. el Senado consintió en nombrar a Pompeyo cónsul único. Para mejorar su alianza, en febrero desposó a Cornelia, hija de Metelo, y en agosto le hizo a éste segundo cónsul, esforzándose ambos para destruir a César. Estas tensiones causaron el choque de los poderosos militares, y Metelo Escipión fue enviado a la provincia de Siria, donde cometió abusos terribles (Cés., *De bel. civ.*, 3, 31 – 32).
[385] Cneo Pompeyo el Grande. *Vid. supra*, nota 161.
[386] Nuestro filósofo rememora los acontecimientos del 48 a. C. Pompeyo llamó a Metelo Escipión para que se le uniera, pues César ya había atravesado Grecia. Vencido en la batalla de Farsalia, Metelo huyó a África buscando apoyo en Yuba, rey de Numidia. Obtuvo el comando supremo por influencia de Catón, pero al parecer su

antepasados y no interrumpió la gloria ligada a los Escipiones en África. Gran cosa fue vencer a Cartago, pero más lo fue vencer a la muerte. "El comandante ahora está bien": ¿acaso debía morir un comandante de otra forma, y además, el comandante de Catón? (**11**) Tampoco te recordaré las historias de los que en otros siglos despreciaron la muerte, y que son muchísimos; tan sólo contempla nuestra época, de la que lamentamos su molicie y sus placeres: se presentarán hombres de cualquier condición, de cualquier nivel económico, de cualquier edad, que con su muerte suprimieron sus males[387].

Créeme, Lucilio: no ha de temerse la muerte, y menos aun su beneficio. Por ende, escucha tranquilo las amenazas de tu enemigo. (**12**) Y por mucho que tu conciencia tenga plena seguridad en el resultado, aunque muchas cosas ajenas al proceso tengan influencia sobre él, espera el veredicto más justo, pero prepárate también para el más injusto. Ahora bien, ante todo recuerda esto: aléjate de la confusión de las cosas y observa la esencia de cada una. Entenderás que nada terrible hay en ellas sino nuestro propio temor. (**13**) Lo que sucede a los niños es lo mismo que nos sucede a nosotros, niños un poco mayores: cuando van enmascaradas las personas que aman, con las que están acostumbrados a jugar

---

conducta fue igual de opresiva que en Siria. En abril del 46 a. C. fue derrotado junto a Yuba en la batalla de Tapso. Huyó hacia Útica con una pequeña flota, pero al enterarle Catón de que no era sitio seguro, intentó llegar a España. Vientos adversos lo empujaron de vuelta a *Hippo Regius*, donde se topó con la flota de Publio Sittio, que peleaba en el bando de César. Su pequeño escuadrón fue diezmado; al ver que era imposible escapar, se apuñaló y luego se lanzó al mar. Vid. Apiano, *De bell. civ.*, 2, 24, 25, 60, 76, 87, 95 – 100; Cés., *De bell. Civ.*, 1, 1-4; 3, 31-33, 36, 57, 82, 83; Plut., *Pomp.* 55, *Caes.* 30, *Cat. Min.* 60; Liv. *Epit.* 113, 114; Val. Max., 9, 5, 3.
[387] *Vid. supra, Ep.* 4, 4.

y vivir, se espantan. Hay que arrancar la máscara no tanto a los hombres, sino a las cosas, para devolverles su verdadero rostro.

(**14**) ¿Para qué me pones delante espadas, fuego y una multitud de verdugos gruñendo a tu alrededor? Aleja toda esta pompa, bajo la cual te ocultas y aterrorizas a los insensatos: eres la muerte, que hace muy poco un esclavo o una esclava míos desdeñaron. ¿Para qué exhibir de nuevo látigos y potros con gran fasto? ¿Para qué los demás aparatos que dislocan articulaciones y otros mil instrumentos que despedazan al hombre? Aleja tales artilugios que nos dejan estupefactos. ¡Manda acallar los gemidos, las exclamaciones y los gritos extraídos con la tortura violenta! Sin duda eres el mismo dolor que el enfermo de gota desprecia, el que soporta con firmeza la joven durante un parto. Si te puedo soportar eres leve; si no, eres breve.

(**15**) Reflexiona a fondo estas ideas que con frecuencia has oído y pronunciado. Mas luego demuestra con hechos lo que sinceramente has escuchado y expresado, porque suele echársenos en cara algo muy vergonzoso: hablar de filosofía, pero no ponerla en práctica[388].

¿Por primera vez entendiste que te acecha la muerte, el exilio, el dolor? ¡Pero si naciste para ello! Consideremos casi seguro cualquier evento que pueda suceder[389]. (**16**) Sé bien que has actuado como te aconsejo; ahora te exhorto a que no hundas tu espíritu en esta vulgar inquietud: sólo se debilitará y tendrá menos vigor cuando deba salir a luchar. Aléjalo del

---

[388] Cfr. *Ep.* 29, 5.
[389] Séneca expresa similar idea en *De remediis fortuitorum* 16, 9.

conflicto personal y dirígelo al conflicto público. Repítete que posees un cuerpecillo mortal y frágil, al que no sólo la violencia o la autoridad del poderoso le inflige dolor: las pasiones mismas se dejan caer en tormenta, los manjares provocan indigestión, las borracheras entorpecen los nervios y los hacen temblar, los desenfrenos deforman pies, manos y dedos.

(17) "Quedaré pobre"; no, estaré entre los demás. "Me enviarán al exilio"; no, me consideraré nacido allí a donde sea enviado[390]. "Seré encadenado"; ¿y eso qué? ¿Acaso ahora estoy libre? En este instante me ha atado la naturaleza al peso agobiante de mi cuerpo. "Moriré"; es como decir "dejaré de enfermarme, de estar ligado, de morir en vida". (18) No soy tan inepto como para recitar en este punto la cantaleta epicúrea y decir que son vanos los temores de ultratumba[391], ni que Ixión vive atado a una rueda[392], ni que Sísifo empuja

---

[390] El espíritu de adaptación es uno de los dones del sabio. Cfr. *De remediis fortuitorum* 8, 1 y ss.

[391] En la mentalidad epicúrea, la muerte marca el fin de todo mal. Para la época de Séneca, los mitos del politeísmo oficial comenzaban a vacilar y eran considerados cuando mucho una invención de los poetas. Cfr. Lucrecio, *De rerum natura* 3, 976-1021.

[392] En la mitología griega, Ixión era uno de los lápitas y rey de Tesalia. Fue hijo de Flegias (Schol., *Ad Apollon. Rhod.*, 3, 62), o según otros, hijo de Antión de Perimela, o de Pasión, o de Ares (Schol., ad Pind. Pyth., 2, 39; Diod., 4, 69, Hygin., Fab., 14). Según la tradición, su madre fue Día, hija de Deyoneo; fue rey de los lápitas o flegios y padre de Peirito (Apol., 1, 8, 2; Hygin., *Fab.*, 14). Cuando Deyoneo exigió a Ixión los regalos nupciales que había prometido, Ixión tramposamente lo invitó a un banquete donde lo hizo caer en un foso lleno de fuego. Como nadie purificó a Ixión de tan execrable delito, y todos los dioses se mostraron indignados con él, Zeus se apiadó de él, lo purificó y lo invitó a su mesa. Pero Ixión fue malagradecido con su benefactor al intentar seducir a Hera. Zeus hizo que una nube se transformase en Hera, y de tal unión nació un centauro, quien a su vez fue padre de los hipocentauros tras su unión con las yeguas magnesias (Pind., *Pyth.*, 2, 39 y ss.; Schol., *ad Eurip. phoen.* 1185; Luciano, *Dial. deor.* 6). Como castigo, Hermes encadenó a Ixión de manos y pies a una rueda ardiente, girando perpetuamente en el Tártaro. Descansó temporalmente cuando Orfeo descendió a los infiernos y con su canto detuvo la rueda. Se dice que posteriormente fue liberado y obligado a exclamar: "sean honrados mis benefactores"

con sus hombros la roca hacia adelante[393], ni que pueden renacerle cada día las vísceras para que se las devoren[394];

(*Comp. schol. ad Hom. od.*, 21, 303; Hygin., *Fab.*, 33, 62; Serv., *ad Virg. Aen.*, 6, 601; *Georg.*, 3, 38 y 4, 484).

[393] Según la mitología griega, Sísifo fue hijo de Eolo y Enaretes. Se dice que erigió el pueblo de Éfira, la posterior Corintio (Hom., Il., 4, 153; Apolod., 1, 9, 3), aunque según otra tradición, Medea, al abandonar Corintio, le dio el gobierno de esa ciudad (Paus., 2, 3 *in fine*). Como rey promovió la navegación y el comercio, pero fue fraudulento, avaro y de mal carácter, y su estirpe tuvo tan mala reputación como él (Hom., Il., 6, 153; Teogn., 703, 712; *Schol., ad Aristoph. acharn.*, 390, *ad Soph. Aj.*, 190 Eustath., *ad Hom.*, p. 1701; Tzetz., *ad Lycoph.*, 980; Ov., *Her.*, 12, 204; Horac., *Sat.*, 2, 17, 12). Su maldad en vida fue severamente castigada en el inframundo, donde tenía que empujar colina arriba un gran bloque de mármol, que tan pronto llegaba a la cima siempre rodaba hacia abajo (Cic., *Tusc.*, 1, 5; Virg., *Georg.*, 3, 39; Ov., *Met.*, 4, 459, ib., 175; Lucr., 3, 1013). Los autores no dejan muy clara la razón de su castigo; algunos dicen que traicionó los designios de los dioses (Serv., *ad Aen.*, 4, 616; Schol., *ad Hom.* Il., 1, 180 y 4, 153), otros, que atacó a los viajeros y los mató con una gran roca. Según algunos, lo mató Teseo (Schol., *ad Stat. Theb.*, 2, 380), mientras que otras tradiciones hablan de que Sísifo vivió enemistado con su hermano Salmóneo, y consultó al oráculo para deshacerse de él. Apolo le contestó que si engendraba hijos de Tiro, la esposa de su hermano, ellos le vengarían. De hecho, Sísifo fue padre de dos hijos con Tiro, pero la madre los mató al poco de nacer. Sísifo se vengó cruelmente con ella, y por ello se le castigó en el inframundo (Hygin., *Fab.*, 60). Otra tradición dice que cuando Zeus se llevó a Egina, la hija de Asopo, de Flío, Sísifo reveló el asunto a Asopo, siendo premiado con un pozo en Acrocorinto, pero Zeus lo castigó en el inframundo (Apolod., 3, 9, 3; 3, 12, 6; Paus., 2, 5, 1; Tzetz., *ad Lycoph.*, 176). Otros más dicen que Zeus, para vengar su traición, mandó la Muerte a Sísifo, quien, sin embargo, logró encadenar a la Muerte para que ningún hombre muriera hasta que Ares la liberara, siendo entonces cuando Sísifo murió (Eustath., *ad Hom.*, pp. 631 y 1702). Antes de morir pidió a su esposa que no le enterrase. Negándose a su petición, Sísifo se quejó en el inframundo por este descuido, y pidió a Plutón, o a Perséfone, que le permitiera volver a este mundo para castigar a su esposa. Cuando logró el permiso, se negó a volver al inframundo, hasta que Hermes lo trajo a la fuerza, siendo esta otra causa de su castigo (Eustath., *loc. cit.*; Teogn., 700 y ss.; Schol., *ad Pind. Isthm.*, 1, 97, y *ad Soph. Aj.*, 625; Hor., *Carm.*, 2, 24, y 20).

[394] Séneca combina aquí el mito de Prometeo, hijo del Titán Jápeto (Hes., *Theog.*, 528; Apollon. Rhod., 3, 1087); con ánimo de engañar a Zeus y rivalizar con él en prudencia, cortó un toro en dos partes, colocó las mejores partes y los intestinos en la piel, y en lo alto colocó el estómago, una de las peores partes, mientras que el segundo montón contenía los huesos cubiertos con grasa. Cuando Zeus criticó la mala división, Prometeo le pidió elegir, pero enojado, y previendo la estratagema de Prometeo, escogió el segundo montón. El padre de los dioses se vengó quitando el fuego a los mortales, pero Prometeo lo extrajo en un tubo ahuecado (*ferula*) (Aeschyl., *Prom.* 110). Como castigo, fue encadenado y sujetado a un pilar, donde un águila enviada por Zeus le devoraba por la mañana el hígado, renovándosele cada noche.

nadie es tan infantil como para temer al Cerbero[395], a la oscuridad y a los espectros que se manifiestan en forma de esqueletos desnudos[396]. La muerte o bien nos consume o nos despoja. Al liberarnos del grave peso del cuerpo nos deja la mejor parte; al consumirnos nada queda, bienes y males son apartados del mismo modo.

(19) Permíteme en este punto citar un verso tuyo, mas antes te advierto: no consideres que esto lo escribiste para otros, sino también para ti. Es vergonzoso decir una cosa y pensar otra, pero lo es mucho más escribir una cosa y pensar otra. Recuerdo que alguna vez trataste ese argumento: no llegamos a la muerte de repente, sino que nos acercamos poco a poco; día a día morimos. (20) Diariamente nos es arrancada una parte de vida, y también mientras vamos creciendo la vida decrece. Perdemos la infancia, la niñez y luego la adolescencia. Todo lo transcurrido hasta ayer ha

---

Prometeo estuvo expuesto a perpetua tortura hasta que Hércules mató al águila y liberó al prisionero con la voluntad de Zeus, que le permitió a su hijo obtener fama inmortal (Hes., *Theog.*, 521 y ss., Op. et diez, 47 y ss.; Hygin., *Poet. astr.*, 2, 15; Apollod., 2, 5, 11).

[395] Perro de varias cabezas que vigila la entrada al Hades. Se le menciona inicialmente en los poemas homéricos simplemente como "el perro", sin el nombre de Cerbero (*Il.*, 8, 368; *Od.*, 9, 623). Hesiodo, el primero que le da nombre y origen (*Theog.*, 311), le coloca cincuenta cabezas y lo hace hijo de Tifaón y Equidna. Autores posteriores lo imaginan como un monstruo de sólo tres cabezas, con cola de serpiente y crin de cabezas de serpiente (Apolod., 2, 5, 12; Eurip., *Herc. Fur.*, 24, 611; Virg., *Aen.*, 6, 417; Ov., *Met.*, 4, 449). Según algunos, el lugar que vigilaba Cerbero era la boca de Aquerón, según otros las puertas del Hades, donde las sombras eran admitidas pero nunca se les permitía volver a salir.

Séneca utiliza todos estos mitos para resaltar que el temor a la muerte se basa en imágenes crueles, infernales o punitivas con las que el ser humano será castigado en el Más Allá, cuando bien puede abrogarse tal miedo bajo la idea de que la muerte es sólo un paso a la liberación total y la verdadera felicidad que deriva de una paz plena.

[396] En época de Séneca los mitos de ultratumba no eran vistos más que como fantasías vanas, a los cuales ya se les había dado una explicación racional. Por ejemplo, Lucrecio dice que las penas infernales las sufrimos ya en esta vida a causa de nuestras pasiones (*De rerum natura* 3, 978 y ss.).

perecido; incluso este día que estamos viviendo se divide con la muerte. Así como la última gota no vacía la clepsidra, sino toda el agua que se derramó previamente[397], así la última hora que ya pasó no provoca por sí sola la muerte, sino que la completa; a ella nos acercamos, aunque desde hace tiempo a ella nos dirigimos[398]. (**21**) Tras haberlo explicado en tu estilo acostumbrado, siempre grandilocuente y nunca tan penetrante como cuando usas las palabras para decir la verdad, dijiste:

La muerte no viene una sola vez,
sino que cuando nos arrebata es la última vez.

Prefiero que te leas a que leas mi carta. En verdad te será innegable que esa muerte tan temida por nosotros es sólo la definitiva, y no la única.

(**22**) Sé dónde estás mirando; buscas qué cosa he insertado en esta carta, qué máxima elevada de algún autor, qué precepto útil. He puesto algo relativo a la materia que tratamos. Epicuro reprende por igual a los que anhelan la muerte y a los que la temen, diciendo: "es ridículo

---

[397] En griego κλεψύδρα, reloj de agua empleado originalmente por los griegos, y posteriormente adoptado en Roma, con objeto de medir el tiempo que se concedía al orador para hablar en el tribunal (Plin., *Ep.*, 2, 2), o para medir el tiempo transcurrido entre el día y la noche. Los primeros, construidos originalmente en vidrio y en forma de número ocho, variaban en tamaño según el lapso de tiempo que buscaban medir; no diferían de los modernos, excepto que se llenaban con agua, no con arena, según relato de Apuleyo (*Met.*, 3, 44); su forma ha llegado a nosotros gracias a un bajorrelieve conservado en el Palacio Mattei, en Roma. El segundo tipo de reloj era de tamaño suficiente como para incluir varias horas que se indicaban con líneas o espacios (*spatia*) (Sidon. Apol., *Ep.*, 2, 9) marcados en el globo de donde el agua surgía, o en el cuenco donde caía. Plinio el Viejo (*H. N.*, 7, 60) le llama *horologium* a este segundo artefacto, y al parecer es el mencionado por Séneca.
[398] Cfr. *Ep.* 4, 9.

precipitarte hacia la muerte por estar cansado de la vida, cuando más bien tu estilo de vida es la causa de que corras hacia la muerte". (23) Él mismo dijo en otro lugar: "¿Qué cosa más ridícula que apetecer la muerte cuando tú mismo te has hecho insoportable la vida temiéndola?" Es conveniente que agregues a esto un consejo: es tal la imprudencia de los hombres, más aún, su demencia, que nos impulsamos a la muerte por temor a ésta.

(24) Medita cualquiera de estos argumentos: reforzarás tu espíritu y soportarás así la vida o la muerte. Hemos de recordar y perseverar en no amar ni odiar demasiado la vida. E incluso cuando la razón nos persuade a ponerle fin, no hay que actuar temerariamente ni con precipitación. (25) El hombre fuerte y sabio no debe huir de la vida, sino salir. Y ante todo debe evitar un vicio que a muchos tuvo cavilando: el deseo fútil de morir. Querido Lucilio, como en otras cosas, también para morir se tiene una inclinación arrebatada, que castiga tanto a los hombres generosos y de espíritu fuerte como a los abatidos y débiles; los primeros menosprecian la vida, a los segundos les pesa.

(26) A algunos les abruma el hartazgo de hacer y ver las mismas cosas, sintiendo fastidio y no odio por la vida[399], diciendo mientras se dejan llevar por la misma filosofía: "¿Hasta cuándo lo mismo? Sin duda me despertaré, dormiré, tendré hambre, me hartaré, tendré frío o calor. Nada concluye, todo está encadenado a un círculo perpetuo, huye y se persigue. La noche persigue al día, el día a la noche, el

---

[399] Cfr. Lucrecio, *De rerum natura* 3, 1053 y ss. respecto de la inquietud y el tedio como estados de ánimo característicos de los hombres del siglo I a. C. y I d. C.

verano da paso al otoño, al otoño le sigue el invierno, y a éste le ataja la primavera; todo pasa y retorna. Nada nuevo hago, nada nuevo veo; en algún momento todo esto provoca la náusea". Hay muchos que no consideran la vida amarga, sino superflua[400]. Que estés bien.

---

[400] El filósofo tiene en mente el *taedium vitae*, el fastidio de vivir, hoy equiparable a una depresión profunda, que orillaba a más de un romano a quitarse la vida. Curiosamente, dicho estado anímico era sufrido por las personas cultas. Cfr. Séneca, *De tranquilitate animi* 2, 15 y *Ep.* 77, 6.

25

Cultivemos el respeto a nosotros mismos

(1) En lo que respecta a nuestros dos amigos, hay que seguir otro camino: a uno hay que corregirle sus vicios[401], a otro hay que disminuírselos. Hablaré con toda libertad: si no lo trato ásperamente no lo apreciaría. Preguntas: "¿y entonces piensas tener bajo tutela a un pupilo de cuarenta años[402]? Mira bien su edad: ya es rebelde e inmanejable. No puede ya cambiar; sólo los materiales dúctiles se pueden modelar"[403]. **(2)** No sé si tendré éxito. Prefiero fracasar a

---

[401] Séneca se refiere al joven aspirante a discípulo, amigo de Lucilio, descrito en la carta 11.

[402] Séneca tiene en mente la figura jurídica de la tutela, que según el jurista Julio Paulo (siglo III d. C.), y retomando a su vez el pensamiento de Servio, es "la fuerza y la potestad, dadas y permitidas por el derecho civil, sobre un individuo libre, para proteger al que por su edad no puede defenderse espontáneamente" (*Digesta*, 26, 1, 1, pr.). Bajo esta óptica, Gayo, jurista del siglo II d. C., amplía la definición al decir que "a los ascendientes les está permitido dar tutores por testamento a los descendientes sometidos a su potestad paterna; a los varones, mientras sean impúberes, a las mujeres en cambio, cualquiera sea la edad, y aun cuando estén casadas. En efecto, los antiguos quisieron que las mujeres estuvieran bajo tutela a causa de su ligereza de espíritu" (*Gaius*, 1, 144). Así, ya sea por su edad o por su sexo, un ciudadano romano *sui iuris* (libre de potestad) considerado incapaz debe tener un tutor que lo guíe, le aconseje y le administre su patrimonio. En el caso de los varones, la tutela finaliza, *contrario sensu* a la opinión de Gayo, al llegar a la pubertad (hacia los 16 ó 17 años), siendo considerado el joven a partir de ese momento un ciudadano pleno, llamado en el derecho romano *paterfamilias*. La aseveración irónica de Séneca deja ver que hay personas mayores de edad, maduras físicamente, pero con actitudes y conductas propias de un infante, necesitadas todavía de un tutor que los conduzca como si fueran niños malcriados.

[403] El filósofo habla de Marcelino, un aspirante a discípulo que se caracteriza por su inconstancia, y del que se abunda en la carta 29.

perder la fc. No hay que desesperar: incluso los que han estado largo tiempo enfermos pueden sanar si resistes su intemperancia, si los fuerzas a hacer y a soportar muchas cosas contra su voluntad. Tampoco tendría suficiente confianza en el otro si no enrojeciese aún al recordar sus faltas. Hay que nutrir este pudor: mientras lo mantenga en su espíritu hay sitio para la esperanza. Con el más viejo creo que debo actuar más cuidadosamente para que no caiga en la desesperación. (**3**) Y ningún momento mejor para abordarlo que este, mientras se toma un reposo, mientras parece que se ha enmendado. Este intervalo engañó a otros, mas no a mí con sus palabras. Estoy en espera de que sus vicios regresen, hasta con intereses: sé que por ahora han cesado, pero no desaparecido. Dedicaré a este asunto unos días y probaré si puede hacerse algo o no.

(**4**) Tú mantente firme como hasta ahora, y reduce tu carga. Nada de lo que tenemos es necesario[404]. Volvamos a la

---

[404] Uno de los conceptos más grandiosos del estoicismo es haber dado una división de las prioridades a satisfacer en la vida. Aunque Epicuro ya había disertado sobre los tipos de bienes que el humano necesita para vivir (*vid. supra*, nota 360), los estoicos colocaron en su punto más bajo el listón de exigencia para poder vivir adecuadamente. Así, los bienes pueden ser:

a) *Necesarios*, aquellos que son imprescindibles para mantener la vida y la salud, sin los cuales ponemos en riesgo la existencia misma, ya dañándola, ya destruyéndola: los alimentos, la vivienda, el trabajo, la vestimenta, los medicamentos, etc.;

b) *Útiles*, aquellos que no son necesarios pero hacen la vida más agradable, productiva y llevadera: el coche, la computadora, el celular, los estudios, los diversos aparatos de la vida moderna, algunos tipos de energía como la electricidad, el dinero, etc.;

c) *Voluptuarios* o *lujosos*, aquellos que no son ni necesarios ni útiles, de los cuales podemos prescindir sin que nuestra vida se altere, y que sólo son para adorno o satisfacción. En esta clasificación hallamos muchos de los bienes anteriores, pero que por su exuberancia ya se vuelven en ocasiones objetos de ornato o de status: residencias, banquetes, coches último modelo, aparatos electrónicos con múltiples funciones, ropa de marca, pantallas de

ley natural; las riquezas verdaderas están al alcance de la mano. Aquello que necesitamos o es gratuito o es muy barato; la naturaleza sólo exige pan y agua[405]. Nadie es pobre ante estas cosas, cualquiera que limitase su deseo a ello puede compararse en felicidad con el propio Júpiter, como dice Epicuro, de quien incluiré una máxima en esta carta. (5) Dice: "actúa en todo como si Epicuro te observase". Sin duda que es útil imponerse y tener un vigilante al que vuelvas tu mirada, al que hagas partícipe de tus pensamientos. En verdad es mucho más grandioso vivir siempre bajo la mirada vigilante de un hombre virtuoso y firme de carácter, pero incluso estaré satisfecho si actúas, dondequiera que sea, como si alguien te observase; la soledad nos impulsa a todo tipo de males[406]. (6) Cuando hayas progresado de modo tal que puedas ya respetarte, te será permitido renunciar a tu pedagogo; entre tanto, debe cuidarte alguien de autoridad, como aquel famoso Catón[407], o Escipión[408], o Lelio[409], o algún otro ante cuya presencia incluso los hombres

plasma, escuelas costosas, visitas o membresías a clubs exclusivos, viajes o cruceros de gran turismo, honores, reconocimientos, títulos nobiliarios, y un larguísimo etcétera.

La esencia de esta división no radica tanto en desdeñar los dos últimos incisos, porque incluso en tales aspectos puede hallarse también parte del disfrute y la alegría de vivir, sino en decidir juiciosamente cuándo es necesario, útil o voluptuario algo que anhelamos o deseamos, y para ello debemos escuchar a nuestra razón. Tras meditar en serena honestidad si eso que buscamos, según las circunstancias presentes, es realmente necesario, podremos empezar a ordenar mejor los gastos y a administrar prudentemente nuestro patrimonio. De allí el pensamiento de Séneca al considerar que muchas riquezas son superfluas, al olvidar que no todo es necesario en la vida, y que, por el contrario, mucho es superfluo para aspirar a la verdadera felicidad.

[405] Cfr. *Ep.* 110, 18; Nauck, fr. 884.

[406] *Vid. supra, Ep.*, 10.

[407] *Vid. supra*, nota 191.

[408] *Vid. supra*, nota 384.

[409] *Vid. supra*, nota 192.

depravados contuvieron sus vicios, hasta llegar a ser tal que no te atrevas a cometer una sola falta ante ti mismo. Cuando hayas logrado esto, y comiences a tenerte respeto, empezaré a permitirte lo que aconseja Epicuro: "Retírate en ti mismo sobre todo cuando te veas obligado a estar en medio de la multitud".

(7) Es conveniente que seas diferente a los demás. Mientras no sea seguro aún retirarte en ti mismo, observa atentamente a uno por uno; nadie hay con quien sea preferible estar en cualquier parte que con uno mismo. Si eres un hombre bueno, tranquilo y moderado, "retírate en ti mismo sobre todo cuando te veas obligado a estar en medio de la multitud". De lo contrario has de huir de ti y perderte entre la turba; y en este caso estarás más próximo a ser un hombre vicioso. Que estés bien.

26

Preparémonos para morir

(**1**) Hace poco te decía que me hallaba próximo a la vejez, pero me temo que ya la he dejado atrás[410]. Conviene otro vocablo para estos años y ciertamente para este cuerpo, porque en verdad "senectud" es la palabra adecuada para designar una edad fatigada, no una edad falta de ánimo. Considérame entre los decrépitos, los ya cercanos al final.

(**2**) Sin embargo, te comento que estoy agradecido conmigo; no siento en el espíritu el rigor de la edad como lo siento en el cuerpo. Han envejecido los vicios y los instrumentos de los vicios, mas el espíritu está lleno de vida y se regocija de no tener mucho en común con el cuerpo[411]. Ha puesto ya de lado gran parte de su carga. Brinca de alegría y debate conmigo sobre la vejez[412]. Dice estar en la flor de la vida. Creámosle: disfruta de su bien. (**3**) Así invita a la reflexión y a considerar cuánto de esta tranquilidad y moderación en las costumbres se lo debo a la sabiduría, cuánto a la edad, y a examinar con cuidado qué cosas no puedo hacer y qué cosas no quiero hacer. Así pues, me alegro de considerar aquello que no puedo hacer como si no quisiera hacerlo. (**4**) Dices: "Pero es demasiado fastidioso

---

[410] Para el momento en que Séneca escribe esta carta tenía ya 65 años. Cfr. *Ep.* 12, 1.

[411] Cfr. Cicerón, *De senectute* 47-49.

[412] Este tópico común a la filosofía estoica, según Noblot, ya aparecía expresado en Demócrito: "en la edad senil florece la templanza y la sabiduría, mientras que la fuerza y la belleza son dones de la juventud". Cfr. Diels, fr. 294.

consumirse, morir, y para decirlo con propiedad, desaparecer. En verdad no somos golpeados ni derribados repentinamente, sino que nos consumimos por partes. Cada día se le sustrae algo a nuestras fuerzas". ¿Acaso no hay mejor salida que diluirse al final naturalmente? No es que haya algo malo en un golpe definitivo que nos arrebate de repente la vida, pero este camino es una forma suave de ser liberado. Como cuando se acerque la prueba final y llegue el día ignoto en que se me juzgará de todos los años transcurridos, ciertamente así me observo y me digo: (5) "hasta ahora, lo que hemos demostrado con hechos o con palabras no es nada. Todo esto es de poca importancia, son garantías falaces del espíritu, embrolladas en muchos adornos superfluos; para juzgar mis progresos me confiaré a la muerte. Me preparo con valor para el día en el que, libre de artificios y engaños, juzgaré si tengo idéntica fortaleza en las palabras y en el espíritu, o si las palabras arrogantes lanzadas contra la fortuna fueron tan sólo simulación y farsa[413]. (6) Ignora las opiniones de los hombres: siempre son inciertas y variables. Aleja de ti los estudios que realizaste durante toda la vida: la muerte te juzgará. Digo esto: las disputas filosóficas, los coloquios literarios, las palabras recogidas de los preceptos de los sabios y la conversación erudita no demuestran la verdadera fuerza del espíritu. Este discurso aguerrido es propio también de los más temerosos. Todo cuanto has hecho se manifestará verdaderamente al momento de liberar el alma. Acepto la condición, no rehúyo el juicio". (7) Esto hablo conmigo mismo, pero piensa que es

---

[413] Cfr. *Ep.* 77, 20; 115, 15 y ss.

como si también lo hubiese hablado contigo. Sí, eres más joven, ¿pero eso qué importa? Los años no cuentan. El lugar donde la muerte te espera es incierto; por tanto, espérala en cualquier lugar.

(8) Ya quería despedirme y poner fin a la frase, pero hay que preparar el dinero y dar el viático para esta carta. No me preguntes de dónde tomaré el préstamo: sabes bien qué cofre usaré. Espera un poco más y te pagaré con mi patrimonio; entre tanto me prestará Epicuro, que dice: "piensa en la muerte", o si es más adecuado para nosotros decirlo de esta forma: "egregio es aprender a morir". (9) Quizá consideres superfluo aprender algo que ha de usarse una sola vez, pero esto es justamente por lo que se debe meditar: siempre debe aprenderse aquello que, aun conociéndolo, no podemos experimentarlo. (10) "Piensa en la muerte"[414]: quien dice esto nos exhorta a pensar en la libertad. Quien aprendió a morir, aprendió a no ser ya esclavo: está por encima, fuera de toda potestad humana. ¿Qué son para él la cárcel, los guardias, las cadenas? Siempre tiene la puerta abierta. Una sola cadena nos mantiene atados: el deseo de vivir; no debemos rechazarlo, sino más bien reducirlo, para que cuando la circunstancia lo exija, nada nos detenga ni nos impida hacer de inmediato lo que se haría por no estar preparados. Que estés bien.

---

[414] Cfr. Séneca, *De providentia* 6, 8; Porfirio (s. III d. C.), *De abstinentia* 1, 51.

27
Perseveremos diariamente en mejorar

(**1**) Preguntas: "¿tú me das consejos? ¿Acaso ya te los has dado a ti mismo, ya te has enmendado? ¿Por ello te das tiempo para corregir a los demás?" No soy tan torpe como para pretender curar estando yo enfermo, pero como me hallo en el mismo hospital, hablo contigo de la misma enfermedad y te comparto los remedios. Así pues, escúchame como si hablase conmigo mismo. Te dejo entrar en el sagrario de mi alma y me juzgo en tu presencia. (**2**) Me grito a mí mismo: "cuenta tus años, y te avergonzarás de querer y buscar lo mismo que un niño. Por lo menos garantízate que en el día de tu muerte los vicios perezcan antes. Renuncia a estas pasiones desordenadas, pagadas a muy caro precio; no sólo perjudican a las futuras, sino también a las pasadas. Así como hay crímenes en los que el remordimiento no desaparece con ellos, aunque no sean descubiertos cuando fueron cometidos, así también de las pasiones obscenas queda al final el arrepentimiento. No son firmes ni constantes, y aunque no dañan, se esfuman. (**3**) Busca mejor un bien duradero. Ahora bien, ninguno lo es salvo el que nuestro espíritu encuentra en sí mismo. Solamente la virtud garantiza una alegría perpetua y segura; incluso si algo la obstaculiza, se comporta como las nubes, que se desplazan por debajo pero jamás superan la luz del día".

(**4**) ¿Cuándo se podrá llegar a dicha alegría? Hasta ahora ciertamente no hemos estado inactivos, pero debemos apresurarnos. Aún falta mucho trabajo y se requiere sin duda desvelo: debes aplicar mayor esfuerzo si anhelas culminar la misión. Otro tipo de conocimientos quizá admita ayuda, pero esta cuestión no puede ser aplazada. (5) En nuestro tiempo, Calvisio Sabino fue un rico que tenía el patrimonio y el carácter de un liberto[415]; nunca he visto a un hombre tan indecorosamente feliz. Su memoria era tan mala que olvidaba el nombre ora de Ulises, ora de Aquiles, ora de Príamo[416], y eso que los conocía tan bien como nosotros conocemos a nuestros pedagogos. Ningún esclavo anciano, que asignase indistintamente nombres sin señalarlos[417], saludaba a las tribus de forma tan descuidada como aquél al confundir a troyanos y aqueos. No obstante ello, quería aparentar ser un erudito[418]. (6) Y así, ideó este atajo: gastó una fabulosa

---

[415] En sus *Institutiones*, Gayo dice: "son libertos los que han sido manumitidos de justa esclavitud" (Gai. 1, 11). Posteriormente, el emperador Justiniano retoma esta definición gayana y agrega: "Manumisión es la dación de libertad. Pues mientras alguien está en servidumbre, está puesto bajo mano y potestad <de su amo>; el manumitido se libra de la potestad" (Just. 1, 5 pr.). La liberación de esclavos (*manumissio*) era muy común entre los romanos, además de ser un procedimiento lucrativo para el Estado, ya que se pagaba por la liberación del esclavo un impuesto del 5% de su valor comercial. El ahora liberado podía ser denominado *libertus* por su relación con su emancipador (por ejemplo, *libertus Caesaris*) o *libertinus* por su relación legal con el Estado. Frecuentemente, el liberto era un hábil negociante que al poco amasaba una conspicua fortuna, y como muchos "nuevos ricos", exhibía su *status* ante la ciudadanía; sin embargo, aunque no era la regla, al carecer de una formación cultural o escolar adecuada, un *libertus* era visto como un ignorante opulento, más objeto de risa y lástima que de admiración y respeto. Al igual que en nuestros días con muchos sujetos de gran fortuna pero poca cultura, el liberto era blanco de frecuentes burlas, ironías y pullas morales, debido a sus gustos grotescos y nada delicados, como el Calvisio Sabino mencionado por Séneca, a quien por su espíritu intemperado y su ignorancia pueril se le equipara, pese a ser un ciudadano romano, a un liberto pudiente de escasa formación y gustos ridículos.
[416] Personajes de la *Ilíada* de Homero, obra usada frecuentemente para ejercitarse en la lengua griega, tan admirada y estudiada por la aristocracia romana, como en nuestros días lo es el idioma inglés.
[417] Nuestro filósofo se refiere al *nomenclator. Vid. supra*, nota 341.
[418] En época de Séneca estaba muy difundida la manía de la erudición histórica,

cantidad para comprar esclavos, y encomendó a uno que recordase de memoria a Homero, otro a Hesíodo, y los demás a cada uno de los nueve líricos[419]. No te sorprenda

---

mitológica o filológica. Cfr. Séneca, *De brevitate vitae* 13, 3-6. Petronio, en la figura de Trimalción, pone en la mira esta falsa cultura en su *Satiricón* (29 y 48).

[419] Conocidos también como poetas mélicos en las fuentes antiguas (del griego *melos*, "canción"), estos nueve autores fueron una lista tenida en gran estima por Aristófanes de Bizancio y su discípulo Aristarco de Samotracia, antiguos académicos y expertos helenos de Alejandría; especialmente al segundo se debe el llamado "canon alejandrino", una serie de autores que pueden considerarse puros y clásicos en el uso de la lengua griega, y debido a la calidad de sus obras se les considera dignos de estudio crítico y enseñanza. También se usó el vocablo *lyrikos*, y con ello se origina el *lyricus* latino, para definir el género más por la forma métrica y el instrumento acompañante, la lira, que por el contenido. Tradicionalmente se divide a la lírica en dos estilos: la poesía coral y la poesía monódica. Los nueve poetas son:

1) Alcman de Esparta, el más antiguo representante del canon alejandrino, vivió hacia el siglo VII a. C. Al parecer, era un lidio originario de Sardis cuyo padre se llamó Dámaso o Titaro. Llegó como esclavo a Esparta siendo muy joven, y gracias a sus habilidades fue emancipado por Agésidas; desde ese momento, se distinguió como poeta lírico. Su obra floreció tras concluir la segunda guerra mesenia, periodo de tranquilidad en el que los espartanos comenzaron a saborear los deleites espirituales de la poesía, la cual hasta entonces nunca había alcanzado un alto grado de cultivo, ya que su atención estaba centrada en la guerra. Alcman se vio influido por el estilo de Terpandro de Eolia, muy tendiente a la lírica, a la vez que conoció los estilos de música frigio y lidio, siendo al mismo tiempo inventor de nuevos ritmos, algunos de los cuales llevan su nombre. (Eoliano, *V. H.*, 12, 50; Athen. 15, p. 678).

2) Safo de Lesbos, poetisa griega que vivió durante la primera mitad del siglo VI a. C. Perteneciente a una familia oligárquica, vivió una época en donde la mujer de los estados dorios y eólicos de Grecia, Asia Menor y *Magna Grecia* no eran, como sus contemporáneas jónicas, mantenidas en rígida reclusión como propiedad o juguete de sus señores y amos. Mujeres como Safo tenían un lugar no sólo en la sociedad, sino también en la filosofía y la literatura, teniendo plena libertad para expresar sus sentimientos y opiniones. Era miembro de una sociedad llamada *Thiasos*, donde se preparaba a las jóvenes para el matrimonio. Creó una escuela en su casa llamada "Casa de las servidoras de las Musas", donde se aprendía a recitar poesía, a cantarla, a confeccionar coronas y colgantes de flores, etc. Al parecer, Safo se enamoraba de sus alumnas y mantenía relaciones con ellas, de allí que esta pasión sexual hoy reciba el nombre de "lesbianismo", en recuerdo de Lesbos, la tierra de origen de esta poetisa. El periodo en que floreció Safo está determinado por las declaraciones concluyentes de varios escritores, así como por alusiones fragmentadas de sus obras, siendo la más amplia la de Ateneo, que la ubica en el periodo del rey lidio Alyattes (628-570 a. C.). De

que haya gastado tanto: al no hallarlos instruidos, pagó para

profunda feminidad y delicadeza espiritual, trascendió a la Historia gracias a la naturalidad y pureza de sus versos. Buena parte de su carácter hoy controvertido se debe a la pluma de los poetas cómicos áticos, quienes la dibujaron como un personaje anclado en sus dramas licenciosos, cuando no como una mera cortesana. Ciertos pasajes de sus poemas que se refieren al amor por una joven hermosa, a la que busca conciliar a través de su poesía son quizá el fundamento de la leyenda de una Safo "lesbiana", pero en realidad son una metáfora tomada de un rito expiatorio relacionado con el culto a Apolo, al parecer una imagen poética frecuente.

3) Alceo de Mitilene, natural de Lesbos, actual Mitilene, fue contemporáneo de Safo. Como miembro de la clase aristocrática, apoyó a su clase contra los tiranos que se autoproclamaban la voz del pueblo, por lo que debió pasar mucho tiempo exiliado. Tras reconciliarse con Pitaco, gobernante del partido popular, pudo volver a Lesbos. Tras diez años de gobierno, nada se sabe de la vida de Alceo; pero debido al estado de la política en Mitilene es muy probable que muriera en el exilio. Sus obras llevan la lírica eólica al punto más alto, pero su circulación en Grecia parece haber sido limitada debido a la ajenitud del dialecto eólico, y su pérdida quizá pueda atribuirse a dicha causa. La poesía de Alceo es siempre apasionada. Tanto en él como en toda la escuela eólica, la poesía no fue un simple arte, sino la exaltación absoluta y cálida de los sentimientos más íntimos del escritor. Sus poesías métricas son generalmente vívidas, y sus poemas parecen haberse construido sobre estrofas únicas cortas, que en sus líneas correspondientes poseían la misma métrica, como en las odas de Horacio. Se dice que inventó la conocida "estrofa alcaica". Sobreviven algunos fragmentos de sus poemas y las excelentes imitaciones de Horacio, con lo que podemos entender parte de su estilo. Otros fragmentos conservados especialmente por Ateneo (10, p. 429 y 430) cantan las bellezas del vino (Fr. 1, 3, 16, 18, 20 Blomf.; cfr. Hor., *Carm.*, 1, 9, 18). Quedan pocos fragmentos de su poesía erótica; algunos se dirigen a Safo, y Aristóteles conserva uno con la respuesta de Safo (*Rhet.* 1, 9; fr. 33, Blomf.; Safo, fr. 30), mientras que otros se dirigen a bellas jóvenes (Hor., *Carm.*, 1, 32, 10; Cic., *De natura deorum*, 1, 28; *Tusc. Quaest.*, 4, 33).

4) Anacreonte, originario de Teos, en Asia Menor y contemporáneo de Safo de Lesbos; los relatos sobre su vida son escasos y confusos, pero se sabe que pasó la juventud en su ciudad natal, para luego establecerse en Abdera hacia el 540 a. C. (Strab., 14, p. 644), y luego en Samos, donde es maestro del hijo del tirano Polícrates, bajo cuyo auspicio escribió varias canciones (Strab. 14, p. 638; Herod. 3, 121), y de quien se dice gozó de tal aprecio que llegó a suavizar su temperamento gracias a la música (Maxim. Tyr., Diss., 37, 5); su vida es un peregrinar por Atenas, Hipias y Tesalia, falleciendo poco después de la segunda guerra médica, a los 85 años, probablemente en el 478 a. C. Su estilo hedonista, refinado y decadente, ensalza los placeres del amor y el vino, rechazando la guerra y el tormento de la vejez, pasando a la posteridad como el poeta de los banquetes. Aunque Ateneo (10, p. 429) consideró "afectado" el estilo de Anacreonte, alegando que el poeta debió estar

que los educasen. Habiéndose procurado toda esta servidumbre, empezó a perturbar a sus convidados. Teniendo a sus pies a dichos siervos, de vez en cuando les pedía los versos que debía recitar, y a menudo se interrumpía

---

tolerablemente sobrio mientras escribía, es claro que el poeta canta al amor y al vino con muy buena voluntad, y que sus canciones en honor de Polícrates surgían menos del corazón que de las expresiones de amor por las bellas jóvenes con las que se rodeaba el tirano (Anthol. Pal. 7, 25; Maxim. Tyr., Diss., 26, 1). En él vemos la pasión jónica inflamada por el fervor del poeta. Los rumores que el poeta extendió sobre el amor sexual de Safo por sus alumnas influyeron de tal modo para crear los términos "lesbianismo" y "safismo".

5) Estesíroco, que significa en griego "maestro del coro" en honor a su habilidad para dirigir cantos corales, también fue llamado Tisias, y nació en Sicilia hacia el 630 a. C. Renovó la lírica coral articulando poemas en estructuras ternarias, como la estrofa, la antiestrofa y el épodo, que gracias a él alcanzan la perfección. Representa un puente entre la tragedia y la épica, al inclinarse por la narración del mito sin detenerse en las conclusiones que de éste pudiera extraerse, interesado más por los relatos, que forman parte de la tradición popular.

6) Íbico, nacido en Rhegium, Italia, fue contemporáneo de Anacreonte. Llevó una vida de aventuras pese a sus orígenes aristocráticos, pasando buena parte de ella en la corte de Polícrates, tirano de Samos. Aunque su lírica contiene tonos míticos y heroicos, en su mayoría exalta el erotismo, celebrando los encantos de los jóvenes y las muchachas hermosas. Fue célebre por el carácter pederasta de sus obras, algo que los antiguos griegos no veían mal.

7) Simónides de Ceos, nacido en la isla jónica de Ceos hacia el 556 a. C., fue el creador de la mnemotecnia. Llevado a la corte del tirano Hiparco hacia el 526 a. C., emigró a Tesalia, viajando a Cranón y Farsalia, haciéndose célebre por cantar las hazañas griegas de la batalla de Maratón, lo que le valió gran fama. Escribió epigramas, elegías patrióticas y morales, peanes, hiporquemas y obras de lírica coral como himnos, odas, epinicios, trenos y ditirambos, aunque sólo una mínima parte de su obra se conserva.

8) Píndaro, al parecer nacido en Beocia hacia el 518 a. C. de familia aristocrática. A los 20 años compone su primera oda pindárica, y pronto se vuelve un renombrado poeta. Recorre cortes griegas como Cirene y Siracusa, apoyando la invasión persa a través de la transigencia, ya que Tebas, su patria de origen, era aliada de Darío. Conservada en papiros y manuscritos medievales, la obra de Píndaro que ha llegado a nosotros se compone de 45 odas y varios fragmentos sueltos. Resaltan sus epinicios, cantos corales compuestos en honor de los vencedores de los juegos panhelénicos, resaltando la victoria deportiva y el valor personal como reflejo de lo bello y lo bueno ante la mediocridad; además,

en medio de una palabra para solicitar ayuda. (**7**) Satelio Quadrato, aquel disfrutador de ricos necios, y en consecuencia adulador y truhan, aspecto común a uno y a otro vicio, le aconsejó entonces que unos gramáticos recogiesen las migajas de la mesa[420]. Cuando Sabino dijo que cada esclavo le costaría cien mil sestercios, se le respondió: "habrías comprado otras tantas cajas para libros por menor precio". Aun así, consideraba saber lo que nadie sabía en su casa. (**8**) Este mismo Satelio comenzó a exhortarle ahora para que aprendiese a luchar, aunque estuviese enfermo, pálido y flaco. Cuando Sabino respondió: "¿pero cómo podré hacerlo? Apenas y me sostengo vivo", se le dijo: "te ruego que no digas eso; ¿no ves acaso cuántos esclavos robustísimos tienes?" La sabiduría no se adquiere por préstamo ni tampoco se compra. Incluso considero que si estuviera en venta, no habría comprador alguno. Mas la estupidez se compra diariamente.

(**9**) Pero debes recibir ya lo que te adeudo y despedirte. "Una pobreza adecuada a la ley natural es verdadera riqueza". Esto lo dice Epicuro frecuentemente de una forma o de otra[421]; mas lo que no se aprende bien nunca se repite poco. A unos hay que mostrarles los remedios; a otros hay que administrárselos. Que estés bien.

---

[420] Los esclavos que recogen las migajas de la mesa se denominan *analectae*. Séneca ironiza sobre los eruditos que debían recoger todas las ideas estrafalarias que caían de la cabeza de Sabino.
[421] Cfr. *Ep.* 2, 5; 4, 10; 9, 20; 14, 17; 16, 7; 17, 11; 20, 9.

28

Cambiemos de carácter, no de domicilio

(1) ¿Consideras que esto sólo te ha pasado a ti, y te admiras como si fuese algo novedoso el que, tras largo peregrinar y tal variedad de lugares vistos, no pudiste apartar de ti la tristeza y el malestar de espíritu? Debes cambiar el carácter, no el cielo bajo el que vives[422]. Por más que atravieses el ancho mar, por más que, como dice nuestro Virgilio,

tierras y ciudades desaparezcan[423],

tus vicios te siguen allí a donde vayas. (2) Sócrates dijo a alguien que se lamentaba por esto mismo: "¿de qué sirve admirarte si en nada te han beneficiado tantos viajes, pues a todo donde vas te llevas a ti mismo? Te persigue la misma causa que te saca de tu hogar". ¿En qué puede ayudar la novedad de países? ¿De qué sirve conocer tantas ciudades o lugares variados? Toda esta agitación no tiene valor ni provecho. ¿Quieres saber por qué esta fuga en nada te ayuda? Porque huyes contigo mismo. Debes liberar al espíritu de su carga; de lo contrario, ningún lugar te será agradable. (3) Considera esta afectación tuya como la que nuestro Virgilio

---

[422] Cfr. Horacio, *Ep.*, 1, 2, 27: *caelum non animum mutant qui trans mare currunt* ("los que atraviesan los mares cambian sólo de cielo, no de carácter"); Séneca, *Ep.* 55, 8.

[423] *Eneida*, 3, 72. Las ciudades y tierras que se alejan son las de Tracia, perdiéndose de la vista de los troyanos.

representa en la profetisa, exaltada e instigada por un espíritu alojado en ella:

la profetisa se retuerce, e intenta expulsar al dios de su pecho[424].

Vas de aquí para allá queriendo arrojar el peso que te oprime, aunque esa misma agitación se vuelve cada vez más y más enfadosa; así como en un barco las cargas bien repartidas amenazan menos, así las repartidas desigualmente hunden con rapidez la nave en el punto donde se recargan con mayor fuerza. Hagas lo que hagas, lo haces contra ti mismo, y por ende te perjudicas. Y así, sólo arrastras a un enfermo de aquí para allá.

(4) Pero cuando extirpes ese mal despreciable, cualquier cambio de lugar te será placentero. Aunque se te exilie a las antípodas, o se te envíe a algún rincón plagado de bárbaros, ese lugar, cualquiera que sea, te será como un hogar. Importa más el estado de ánimo que el lugar a donde llegues; por ende, no debemos anclar el espíritu a ningún sitio. Debemos vivir con esta opinión: "no he nacido para un solo lugar, mi patria es el mundo entero"[425]. (5) Habiéndote quedado claro tal concepto, es muy lógico que en nada te haya servido el cambiar tanto de lugares, de los que luego emigraste con hastío. En verdad te habría agradado el primero si ya desde entonces lo hubieras considerado tuyo. En este momento no viajas, sino que vas errando sin sentido, dejándote conducir y yendo de un lugar a otro, cuando eso

---

[424] *Ibíd.*, 4, 78, f. Es la Sibila cumana, invadida por Apolo.
[425] Demócrito llegó a expresar un pensamiento análogo: "el universo entero es la patria de un alma buena" (Diels, fr. 247).

que buscas, vivir rectamente, se halla en cualquier sitio[426]. (**6**) ¿Qué lugar más tumultuoso que el foro? También allí, si es necesario, se puede vivir tranquilamente. Pero si yo pudiera elegir, huiría lo más lejos posible de las miradas y del foro. Así como los lugares insalubres amenazan incluso a la salud más sólida, así también algunos lugares son peligrosos al espíritu sano, aunque imperfecto y frágil. (**7**) No estoy de acuerdo con los que se hunden en las aguas para experimentar cotidianamente una vida agitada, luchando a brazo partido con todo tipo de dificultades. El sabio debe soportarlas, mas no buscarlas, y prefiere mejor estar en paz que en lucha. No le ayuda mucho verse liberado de los vicios propios si luego ha de reñir con los ajenos. (**8**) Dices: "pero treinta tiranos rodearon a Sócrates, sin poder doblegar su espíritu[427]". ¿Qué importa cuántos amos sean? La esclavitud es una sola. Quien la ha desdeñado es libre, sin importar la multitud de dueños.

(**9**)Es el momento de finalizar, pero primero pagaré el impuesto. "Reconocer la propia culpa es el inicio de la curación"[428]. Me parece que con esto Epicuro dijo algo egregio: quien no sabe que está fallando, no deseará corregirse; conviene que antes de enmendarte te descubras en el error. (**10**) Algunos se ufanan de sus vicios; ¿y tú piensas que busca algún remedio quien enumera sus males en lugar

---

[426] Cfr. Hor., *Ep.*, 1, 11, 28: *navibus atque quadrigis petimus bene vivere; quod petis, hic est* ("pedimos vivir bien teniendo barcos y cuadrigas; lo que pides, está aquí <a la mano>").

[427] Séneca se refiere al gobierno oligárquico, dominado por treinta tiranos, que se constituyó en Atenas tras la victoria de Esparta (404 a. C.), y ante el que Sócrates no cedió. Cfr. Platón, *Ap.* 32 c d.

[428] Cfr. Usener, fr. 522.

de sus virtudes? Por ende, en la medida que puedas, repréndete, y luego indaga en ti mismo; primero sé la parte acusadora, luego el juez, y finalmente el intercesor. Alguna que otra vez sé exigente contigo. Que estés bien.

29

Aconsejemos en el momento pertinente

(**1**) Preguntas sobre nuestro amigo Marcelino y quieres saber qué hace. Viene raramente por aquí, no tanto por otra cosa que por temor a oír la verdad, de cuyo peligro está ya muy lejos. La verdad no debe decirse a nadie a menos que esté listo para escucharla. Por ello suele dudarse de si Diógenes y los demás cínicos hacían lo correcto, al usar una libertad indiscriminada y amonestar a todos los que les salían al paso. (**2**) ¿Y qué provecho hay en reprender a los sordos o a los que por naturaleza o enfermedad son mudos? Preguntas: "¿por qué debo ahorrarme las palabras? No cuestan nada. No puedo saber si seré de provecho al que censuro; pero sé que podré ser útil a alguien si reprendo a muchos. Debe extenderse la mano. Puede suceder que tras intentar una y otra vez se logre algo".

(**3**) Querido Lucilio, no creo que un hombre elevado deba actuar así. Su autoridad se desperdicia y no tiene suficiente fuerza moral sobre los que pudiera corregir en caso de haber menos vileza. El buen arquero no debe acertar con la flecha de vez en cuando: debe errar el tiro sólo de vez en cuando. No es arte lo que llega por mera casualidad a su culminación. La sabiduría sí es un arte: debe aspirar a lo cierto, elegir a quienes buscan mejorar, alejarse de los que no tienen remedio, y aun así no debe renunciar inmediatamente; incluso en medio de la desesperación extrema, intenta hallar remedios.

(4) Aún no pierdo la esperanza con nuestro amigo Marcelino. Todavía puede enmendarse, pero hay que extenderle la mano rápidamente. Con todo, existe el peligro de que arrastre consigo a su ayudante; el vigor de su ingenio es grande, aunque más tendiente al vicio. Sin embargo, aceptaré este desafío y me arriesgaré a mostrarle sus yerros. (5) Actuará como siempre: recurrirá a chistes que pueden arrancar una risa incluso a los que lloran, y bromeará primero de él mismo, luego de nosotros. Se anticipará a todo lo que pretenda decirle. Escrutará en nuestras escuelas y reprochará a sus filósofos los regalos recibidos, las amantes tenidas y la glotonería derrochada. Me mostrará a uno cometiendo adulterio, a otro bebiendo en la taberna, a otro más paseándose en la corte. (6) Me señalará al ingenioso filósofo Aristón[429], que hablaba de filosofía paseando en litera,

---

[429] Filósofo nacido en la isla de Chios. Hijo de Miltíades, fue seguidor del estoicismo y discípulo de Zenón hacia el 260 a. C., y por ende contemporáneo de Epicuro, Arato, Antígono Gonatas y de la primera Guerra Púnica. Aunque él mismo se hacía llamar estoico, difería de Zenón en varios puntos; de hecho, Diógenes Laercio (7, 160 y ss.) señala que abandonó la escuela de Zenón para abrazar la de Polemo el platonista. Se dice que desencantó al fundador del estoicismo debido a su locuacidad, cualidad que otros tenían en alto aprecio, y que le valió el sobrenombre de "Sirena", debido a su maestría en la elocuencia persuasiva. También se le llamó *Phalantus* debido a su calvicie. Rechazó todas las ramas de la filosofía excepto la ética, considerando a la fisiología como lejana al poder humano y a la lógica como inadecuada. Incluso respecto a la ética, Séneca (*Ep.* 89) le reprocha el haberla despojado de todo aspecto práctico, situación que consideraba propia de un enseñante, no de un filósofo. Así, el objeto único de la ética era dilucidar en qué consistía el bien supremo; según él, era la ἀδιαφορία, es decir, la total indiferencia a todo, salvo a la virtud y al vicio (Cic., *Acad.*, 2, 42). Todas las cosas externas eran, en su opinión, perfectamente indiferentes; por ende, rechazó totalmente la distinción de Zenón entre lo bueno y lo preferible, es decir, lo que excita el deseo en la mente individual de cualquier ente racional, sin ser en sí deseable o bueno, y respecto a lo cual la doctrina estoica pura permitía tomarla en cuenta en la conducta humana (Cic., *Fin.* 4, 25). Pero esta noción de προηγμένα fue rechazada por Aristón al decir que era indiferente el tener perfecta salud o vernos afligidos por la más cruel enfermedad (Cic., *Fin.* 2, 13); en cuanto a la virtud, señaló su deseo de que incluso las bestias podían entender palabras que podrían incitarles a

habiendo elegido tal momento para desarrollar su actividad. Cuando se le preguntó a qué escuela pertenecía <Aristón>, Escauro[430] respondió: "seguramente no es un peripatético"[431].

---

aquélla (Plut., *Maxime c. Princip. Philosopho esse diss.*, §1). Sin embargo, es obvio que quienes adoptaron esta teoría de la absoluta indiferencia hacia todo salvo hacia la virtud y el vicio se alejan de hecho de todo aspecto material para actuar virtuosamente, y la confinan a un estado de mera abstracción. Esta parte del sistema de Aristón es esencialmente cínica, y tal vez deseaba expresar su admiración hacia esa filosofía, al abrir su escuela en las Cynosarges de Atenas, donde enseñó Antístenes. Difirió también con Zenón sobre la pluralidad de virtudes, permitiéndose una sola que denominó "salud del alma" (*ὑγείαν ὠνόμαζε*, vid. Plut., *Virt. Mor.*, 2). Parece seguir las partes cínicas de su sistema, pues al alejarse de todo objeto de virtud, la priva totalmente de variedad; y así, basó toda moralidad en una mente bien ordenada. En relación a esto tenemos su paradoja, *sapiens non opinatur*, "el filósofo está libre de toda opinión" (ya que cualquiera de ellas podría perturbar su imperturbable ecuanimidad); y esta doctrina parece revelar una tendencia latente al escepticismo, del que al parecer sospechaba Cicerón, al que ya relacionaba con Pirro. Según tal opinión, despreciaba las especulaciones físicas de Zenón, dudando de si Dios es o no un ente viviente (Cic., *Nat. Deor.*, 1, 14). Pero este dogma aparentemente ateísta quizá sólo se refería a la concepción estoica de Dios como un fuego sutil que mora en el cielo y que se difunde por el universo. Quizá sólo buscó demostrar su posición, que la fisiología está por encima del intelecto humano, al mostrar la imposibilidad de atribuir con certeza forma, sentidos o vida a esta esencia panteísta. Aristón fundó una pequeña escuela opuesta a la de Herilo, y de la cual Diógenes Laercio menciona a Dífilo y Miltíades como miembros. Sabemos por Ateneo (7, p. 281) de la autoridad de Eratóstenes y Apolófanes, dos de sus discípulos, y que en su vejez se abandonó al placer. Se dice que murió de un *coup de soleil*. Diógenes brinda una lista de sus obras, pero señala que todas ellas, salvo las cartas a Cleantes, fueron atribuidas por Panaccio (143 a. C.) y Sosícrates (200-128 a. C.) a otro Aristón, un peripatético de Ceos, con el cual es frecuentemente confundido. Sin embargo, hallamos en Estobeo (*Serm.*, 4, 110 y ss.) fragmentos de una obra suya llamada *ὁμοιώματα*.

[430] Mamerco Emilio Escauro, distinguido orador y poeta, aunque de carácter disoluto. Hijo de Marco Emilio Escauro, era miembro de la casta senatoria cuando ascendió Tiberio al poder en el 14 d. C., y al que ofendió con algunas declaraciones realizadas en el Senado. Se le menciona como uno de los acusadores de Domicio Córbulo en el 21 d. C., así como de Silano en el 22 d. C. Escauro fue acusado de *crimen maiestatis* en el 32 d. C., pero Tiberio detuvo el procedimiento en su contra. Sin embargo, Servilio y Cornelio Tusco lo vuelven a acusar del mismo delito en el 34 d. C., acusándolo de mago y de cometer adulterio con Livia; pero su verdadera falta fue escribir la tragedia *Atreus*, en la que su enemigo Macro interpoló unos versos que reflexionaban sobre el emperador. Puso fin a su vida por sugerencia de su esposa Sextia, quien se mató al mismo tiempo (Tac., *Ann.*, 1, 13; 3, 31 y 36; 4, 9 y 29; Dión Casio, 43, 24; Sén., *Suas.*, 2 y *De benef.*, 4, 31; Meyer, *Orat. Rom. Fragm*, pp. 558 y 559). Tácito (*Ann.* 3, 66) y Séneca (*De benef.* 4, 31) le denominan consular, aunque el año de su consulado es incierto. Séneca señala que este romano fue el último de su *gens* (*Suas.*, 2)

Cuando a Julio Grecino, varón egregio[432], se le preguntó qué pensaba, dijo: "no puedo responderte; no sé cómo ande a pie", igual que si le interrogasen sobre un esedario[433]. (7) <Marcelino> me echará en cara a estos charlatanes, diciendo que habría sido más honesto desechar esa filosofía barata que venden. Sin embargo, he decidido soportar con paciencia sus ofensas; intentará hacerme sonreír, pero quizá yo lo haga llorar; mas si continúa riendo, igualmente estaré contento en medio de lo adverso, porque ese tipo de locura llega a

---

[431] Así se les llamó a los discípulos de Aristóteles, pues su maestro tenía la costumbre de enseñar paseando.

[432] Ciudadano romano del que se conservan pocos datos biográficos. El nombre de *Graecinus* aparece en los *Fasti* entre los *consules suffecti* del año 16 d. C., así como en la *Naturalis Historia* de Plinio el Viejo (*H. N. Elench.* 14-18; cfr. 14, 2, 33). A partir del contenido de las obras de Grecino que Plinio consultó, al parecer escribió sobre botánica y viticultura. Calígula lo condenó a muerte porque era imposible que un tirano tuviese como contraparte a un hombre de tan elevada virtud (Séneca, *De benef.*, 2, 21).

[433] El *essedum* o *esseda* (del celta *ess*, "carruaje"), es el nombre dado a un carro usado por britanos, galos, belgas (Virgilio, *Georg.*, 3, 204) y germanos (Persio, 6, 47), especialmente durante las batallas. Según el relato de César (*bell. gall.*, 4, 33), y en relación con la crónica de Diódoro Sículo (5, 21, 29), el método para usar el *essedum* en el antiguo ejército britano era muy similar al practicado por los griegos en las épocas heroicas, tal como describe Homero. Al parecer, la principal diferencia radica en que el *essedum* era más fuerte y pesado; que estaba abierto por el frente en lugar de por detrás; y que, debido a tales circunstancias y a la anchura de la pértiga, el conductor podía maniobrar sobre ésta a voluntad (*de temone Britanno excidet*, Juvenal 4, 125), e incluso alzarse sobre el yugo y luego replegarse a toda velocidad hacia el cuerpo del carro, que guiaba con habilidad y fluidez extraordinarias. También parece que estos carros se diseñaban intencionalmente lo más ruidosos posible, debido quizá al estrépito y sonoridad de sus ruedas (César, *loc. cit.*; cfr. Tácito, *Agric.*, 35), con objeto de provocar estupefacción en el enemigo. Los formidables guerreros britanos que conducían estos artilugios eran llamados en latín *essedarii* (César, *bell. gall.*, 4, 24; Cicerón, *Ad fam.*, 7, 6). Fueron exhibidos algunas veces en los espectáculos gladiatorios de Roma tras su captura, y parece que tuvieron muchos favoritos entre el pueblo (Suetonio, *Calig.*, 35; *Claud.*, 26). Entre los romanos, el *essedum* fue adoptado por razones de conveniencia y ornato (Propercio, 2, 1, 76). Cicerón menciona que en cierta ocasión un tribuno de la plebe usó este vehículo como una pieza extravagante (*Phil.*, 2, 24); en época de Séneca pareció haber sido más común, pues cuenta el sonido de los "*essedae transcurrentes*" entre los ruidos que no lo distraen (*Ep.* 57).

regocijar. Pero esta jovialidad tan frívola no dura mucho. Observa bien; verás cómo en un instante las personas pasan de reír violentamente a enfurecerse violentamente. (**8**) Mi propósito es acercarme y mostrarle cuánto más valdría si la multitud lo tuviese en menor estima. Si bien no lograré suprimir sus vicios, al menos les pondré un freno; no cesarán, pero se interrumpirán un tiempo. Tal vez incluso desaparezcan si se volviese costumbre el suspenderlos por plazos. No debe desdeñarse esto, porque a los enfermos graves una disminución de su mal es como brindarles la salud. (**9**) Mientras me preparo a enfrentarlo, tú que puedes, que sabes de qué has escapado, y a partir de ello intuyes hasta dónde podrás llegar, corrige tus costumbres, eleva el espíritu, mantente firme ante aquello que más temes. No pretendas enumerar todas las cosas que provocan temor. ¿No es acaso estúpido que alguien tema a la multitud en el punto específico por donde transita una sola persona a la vez? Del mismo modo, no todos pueden darte muerte, aunque muchos amenacen con hacerlo. La naturaleza así lo dispuso: una persona te ha dado el aliento de vida, una sola te lo arrebatará.

(**10**) Si tienes pundonor, me habrás ya perdonado el último pago. Pero ni siquiera en esta última ocasión pagaré mezquinamente con moneda ajena: me forzaré a darte lo que te debo[434]. "Nunca he querido complacer al populacho,

---

[434] Séneca hace saber con esta frase que será la última ocasión en que agregará como colofón a sus cartas pensamientos de Epicuro. Si bien han aportado muchas reflexiones elevadas a la formación de su discípulo, el cambio de estilo discursivo es evidente a partir de la siguiente carta, donde se busca una mayor originalidad sin recurrir a reflexiones ajenas que confirmen el pensamiento propio. Las razones de este cambio las ofrece en la carta 33.

porque las cosas que sé no las aprueba el pueblo, y eso que aprueba el pueblo yo no lo sé". (**11**) Preguntas: "¿quién escribió esto?", como si ignorases a quién le ordeno pagar; es Epicuro. Pero igual pensamiento te lo expresarán todos los filósofos de cualquier escuela: peripatéticos, académicos[435], estoicos, cínicos. A decir verdad, ¿puede alguien complacer al populacho mientras aprecia la virtud? El favor popular se adquiere con malas artes. Debes volverte como ellos. No te aceptarán a menos que te consideren un igual. Sin embargo, importa más qué opinión tengas de ti que la opinión de los demás. El aprecio de los viles no puede conquistarse más que con modos viles. (**12**) ¿Qué cosa aportará, en consecuencia, esa filosofía tan alabada y preferible a todas las artes y los bienes terrenales? Naturalmente, que busques complacer más a tu alma que al vulgo, que tengas en alta estima los juicios rectos y no la cantidad de juicios, que vivas sin temer a los dioses o a los hombres, que doblegues los males o les pongas un límite. De lo contrario, si llego a verte célebre gracias al vocerío del vulgo, si al ingresar a un recinto resuenan para ti clamores y aplausos, honores dados a un pantomimo, si en la ciudad te elogian por igual mujeres y niños, ¿cómo no sentir compasión por ti, cuando conozco el camino que debe seguirse para obtener ese aprecio infame? Que estés bien.

---

[435] Así se les llamaba a los seguidores de Platón, pues su maestro solía impartir sus enseñanzas en un gimnasio de Atenas consagrado al dios Academo, en medio de platanares y olivos.

Libro cuarto

30
Meditemos la muerte para abrogar
el temor a morir

(**1**) He visto a Aufidio Baso[436], varón insigne, maltratado y haciendo frente a la edad. Pero ésta ya le agobia de tal modo que no le permite alzarse; la vejez se ha dejado caer sobre él con todo su gigantesco peso. Sabes que ha sido de cuerpo frágil y enjuto. Hace mucho tiempo que persevera, y para decirlo con sinceridad, ha soportado su edad; mas de pronto perdió las fuerzas. (**2**) Cuando en un barco surge una grieta, se busca tapar inmediatamente una hendidura o dos, pero cuando comienzan a extenderse en varios lugares y amenazan con hundir el navío, no puede ya socorrérsele porque se cae a pedazos; bien, del mismo modo, la debilidad puede apuntalarse en un cuerpo senil sólo hasta cierto punto. O si en un edificio ruinoso cada unión se abre mientras se repara una grieta y otra surge, hay que buscar la manera de salir de allí.

---

[436] Séneca posiblemente se refiere al hijo del célebre orador e historiador homónimo del siglo I d. C., autor, entre diversas obras, de una historia de la guerra en Germania. También escribió una historia general de Roma, que fue continuada en los 31 libros de Plinio el Viejo. No han llegado a nosotros fragmentos de su obra (*Dialog. de orat.* 23; Quintil., 10, 1, 102 y ss.; Sén., *Suasor.*, 6; Plin., *H. N., praef.*; *Ep.* 3, 5, 9).

(3) Con todo, nuestro querido Baso es de espíritu animoso. Esto sólo lo brinda la filosofía: serenidad ante la muerte, y sin importar la condición del cuerpo, ofrece hasta fortaleza y contento sin desanimarse por nada, aunque las energías falten. El marinero experimentado navega incluso llevando la vela reducida a jirones, y si el navío se desarmase, no obstante ello seguiría su ruta incluso con los restos. Esto es lo que hace nuestro amigo Baso, y contempla su final con un espíritu y un rostro tales que te parecerían excesivamente tranquilos incluso para el que espera la muerte de otro.

(4) Gran lección ésta, Lucilio, digna de ser aprendida durante largo tiempo: salir de la vida con espíritu ecuánime cuando llega esa hora inevitable. Otros tipos de muerte poseen también una esperanza de beatitud. Por otro lado, en ocasiones una enfermedad puede cesar; un incendio puede extinguirse; un derrumbe dejó ilesos a los que amenazó con sepultar; el mar dejó sanos y salvos en la orilla a los náufragos que con idéntica violencia había engullido un momento antes; el soldado retiró la espada cuando estaba a punto de cortar la cabeza. Pero al que la vejez conduce a la muerte no tiene esperanza alguna: a ésta no puede nadie oponerse. Ningún tipo de muerte es sin duda más dulce a los hombres, pero también ninguna es más larga.

(5) Me parecía como si nuestro amigo Baso asistiese al propio funeral y sepelio y luego siguiera de frente, habiendo sobrevivido a sí mismo y aceptando sabiamente su aflicción. Porque habla mucho de la muerte y actúa abiertamente para persuadirnos de que si algo hay de incómodo o de temeroso en este trance, ello es por culpa del que muere, no de la

muerte en sí; en ella no hay más disgusto del que pudiera haber después. (**6**) Tan demente es el que teme males que no llegará a sufrir como el que teme algo que no llegará a percibir. ¿O acaso alguno cree que la sentirá, cuando en realidad gracias a ella nada se sentirá[437]? Él asevera: "por lo tanto, la muerte es ajena a todo mal, como es ajena a todo temor de un mal".

(**7**) Bien sé que estas cosas se han dicho frecuentemente y que deben repetirse frecuentemente, pero no las he aprovechado de igual modo al leerlas o escucharlas de los que pregonan no temer a la muerte pero se mantienen lejos de ella; Baso me ofreció un verdadero ejemplo al hablar de la muerte teniéndola a la puerta. (**8**) Te diré lo que pienso: considero más vigoroso al que contempla ya la muerte que al que tan sólo le merodea. A decir verdad, la muerte inminente brindó a los menos instruidos la fortaleza para enfrentar lo inevitable. Por ejemplo, el gladiador, aunque esté lleno de miedo tras largo combate, ofrecerá al adversario la garganta y dirigirá contra sí la huidiza espada[438]. Por el contrario,

---

[437] Cfr. Usener fr. 124.

[438] En su mayoría, los *ludi* gladiatorios no terminaban con la muerte de alguno de los luchadores: por su condición de *alieni iuris* (sujetos a potestad), ya por haber sido adquiridos a través de un *venaliciarius* (comerciante de esclavos), ya por ser libres (*sui iuris*) que se rentan, tenían un valor en el mercado y había que procurar conservarlos lo más íntegramente posible para el caso de una eventual compraventa. De ahí que muchos gladiadores, aunque perdieran, podían salir caminando de la arena, un poco como los modernos pancracistas o boxeadores, ya que el organizador de los juegos (algún romano muy pudiente o el *princeps* en época imperial) debía pagar al *lanista* (empresario de juegos) cualquier "pérdida" total. Diferente era el caso de los juegos *ad sanguinem* (hasta el derramamiento de sangre), donde la lucha finalizaba con la muerte de uno de ellos. Séneca tiene en mente el instante final de un combate gladiatorio de este tipo, cuando uno de los combatientes, vencido y derribado, implora con el brazo extendido la *clementia* del público o del emperador mientras el ganador mantiene su espada a unos milímetros del cuello del contrario; si el público formaba una "V" con el dedo índice y medio, pedían del *princeps* que concediese al caído una segunda

cuando la muerte está cerca y se prevé su inminencia a futuro, se requiere una firmeza tenaz de ánimo, algo muy raro y que sólo el sabio puede dar muestra de ella.

(**9**) Y así, yo escuchaba a Baso con sumo placer mientras ofrecía su parecer sobre la muerte y su verdadera naturaleza, como habiéndola analizado muy de cerca. Considero que creerías y valorarías más a alguien que resucitase y dijese por experiencia que no hay ningún mal en la muerte; la proximidad de ésta y su perturbación las podrían explicar magníficamente los que la tuvieron cerca, la vieron y la acogieron. (**10**) Entre estos merece que coloques a Baso, quien ha querido liberarnos del error. Asevera que tan tonto es quien teme a la muerte como quien teme a la vejez. Porque así como la vejez viene después de la adolescencia,

---

oportunidad, con objeto de reponerse y volver en otro momento a la arena, pues se consideraba que, con todo, había ofrecido un espectáculo aceptable, como hoy sucede con el "indulto" de la fiesta taurina. Esta forma de *favor populi* era tomada en cuenta por el emperador para crear en ocasiones un efecto dramático que le permitiera ser aclamado como *munificus* (generoso) o *magnanimus*. Pero si los espectadores simulaban con el pulgar la hoja de la espada y la dirigían al cuello mientras gritaban *"iugula!"* ("¡degüella!"), o apuntaban con el dedo pulgar hacia arriba o de forma horizontal, como "desenvainando" una daga, exigían la muerte de un luchador que, a su juicio, no había dado lo mejor de sí y debía morir mejor con un "golpe de gracia". La mitología popular (y especialmente el cine) alteró este gesto del ámbito gladiatorio; Juvenal introduce en sus sátiras una frase hoy legendaria criticando los muchos inconvenientes de vivir en Roma, entre ellos a los individuos de dudosa calaña que merodeaban por Roma representando un peligro para los ciudadanos y aceptando oficios infamantes, teniendo en su haber un quehacer aún más degradante: *munera nunc edunt et, verso pollice vulgus cum iubet, occidunt populariter* (ahora dan espectáculos y, cuando el pueblo lo ordena invirtiendo el pulgar, matan para granjearse popularidad) (*Sátiras*, 3, 35-37). La interpretación errónea de este gesto por parte del pintor francés Jean-Léon Gérôme originó el moderno gesto que conocemos de "muerte en la arena": en 1872 pintó el cuadro *Pollice verso*, donde la multitud enardecida de un anfiteatro romano se dirige al ganador con el pulgar invertido… hacia abajo. Pese a la belleza realista de la pintura, el gesto del populacho no se adecua a la realidad romana; sin embargo, fue adoptado por la cultura popular como válido e incluso difundido a través de películas como *Quo Vadis* (1951) o Gladiador (2000), desplazando la verdad histórica de los hechos.

así la muerte le sigue a la primera. Quien no desea morir no desea vivir. En verdad la vida nos ha sido dada a condición de la muerte[439]; a ésta se dirige inexorablemente. Por ello, es de locos temerle: ¡sólo los eventos inciertos se temen, mientras que los ciertos se esperan! (**11**) La muerte es una necesidad invencible y común a todos. ¿O acaso alguien puede lamentarse de estar en una situación común, de la que nadie puede escapar? Además, la principal condición de la equidad es la igualdad.

Pero por ahora es inútil discutir la causa de una ley natural que no ha querido para nosotros otra cosa que su propia ley: destruye todo lo que ha formado, y lo que ha destruido vuelve a formarlo. (**12**) Ahora bien, si la vejez le permite a alguno salir suavemente de la vida, sacándolo poco a poco, en vez de arrancarlo repentinamente, ¿no deberá dar gracias oportunamente a todos los dioses, ya que debidamente saciado se le conduce a ese reposo tan necesario para el humano y tan grato para el fatigado? Observa que algunos desean morir más de lo que suelen desear vivir. No sé cuál ejemplo nos brinda mayor valor, el que implora la muerte o el que la aguarda jovial y serenamente, porque el primero surge algunas veces de la rabia y la indignación repentina, mientras que la tranquilidad proviene de un juicio ponderado. Más de uno se dirige hacia la muerte preso de la ira; sólo quien se ha preparado largamente la recibe con ánimo alegre cuándo ésta toca a la puerta.

---

[439] Cfr. Séneca, *De remediis fortuitorum* 2, 1-3.

(**13**) Reconozco que he visitado frecuentemente a este varón, muy apreciado por tantísimos motivos, para cerciorarme de qué tan a menudo lo hallaré con la misma disposición de ánimo, o si tal presteza disminuye con el vigor físico. Pero ésta crecía en él, como suele verse en la exaltación cada vez más agitada de los aurigas cuando en la séptima vuelta se acercan ya a la palma de la victoria[440]. (**14**) Siguiendo con tenacidad los preceptos de aquel sabio Epicuro, Baso decía esperar primeramente que no hubiera dolor alguno en aquel último aliento; pero si lo hubiera, sería de gran alivio su brevedad. Ningún dolor intenso dura demasiado tiempo[441]. Por otro lado, si llegase a ser doloroso el momento en que el alma se separa del cuerpo, nos consuela el saber que tras ese dolor no puede haber ya ninguno otro. Es más, no dudaba que su alma senil estaba ya a flor de piel y que saldría sin mucho esfuerzo de su cuerpo. "El fuego, cuando se propaga hacia materiales flamables, debe extinguirse con agua y algunas veces demoliendo edificios; cuando le falta combustible, se extingue espontáneamente"[442].

---

[440] Séneca se refiere a un momento importante de los *ludi circenses*, juegos originados en las antiquísimas fiestas religiosas de los *Consualia*, de los *Esquirria* y del *Equus October*, durante las cuales se realizaban competiciones de carros tanto en el Circo Máximo, una amplia explanada natural ubicada en el Valle Murcio, entre los montes Palatino y Aventino, como en el *Trigarium*, ubicado entre el actual Campo dei Fiori y el Puente Vittorio Emmanuele. Durante la competición, los equipos de aurigas (*factiones*) debían cubrir siete vueltas (*curricola*) alrededor de la *spina* o camellón central, mientras los espectadores seguían las fases de la carrera observando las siete esferas y los siete delfines que, colocados sobre la *spina* en arquitrabes sostenidas por columnas, indicaban el número de vueltas realizadas y por realizar.

[441] Cfr. *Ep*. 24, 14 y 78, 7; Cicerón, *Tusc*. 2, 44.

[442] Cfr. Usener, fr. 503.

(**15**) Querido Lucilio, escucho gustosamente estas palabras no porque me sean novedosas, sino porque hablan de mi situación actual[443]. ¿Y entonces? ¿No he visto acaso a muchos que se arrancan la vida? Sí, claro que los he visto, pero para mí tienen mayor valía quienes llegan a la muerte sin aborrecer la vida, admitiéndola, no llamándola. (**16**) Baso aseveró ciertamente que ese tormento que sentimos es por culpa nuestra, porque temblamos al creer que la muerte la tenemos sólo a un paso. ¿Y cerca de quién no lo está, lista para sustraernos en cualquier lugar y en cualquier momento? Dice: "cuando veamos cerca algún riesgo de muerte, consideremos entonces cuántos otros más cercanos existen que no se temen". A alguien le amenazaba de muerte un enemigo, pero éste murió antes por una indigestión. (**17**) Si quisiéramos enumerar las causas de nuestro miedo, veremos que unas son inventadas y otras sólo aparentes[444]. No tememos a la muerte, sino a la idea de la muerte. De ella siempre estamos a la misma distancia. Y así, si la muerte ha de ser temida, deberá temérsele siempre: ¿qué momento, por ende, está exento de ella?

(**18**) Pero temo que acabarás por odiar más estas cartas tan largas que a la muerte misma. Así que le pondré punto final, pero tú piensa siempre en la muerte para no temerle. Que estés bien.

---

[443] *Vid. supra*, notas 197 y 270.
[444] *Vid. supra*, Ep. 13.

31

Aspiremos a la virtud en nuestras vidas como máximo bien a poseer

(**1**) Voy reconociendo a mi querido Lucilio; comienza a demostrar eso que había prometido. Has despreciado esos bienes vulgares tan ansiados por el populacho y sigues ese impulso del espíritu que tiende a lo sublime. No deseo que te vuelvas más grande o mejor de lo que has buscado ser. Tus fundamentos son abundantes y amplios; culmina todo aquello en lo que te has esforzado y concreta los propósitos que llevas en tu espíritu. (**2**) En poco tiempo llegarás a ser sabio si tapas tus oídos; pero ponerles cera no basta: se necesita un tapón más eficaz que el que se dice usó Ulises con sus compañeros[445]. La voz que temía era seductora, pero

---

[445] Séneca alude al mito de las sirenas, hijas vírgenes de Phoreys, y según una leyenda posterior, de Alqueloo y de la Musa Calíope. Son seres mitológicos con cuerpo de mujer y cola de pez. Homero menciona a dos, y los escritores posteriores a tres, llamadas Aglaopheme, Molpe y Thelxiepeia. Las sirenas compitieron con las Musas en dotes artísticas, pero las Musas vencieron y las sirenas se retiraron a las orillas de Sicilia, donde sus prodigiosos cantos provocaban naufragios. Homero las describe morando en una isla, sentadas en un prado florido rodeadas de huesos humanos putrefactos, mientras que con su suave canto atraen y hechizan a los que naveguen por allí. Cualquiera que escuchase su canto y se les acercase nunca volvería a contemplar mujer e hijos, pues los hombres se lanzaban al mar enloquecidos en pos de su belleza. Como es natural, perecían ahogados. Los vaticinios aseguraban que las sirenas morirían cuando un mortal no atendiera sus canciones. Homero narra que cuando Ulises pasó por allí en su barco, siguiendo el consejo de Circe, selló las orejas de sus compañeros con cera, mientras que él se hizo atar al mástil para así oír el canto hechicero sin correr peligro alguno (*Od.*, 12, 41-54 y 153-200).
Este mito trascendió al lenguaje culto, donde se acuñó la frase "cantos de sirena", para dar a entender con ella una serie de mentiras agradables al oído pero funestas para el receptor; también se aplica a objetos o asuntos muy seductores pero que

aislada; en cambio, esas que debemos temer no resuenan en algún peñasco lejano, sino en todos los rincones de la tierra[446]. Así, pues, no debes pasar por delante de algún sitio sospechoso de poseer algún placer engañoso, sino de todas las ciudades. Hazte el sordo incluso con los que más aprecias; pese a sus buenas intenciones, sólo te desean el mal. Y si quieres ser feliz, ruega a los dioses que no te envíen nada de lo que piden para ti. (3) No son verdaderos bienes los que quieren ver acumulados en ti; hay un solo bien que es fundamento y causa cierta de una vida feliz: la confianza en uno mismo. Empero, esto no puede ocurrir a menos que se desdeñe tanta actividad inútil, y entre todo ello hallamos las cosas que no son ni buenas ni malas. En verdad no puede ser que algo sea bueno, luego malo, luego leve y soportable, luego motivo de espanto. (4) El trabajo no es un bien[447]. ¿Y entonces qué lo es? Desdeñar el trabajo. Así, pues, censuraría a esos que se afanan en vano. Por el contrario, a los que dirigen su vida hacia objetivos honestos, y se esmeran más y más en dominarse a sí mismos concediéndose muy poco reposo, los aprobaré y exclamaré: "Nada mejor. Levántate, inspira aire y, si puedes, de un solo soplo supera esta pendiente".

(5) La actividad elevada[448] nutre a los espíritus generosos. Por tanto, no es el caso que elijas aquello que

---

encubren algún mal, buscando con ello mover a la cautela al que "enloquecido" pudiera vérsele correr imprudentemente hacia su perjuicio.

[446] Cfr. *Ep.* 123, 10.

[447] En la mentalidad estoica de Séneca, el trabajo no es en sí un bien; si lo fuera, no sería alabado y desdeñado al mismo tiempo. Pertenece, por ende, a la clase que los estoicos llaman ἀδιαφορία, *indifferentia, res mediae*; cf. Cicerón, *De fin.*, 3, 16.

[448] Séneca se refiere a una vida dedicada al quehacer intelectual y edificante (*otium*), lejos de los quehaceres públicos y la agitada vida de la corte, que considera fuente de

quieres o que buscas alcanzar basándote en el antiguo voto[449] de tus progenitores[450]; es vergonzoso para un hombre que ha logrado obtener los máximos honores fatigar de paso a los dioses. ¿Qué necesidad hay de estos votos? Sé feliz por ti mismo. Ahora bien, lo lograrás si llegas a entender que son bienes verdaderos aquellos en los que se mezcla la virtud, y males aquellos en los que se mezcla el vicio. Así como nada resplandece sin ayuda de la luz, y nada queda en tinieblas o se oscurece con algo de sombra, del mismo modo nada se calienta sin la ayuda del fuego, ni nada se enfría sin la ayuda del aire; de igual manera, la virtud y el vicio permite acciones honestas y deshonestas, respectivamente.

(6) ¿Qué es entonces el bien? El conocimiento de la realidad[451]. ¿Y qué es el mal? La ignorancia de la realidad.

---

intrigas, envidias, angustias y peligros constantes.

[449] El *votum* es una promesa religiosa hecha a los dioses a cambio de una determinada petición. Los *vota* eran extraordinariamente comunes entre los romanos, tanto en la vida pública como en la privada. Los *vota publica* podían ser ordinarios o extraordinarios; los primeros se ofrecían por el bienestar del Estado en el Capitolio, presididos por altos funcionarios al iniciar su cargo (los cónsules el primero de enero) y al dirigirse a sus provincias (*votorum nuncupatio*). A partir del año 30 d. C. se emitía un *votum* especial por el bienestar del emperador y su familia el 3 de enero. Los segundos eran emitidos en caso de necesidad o peligro, buscando la prosperidad del Estado durante los siguientes cinco o diez años.

Los *vota privata* se realizaban en muy diversas ocasiones. Se ofrecían solemnemente en un templo, por ejemplo, tras el nacimiento de un nuevo miembro de la familia, o se realizaban de repente en épocas de peligro momentáneo. En el primer caso, se ataba a las rodillas de cierta imagen divina un escrito sellado que contenía el voto o petición, y luego el sacerdote del templo lo tomaba bajo su custodia para abrirlo en el momento adecuado, según se considerase que el dios hubiese caso hecho a la petición de los *patresfamilias* en favor de sus hijos. En el segundo caso, si la oración era atendida por la divinidad, el voto debía ser ejecutado muy escrupulosamente. La ofrenda generalmente se acompañaba de una tableta votiva que se colocaba en las paredes del templo llevando una inscripción, un relieve o una pintura que relataba el voto. Por ejemplo, los náufragos rescatados ofrecían representaciones pictóricas en los templos de Neptuno o Isis (Horacio, *Odas*, 1, 5, 13-16; Persio, 1, 90).

[450] Cfr. *Ep.* 60, 1.

[451] Séneca ve este concepto englobando al conocimiento de las cosas humanas y

Aquél que es prudente y cuidadoso de su vida elige o rechaza las cosas según la circunstancia: pero si posee un espíritu grande e indómito, no teme lo que rechaza ni se admira de lo que elige. Te prohíbo, pues, abatirte o rebajarte. No despreciar la actividad del espíritu es poco: exígela. (7) Quizá preguntes: "¿Y entonces? ¿Es buena la actividad frívola y vacua, provocada por causas abyectas?" No más que la aplicada en bellas acciones, porque es la misma tenacidad de espíritu la que le incita a empresas arduas y difíciles diciéndole: "¿Por qué claudicas? No es viril temer el sudor". (8) Para que la virtud sea perfecta, hay que agregar a todo ello constancia de carácter y un estilo de vida siempre coherente consigo mismo, lo que no puede ser si falta el conocimiento de la realidad y la ciencia de las cosas humanas y divinas[452]. Esto es el sumo bien. Si logras obtenerle, comenzarás a ser aliado de los dioses, no un mero suplicante.

(9) Preguntas: "¿cómo lograr todo esto?" No atravesando los Apeninos[453], el monte Graia[454] o los desiertos de Candavia[455]; no enfrentando a las Sirtes[456], ni a Escila o Caribdis[457], que así y todo les atravesaste a cambio de un puestecillo; el camino que te propongo es seguro y

---

divinas. Cfr. *Ep.* 89, 5.

[452] Se refiere a la filosofía.

[453] Los Montes Apeninos recorren 1,400 kilómetros desde el norte al sur de Italia, y forma la columna vertebral de la península italiana o apenina, desde el Golfo de Liguria hasta la península de Calabria.

[454] Las rutas del Gran San Bernardo y el Pequeño San Bernardo, sobre los Alpes.

[455] Una montaña de Iliria, en la región de Macedonia, sobre la cual cruzaba la *Via Egnatia.* Comprendía también *Dyrrachium* (Dirraquio o Dürres, en la moderna Albania), donde Lucilio había cubierto el cargo de procurador.

[456] Peligrosas arenas de la costa norte de Libia. Es una costa principalmente desértica con presencia de pantanos salados. El puerto principal a lo largo de la bahía es Sirte, de donde partían muchas rutas de caravanas hacia el desierto del Sahara.

[457] *Vid. supra, Ep.,* 14, 8 y notas respectivas.

agradable: la naturaleza te preparó para él. Te ha dado la virtud, y si no te alejas de ella, estarás a la altura de la divinidad. (**10**) Por el contrario, el dinero no te permitirá esto: la divinidad nada posee. La pretexta[458] en nada te ayudará: la divinidad está desnuda. No te servirán la fama, la ostentación ni la notoriedad de tu apellido[459] entre todos los pueblos:

---

[458] La *toga praetexta* es el atuendo solemne que portan los magistrados de alto rango, como magistrados curules, censores, sacerdotes del Estado y posteriormente los emperadores, similar a los modernos trajes. Consiste en una prenda blanca semicircular de lana, de unos 4.5 metros de largo por 3.6 metros de ancho; una porción se pliega en forma de trenzas largas y anchas. Se coloca sobre el hombro izquierdo de modo que el extremo frontal llegue al suelo, y la parte trasera mida el doble de la altura de un hombre. Dicho extremo frontal se pasa luego por debajo del brazo derecho y nuevamente se coloca sobre el hombro izquierdo para cubrir todo el costado derecho, desde la axila hasta la pantorrilla. Los pliegues anchos que cuelgan se reúnen luego sobre el hombro izquierdo. La parte que cruza el torso diagonalmente se llama *sinus* (pechera). Es lo bastante profunda como para servir de "bolsillo" en la que pueden guardarse objetos pequeños. Para el caso de magistrados a que se refiere Séneca, y de los que su discípulo Lucilio es uno de sus miembros destacados por ser gobernador de Sicilia, una banda color púrpura corre por toda la orilla de la *toga praetexta*, símbolo de su alto status político-social y motivo de respeto entre todos los ciudadanos.

[459] El nombre de todo ciudadano libre nacido de legítimas nupcias (*ingenuus*) estaba compuesto por tres elementos que distinguían a los diversos linajes o "clanes" romanos (*gentes*). Si tomamos como ejemplo al discípulo de Séneca, *Caius Lucilius Minor*, veremos que el primer vocablo representa el *praenomen* o "nombre de pila"; el segundo se refiere al *nomen gentile* o *gentilicium*, el nombre de la *gens* o linaje a la que se pertenecía, similar al moderno apellido paterno; finalmente, el tercer vocablo es el llamado *cognomen* o "sobrenombre cariñoso". Estas familias o linajes descendían de un ancestro común por línea paterna, de ahí la posesión de un apellido común. En la fundación de Roma los patricios fueron los únicos ciudadanos con plenos derechos, por lo que no podían existir *gentes* no patricias. Dichas familias patricias fundadoras, las más antiguas por cierto, eran llamadas *gentes maiores* para distinguirlas de las *gentes minores*, que incluían a los plebeyos, y a quienes Tarquino Prisco elevó al rango de patricios en una época muy arcaica. Con el paso del tiempo, dichas *gentes* adquirieron poder, prestigio y celebridad en la sociedad romana, llegando incluso a tener costumbres muy específicas para distinguir a miembros de un mismo clan: se tenían reuniones familiares en las que la decisión tomada se transmitía a sus diversos miembros, afectando así a toda la *gens*. Por ejemplo, la *gens Manlia* decidió prohibir a cualquiera de sus miembros portar el *praenomen Marcus*. Así como toda *familia*, fuera patricia o plebeya, tenía ciertos sacrificios rituales que estaba obligada a cumplir, igualmente los tenía cada *gens*, entendida como una *familia* ampliada. Así, todos los miembros de la gens tenían derecho, pero también estaban obligados, a participar en

nadie ha conocido a la divinidad, y muchos la juzgan mal y hasta impunemente[460]. Tampoco ayudará una turba de esclavos que lleven tu litera por calles y caminos[461]: la

---

los *sacra gentilicia*, ritos propiciatorios comunes a toda la *gens*. Muchos de estos linajes habían adquirido un enorme arraigo y abolengo a lo largo de los siglos, siendo símbolo de status el formar parte de familias egregias que, según sus tradiciones, podían trazar su celebridad hasta los mismísimos *patres* fundadores de Roma.

En el caso de Lucilio, su gens era de origen plebeya, y al parecer en poca antigua sólo hubo un miembro célebre, el poeta Lucilio (148-103 a. C.), de quien se dice que recibió el honor de un funeral público; ninguno de sus otros miembros obtuvo algún cargo público elevado. A fines de época republicana hallamos este apellido unido a los *cognomina Balbus* y *Bassus*, además de resonar nombres como el de Sexto Lucilio, partidario del *dictator* Lucio Cornelio Sila, y tribuno de la plebe en el año 86 a. C., y que al año siguiente fue arrojado desde la Roca Tarpeya por su sucesor, Publio Laenas, miembro del partido mariano (Vel. Pat. 2, 24); otro Sexto Lucilio, hijo de Tulio Gavio Caepio, fue tribuno militar en el ejército de Marco Bíbulo, y murió en el Monte Amano en el año 50 a. C. (Cic., *Ad Att.*, 20, 4); un tal Lucio Lucilio estuvo en Cilicia con Apio Claudio Pulcro en el año 38 a. C. (Cic., *Ad fam.*, 3, 5, 1), poniéndolo Cicerón como comandante de la flota de Dolabella en el año 43 a. C. (Cic., *Ad fam.*, 12, 13, 3); otro Lucilio aparece al lado de Bruto luchando en Filipo en el año 42 a. C.: cuando el ejército republicano huía y el enemigo estaba por capturar a Bruto, se dice que permaneció hasta el final para salvar a su amigo. Llevado ante Marco Antonio, y asombrado de su magnanimidad, no sólo le perdonó, sino que incluso después le trató como a uno de sus amigos más íntimos (Apiano, *De bel. Civ.*, 4, 129; Plutarco, *Brut.* 50 y *Anton.* 69). Durante el Imperio hallamos el *nomen Lucilius* unido a los *cognomina Capito* y *Longus*, y cuyo representante más conocido es el discípulo de Séneca, que fungió como procurador imperial durante el principado de Nerón.

[460] Cfr. Séneca, *De beneficiis* 6, 23, donde se estigmatiza la ingratitud de los hombres hacia los dioses.

[461] La litera era ya usada en Grecia comúnmente para transportar a enfermos y mujeres; en todos los demás casos su uso se consideraba un lujo. Al parecer, el uso de la litera, junto con otras modas orientales, empezó a darse entre los romanos tras la victoria sobre el rey sirio Antíoco el Grande (190 a. C.). Se usaban principalmente en el campo y durante los viajes. Al igual que en Grecia, su uso en Roma estaba muy restringido, usándose principalmente para trasladar a inválidos y mujeres; pero cuando los hombres comenzaron a usarlas también en la ciudad, fueron inicialmente un privilegio para ciertas clases, hasta que ya en época imperial se volvieron de uso general. Se distinguían dos tipos: la *lectica*, una especie de palanquín adaptado para acostarse sobre él: era una estructura atravesada por cinchas y con un colchoncillo y almohadones; también estaba la *sella*, una silla de manos para una o dos personas, usada particularmente por emperadores y *consulares*. Ambos estilos poseían una cubierta arqueada que podía cerrarse, incluso por los lados, por medio de cortinas o ventanas hechas de placas delgadas de talco (*lapis specularis*; cfr. Juvenal 4, 21; 3, 242). La litera era trasladada por medio de pértigas colgadas a correas, o bien apoyadas en los hombros de portadores, que dependiendo del tamaño podían ser dos, cuatro, seis

divinidad, el ser más grande y poderoso, transporta al universo mismo[462]. Ni siquiera la hermosura o la fuerza física te pueden hacer feliz: ninguna de ellas resiste a la vejez.

(11) Debemos buscar un bien que no se agote al final del día, al que no pueda ponérsele obstáculo alguno[463]. ¿Cuál sería? El espíritu, pero un espíritu recto, bueno y magnánimo. ¿Y de qué otro modo podría llamársele sino un dios que mora en el cuerpo humano? Dicho espíritu puede residir por igual en un caballero romano[464], en un liberto[465] o

---

y hasta ocho, de ahí el comentario de Séneca respecto a la "turba" de esclavos que transportan la litera de su opulento amo, exigiendo a los transeúntes abrir paso a tan elevado personaje. Entre las familias distinguidas se tenían esclavos de particular corpulencia para estas tareas (*lecticarii*), especialmente los traídos de Capadocia. Para quienes no podían permitirse el gasto de una litera particular, había también "literas-taxis".

[462] Este es un concepto expresado por Diógenes Laercio (7, 138). Cfr. Séneca, *Nat. Quaest.* 1, 45.

[463] Séneca piensa en el Tiempo y el Azar.

[464] Los *equites* eran personajes de rango ecuestre. En época arcaica pertenecían a la caballería. Los caballos eran proporcionados por el Estado (*equites equo publico*) o comprado con un subsidio especial (*aes equestre*), ofreciendo otro subsidio para el mantenimiento del animal (*aes hordiarium*). Con el tiempo, los caballeros frecuentemente aportaron sus propios caballos (*equites equo privato*). El Estado favorecía el servicio en la caballería y ofrecía varios privilegios. Los *equites* se organizaron originalmente en 18 unidades ecuestres (*centuriae*). Finalmente llegaron a ser una clase social distinguida, especialmente cuando la *Lex Sempronia* (122 a. C.) les brindó el derecho de fungir como jurados en los juicios públicos, excluyendo a los senadores. Los *equites* se volvieron una clase de hombres ricos que obtenían ingresos del comercio (prohibido a los senadores) y del impuesto a la agricultura, siendo una nobleza capitalista de rango más bajo que la senatoria pero con gradual influencia en la administración y la política. La relación con el servicio de caballería se perdió con el tiempo, y la posesión de una riqueza considerable fue el factor decisivo de esta clase social. La *Lex Roscia* del 67 a. C. fijó su patrimonio en 400,000 sestercios. Augusto reorganizó el cuerpo ecuestre. Desde entonces tuvo un papel cada vez mayor en la vida social y política, ya que los miembros de esta clase cubrían los altos cargos de la administración imperial. El anillo de oro que en época republicana era el distintivo de senadores y *equites* (*ius anuli aurei*) se volvió una distinción exclusivamente ecuestre. Al ocupar los cargos más importantes en la cancillería imperial tras la reforma de Adriano, su influencia creció aún más.

La referencia que Séneca hace a los *equites* romanos es un llamado indirecto al rango social de su discípulo, quien ha heredado ciertos privilegios políticos y sociales de

en un esclavo. ¿Qué son, en efecto, un caballero, un liberto o un esclavo? Simples nombres nacidos de la ambición o de la injusticia[466]. Es posible entrar al cielo por un rinconcito[467]. Levántate, pues,

y tú también vuélvete digno de la divinidad[468].

Pero no lo lograrás gracias al oro o la plata; no puede extraerse de estos materiales una imagen similar a la divinidad; piensa que cuando los dioses nos eran propicios estaban hechos de barro[469]. Que estés bien.

---

algunos antepasados mencionados en la nota 218.

[465] *Vid. supra*, nota 187.

[466] Séneca tiene en mente la división sumaria de los hombres que el Derecho ofrece. Gayo, profesor de derecho del siglo II d. C., señala en sus *Institutiones* que "la principal división en el Derecho de las personas es esta: que todos los hombres son o libres o esclavos" (Gai., 1, 9); posteriormente, el jurista Florentino brinda en su obra *Institutiones* el siguiente concepto de libertad: "es la facultad natural de hacer lo que place a cada cual, salvo si algo se prohíbe por la fuerza o por la ley"; y sobre la esclavitud dice: "es una constitución del derecho de gentes, por la que alguno está sujeto contra la naturaleza al dominio ajeno" (*Digesta*, 1, 5, 4 pr.-1). Con esto se colige que, en los inicios de la humanidad, todos los hombres eran libres y no tenían un amo que subyugase su voluntad, partiendo de la idea de que, por derecho natural, todos los hombres nacen libres; sin embargo, el *ius gentium* o derecho de gentes, creado por los humanos para regular sus intercambios, lleva a la creación, entre otras cosas, de las guerras, los Estados, las fronteras y, por consecuencia, de la esclavitud, figura totalmente ajena a la concepción de libertad natural de la que gozamos todas las especies vivas. Del pasaje de la carta se deduce que para los estoicos la condición de esclavo no se insertaba en la naturaleza de quien se hallaba en la esclavitud, sino el resultado de una situación puramente jurídica, de una concepción de casta y clasista de la sociedad. En esencia, la esclavitud tenía su origen en el derecho del vencedor en guerra y del conquistador de someter los pueblos sometidos hasta reducirlos, al menos en parte, a la esclavitud. Por ello, Séneca considera que las clases sociales surgen de un orden ajeno al derecho natural, artificial y supeditado a la conveniencia, visto como injusto y fuente de abusos a la comunidad, pues, en esencia, todos los humanos, libres o esclavos, somos iguales, idea esta que domina la filosofía estoica y que Séneca amplía en la carta 47. Cfr. Séneca, *De beneficiis* 3, 18.

[467] Cfr. Eurípides, *Electra* 372; Sénecaa, *De beneficiis* 3, 20.

[468] Virgilio, *Aeneida*, 8, 364 f. Palabras que Evandro dirige a Eneas; el dios al que el primero se refiere es Hércules. Cfr. *Ep.* 18, 12-13.

Séneca tiene en mente la llamada "edad dorada", tal como la describe en *Ep.* 90, cuando los hombres estaban más cercanos a la naturaleza y "eran queridos por los dioses".

32

No retrasemos más nuestro progreso espiritual

(**1**) Indago sobre ti: a todos los que vienen de esa región[470] les pregunto qué haces, en dónde pasas el tiempo y con quién. No puedes darme pretextos; te estoy vigilando. Vive como si yo pudiera oír lo que haces; más aún, como si pudiera verlo. ¿Quieres saber qué disfruto más al escuchar de ti? Que nada escucho: la mayoría de los que interrogo no saben qué haces.

(**2**) Esto es lo mejor: no tratar con los que son diferentes a nosotros ni con los que anhelan cosas diversas a las nuestras. A decir verdad, tengo confianza en que no podrán desviarte y que te mantendrás firme en tu propósito, aunque te rodee una turba de instigadores. ¿Y entonces? No temo que te cambien, sino que te obstaculicen. Incluso quien nos retrasa perjudica mucho, sobre todo porque ante la brevedad de la vida nosotros la hacemos aún más breve por nuestra inconstancia, a menudo reiniciándola una y otra vez. La reducimos a pedacitos y luego la dilapidamos. (**3**) Por ende, apresúrate, queridísimo Lucilio, y piensa a qué velocidad correrías si el enemigo te persiguiera, o si temieras la llegada del jinete que anuncia la huida de los fugitivos. Sucede esto: eres perseguido; apresura el paso y huye, refúgiate, y enseguida medita qué bello es consumar la vida antes de la muerte[471], y luego esperar tranquilamente el

---

[470] Nuestro filósofo se refiere a Sicilia, donde Lucilio era procurador.

tiempo restante sin pedir nada para sí, al poseer ya una vida dichosa, que no puede serlo más si durase más. (**4**) ¡Oh, cuándo llegará ese día en el que entiendas que el tiempo no te concierne, en el que estarás tranquilo y sereno, donde no te preocupará el mañana y estarás totalmente satisfecho de ti!

¿Quieres saber qué hace a los hombres ávidos del futuro? El no pertenecerse a sí mismos en el presente. Tus progenitores han deseado algo ajeno a ti. Pero yo deseo que te mantengas alejado de todos esos bienes que ellos te desean en abundancia. Sus votos despojan a muchos otros para enriquecerte. Hay que arrancarle a alguien lo que quieren ofrecerte. (**5**) Yo sólo te deseo la facultad de tenerte a ti mismo, para que tu mente, si se ve agitada por vanos pensamientos, resista y finalmente esté tranquila, satisfecha consigo misma y, una vez haya reconocido los verdaderos bienes, llegándolos a poseer en cuanto los reconozca, que no desee prolongar inútilmente la vida. Quien vive tras haber llevado a la culminación su vida, ha superado por fin todas las necesidades y es plenamente libre de cualquier sujeción. Que estés bien.

---

471 Séneca se refiere a llevar al espíritu al más alto grado de perfección moral mientras vivamos.

33

Adquiramos un criterio original, fruto de la reflexión y la experiencia

(**1**) Deseas que en estas cartas, como en las anteriores, añada también algunas máximas de nuestros maestros antiguos[472]. Ellos no se ocuparon de sentencias tomadas de libros ajenos; su obra toda está llena de vigor. Debes saber que hay desigualdad donde sobresalen conceptos eminentes entre sí. No es objeto de admiración un solo árbol allí donde todo el bosque se ha elevado a la misma altura. (**2**) Los poemas y las historias están colmados de idénticas frases. Así pues, no quiero que aprecies sólo las máximas de Epicuro; son de todos, y en especial las nuestras. Pero en él se notan más, porque aparecen raramente, de forma inesperada, y porque sorprende algo dicho tan sabiamente por un hombre que profesa la molicie. En efecto, así lo juzga la mayoría de personas. Para mí, Epicuro es vigoroso aunque endose una túnica con mangas largas[473]. La fortaleza, la diligencia y el

---

[472] Nuestro filósofo se refiere a los filósofos estoicos fundadores. A lo largo de la carta, esta aseveración implícita está marcada por pronombres personales ("nosotros") o posesivos ("nuestros")

[473] Esta vestimenta se considera un signo de afeminamiento, como resalta Suetonio en un pasaje dedicado a la vida de Calígula: "su ropa, su calzado y en general todo su traje no era de romano, de ciudadano, ni siquiera de hombre. A menudo se le vio en público con brazalete y manto corto guarnecido de franjas y cubierto de bordados y piedras preciosas; se le vio otras veces con sedas y túnicas con mangas largas. Por calzado usaba unas veces sandalias o coturno, y otras bota militar; algunas veces calzaba zuecos de mujer" (*Cal.* 52).

valor militar se hallan tanto entre los persas como entre los que se ciñen la túnica en alto[474].

(3) Por ende, no hay razón para exigir máximas selectas y repetidas; en nuestros maestros es continuo aquello que entre los demás es ocasional. Nosotros no vendemos una mercancía cualquiera que seduce la vista, ni engañamos al comprador: al entrar no hallará nada más que lo exhibido. Le permitimos tomar los objetos que quiera de donde quiera. (4) Imagina que quisiéramos elegir de esa multitud algunas sentencias en particular. ¿A quién se las atribuiríamos? ¿A Zenón[475], a Cleantes[476], a Crisipo[477], a Panecio[478], a

---

[474] En contraste con la vestimenta anterior, la túnica sin mangas y ceñida por encima de la cintura es signo de energía y virilidad. Cfr. Horacio, *Sátiras* 1, 5, 5.

[475] *Vid supra*, nota 180.

[476] *Vid. supra*, nota 179.

[477] *Vid. supra*, nota 222.

[478] Filósofo nacido en la isla de Rodas, desconociéndose el año de su nacimiento (Strab. 14, p. 968). Se dice que fue discípulo del gramático Crates de Pérgamo (Strab., 14, 993 c), y que luego fue llevado a Atenas, donde fue discípulo del estoico Diógenes de Babilonia y su discípulo Antípater de Tarso (Cic., *De divin.*, 1, 3). Quizá a través de Lelio, que asistía a las clases, primero del babilónico Diógenes, y luego de Panecio (Cic., *De fin.*, 2, 8), éste fue presentado al gran Publio Escipión Emiliano y, al igual que Polibio antes que él, se ganó su amistad (Cic., *De fin.*, 4, 9; *De off.*, 1, 26; *De amic.*, 5, 27; cfr. *Pro Murena*, 31), y le acompañó en la embajada que realizaba, dos años después de la conquista de Cartago, a los reyes de Egipto y Asia aliados con Roma (Vel. Pat., 1, 13, 3; Cic., *Acad.*, 2, 2; Plut., *Apophth.*, p. 200 e; cfr. *Moral.*, p. 777 a). Al parecer, Panecio vivió sus últimos años en Atenas, tras la muerte de Antípater, como jefe de la escuela estoica (Cic., *De divin.*, 1, 3), y allí murió antes del año 111 a. C., cuando Lucio Craso tan sólo halló a Mnesarco, el discípulo de Panecio (Cic., *De orat.*, 1, 11).
La principal obra de este filósofo fue, sin duda, su tratado sobre las obligaciones morales en tres libros. Se proponía investigar primeramente qué era moral o inmoral; luego, lo que era útil o inútil; y finalmente, cómo debía concluirse el aparente conflicto entre lo moral y lo útil. Conocemos buena parte de la temática gracias a la obra *De officiis* de Cicerón, quien busca imitar desde su estilo al filósofo ródico siguiendo los contenidos científicos de la obra original sin alteraciones sustanciales (2, 17; 3, 2; 1, 2), pero procurando ahondar en la tercera sección de la obra original, que Panecio dejó inconclusa (*De off.*, 3, 7). En términos generales, Panecio, siguiendo a Aristóteles, Xenócrates, Teofrasto, Diquearco, y especialmente a Platón, suavizó la severidad de los estoicos antiguos; sin ignorar sus definiciones fundamentales, las

Posidonio[479]? Nosotros no estamos sometidos a un monarca; cada uno reivindica la autoría a los demás. Entre los otros[480], por el contrario, lo que ha dicho Hemarco[481] o lo que ha

---

modificó para poderse aplicar a la vida cotidiana, revistiéndolas de garbosa elocuencia (Cic., *De fin.*, 4, 28; *Tuscul.*, 1, 32; *De leg.*, 3, 6; cfr. Plut., *De stoich. Repugn.*, p. 1033 b). Con él inicia un esfuerzo por suplir eclécticamente las deficiencias de la teoría estoica y darles una nueva forma; por ello, entre los neoplatonistas él pasó como platonista (Proclo, *In plat. tim.*, p. 50). En el ámbito de la ética reconocía una doble vertiente de la virtud, la teórica y la práctica (Dióg. Laer., 7, 92); se esforzó por acercar el objetivo último de la vida a los impulsos naturales (Clem. Alex., *Strom.*, 2, p. 497), y a volver manifiesta por analogía la indivisibilidad de las virtudes (Estobeo, *Ecl. Eth.*, 2, p. 112); señaló que el reconocimiento de lo moral, como algo deseable por su propio bien, era una idea fundamental en los discursos de Demóstenes (Plut., *Demosth.*, p. 852 a); no admitió la ruda doctrina de la apatía (Aulo Gelio, 12, 5) y, por el contrario, reivindicó la validez de ciertas sensaciones placenteras como acordes a la naturaleza (Sext. Emp., *Adv. Math.*, 11, 73), mientras insistió en que las definiciones morales debían establecerse de forma tal que pudiesen ser aplicadas por aquel que no hubiese alcanzado todavía la sabiduría (Sén., *Ep.*, 116), brindándole un giro retórico a la ética estoica por medio de relaciones concretas y haciéndola inteligible a través de ejemplos y analogías, sistema que usa abundantemente Séneca a lo largo de su relación epistolar con Lucilio.

[479] Distinguido filósofo estoico nativo de Apameia, Siria (Strab., 14, p. 968; 16, p. 1093). Se desconoce la fecha de su nacimiento, pero fue discípulo de Panecio y contemporáneo de Pompeyo y Cicerón. Si Panecio murió hacia el 112 a. C., y Posidonio llegó a Roma durante el consulado de Marco Marcelo (51 a. C.), y según Luciano (Macrob., vol. 3, p. 223) llegó a los 84 años, quizá el año 135 a. C. pueda ser cuando nació Posidonio.

Tras dejar Siria, se dirigió a Atenas donde se hizo discípulo de Panecio (Cic., *De off.*, 3, 2; *Tusc.*, 5, 37). A la muerte de Panecio siguió viajando, llegando primero a España, luego a Sicilia, Dalmacia, Ilírico, Masilia, la Galia Narbonense y Liguria, para luego volver a Rodas donde se volvió jefe de la escuela estoica. Participó activamente en política, influyendo en el curso de la legislación y siendo enviado como embajador a Roma en el año 86 a. C. Obtuvo el aprecio y admiración de romanos prominentes como Mario (Plut., *Mar.*, 45), Cicerón (*De nat. deor.*, 1, 3; *De fin.*, 1, 2; Plut., *Cic.*, 4) y Pompeyo (Strab., 11, p. 492; Plut., *Pomp.*, 42; Plin., *H. N.*, 7, 31). Llegó a Roma en el año 51 a. C., y al parecer murió allí poco después. Su escuela tuvo enorme éxito gracias a su discípulo y nieto Jasón (Jasón, p. 556). Entre sus discípulos tuvo a Fanias (Dióg. Laer., 7, 41) y a Asclepiodoto (Sén., *Qu. Nat.*, 2, 26; 6, 17). Además de Cicerón, parece que asistieron a escucharle Cayo Veleyo, Cayo Cota, Quinto Lucio Balbo y quizá Bruto.

Hombre de amplísima cultura e inquietud intelectual, tomó como base de su filosofía ética y moral al sistema estoico, aunque con considerables modificaciones, logrando amalgamar buena parte de los sistemas de Platón y Aristóteles. Ninguno de sus escritos ha llegado íntegro hasta nosotros.

[480] Se refiere a los representantes de la escuela epicúrea.

dicho Metrodoro[482] le conciernen sólo a ellos. Todo lo que alguno de ellos ha dicho en esa tienda ha sido expresado bajo la guía y auspicios de uno solo[483]. Sostengo que nosotros no podemos, aunque lo intentemos, extraer un solo concepto de una cantidad tan vasta de cuestiones con idéntico valor.

Es propio del pobre contar su ganado[484]

Dondequiera que coloques la mirada ocurrirá que algún pensamiento podrá resaltar siempre que no lo hayas leído entre otros igualmente importantes.

(5) Por lo tanto, abandona esa esperanza inútil de degustar sólo superficialmente el talento de los varones más insignes; debes examinarlos en su totalidad y ocuparte de aquél a profundidad. Su pensamiento se desarrolla de manera fluida y la obra del ingenio se entrelaza gracias a sus rasgos fundamentales, por lo que nada puede sustraerse sin que el todo se derrumbe. No me opongo a que analices cada una de las partes siempre que tengas en cuenta el conjunto. No es bella la mujer a la que sólo se le admiran las piernas o los brazos, sino la que se admira en su totalidad gracias a haberla admirado en cada una de sus partes.

(6) Si a pesar de ello lo exigieras, no me portaré contigo mezquinamente, sino que daré a manos llenas. Hay por doquier una inmensa cantidad de esas máximas: pero habrá que escogerlas, no sólo reunirlas. De hecho, no surgen

---

[481] *Vid. supra,* nota 183.
[482] *Vid. supra,* nota 182.
[483] Cfr. Plauto, Amph., 1, 1, 41 (*ut gesserit rem publicam ductu imperio auspicio suo*), y Horacio, Od., 1, 7, 27 (*Teucro duce et auspice Tecro*).
[484] Ovidio, *Metamorfosis,* 13, 824.

de vez en cuando, sino que fluyen a raudales. Surgen continuamente y están encadenadas entre sí. Más aún, no dudo que sean muy útiles a los ignorantes y también a los que escuchan sólo de manera superficial; en efecto, se graban con mayor facilidad ideas concisas encerradas en forma de verso. (7) Por ello hacemos que los niños aprendan de memoria las máximas y esas que los griegos llaman *chreiai*[485], porque la inteligencia infantil puede comprenderlas, en tanto no pueda entender aún ideas más complejas. Pero para un hombre que va madurando es vergonzoso intentar atrapar simples florecillas[486] y apuntalar su espíritu con unas cuantas máximas, las más conocidas, reteniéndolas en la memoria; debe ya apoyarse en sí mismo y expresar sus ideas, no nada más retener las ajenas en la memoria. A decir verdad, es reprobable para un anciano o para el que se acerca a la vejez saber algo a partir de simples citas. "Esto lo ha dicho Zenón". ¿Y tú qué dices? "Esto otro, Cleantes". ¿Y tú, qué? ¿Hasta cuándo caminarás con la ayuda de otro? Toma el mando y expresa lo que deba ser transmitido de memoria, pero también da a conocer algo propio. (8) Así pues,

---

[485] Se refiere al aforismo, una breve sentencia aleccionadora que se propone como una regla formulada con claridad, precisión y concisión. Resume ingeniosamente un saber que suele ser científico, sobre todo médico o jurídico, pero que puede extenderse al ámbito moral, donde se le denomina "apotegma", "adagio" o "máxima", sobre todo si proviene de un personaje célebre; o bien puede encerrar una dosis de sabiduría popular, y a dicha variación se le llamará "refrán", "adagio" o "proverbio". Si expresa un lugar común con pretensiones de validez universal como norma de vida, será llamada "sentencia". Cfr. Quintiliano, *Inst. Or.* 1, 9, 3.

[486] El vocablo latino *flosculus* es usado aquí de manera metafórica. Se aplica para dar a entender la mejor parte de algo, la "médula" del objeto de estudio en forma de pequeños extractos selectos, tomados de la obra de algún escritor, muy similar a lo que hoy conocemos como "frases célebres" o "citas", que pese a contener en su redacción una verdad profunda o una observación ingeniosa, sólo es una quintaesencia, en ocasiones pobre y limitada, del pensamiento universal del escritor.

considero que todos estos simples intérpretes, ocultos a la sombra de alguien, pero sin ser jamás autores, nada tienen de magnánimos, pues nunca se han atrevido a hacer algo de lo que estudiaron durante largo tiempo. Han ejercitado la memoria con ideas ajenas. Pero una cosa es recordar, y otra muy diferente saber. Recordar es custodiar en la memoria las ideas aprendidas. Por el contrario, saber es hacer propias cada una de las ideas pero sin depender del modelo y sin tener que volver a cada rato la mirada hacia el maestro. (**9**) "¡Esto lo dijo Zenón, esto Cleantes!". Entre el libro y tú debe haber alguna diferencia. ¿Hasta cuándo aprenderás? Es hora ya de enseñar. "¿Para qué escuchar lo que puedo leer?". Quizá se responda: "mucho se logra de viva voz"[487]. En verdad no deben tomarse en comodato[488] las palabras de otros y fungir de su escribano.

(**10**) Ahora agrega a esos que nunca dejaron la tutela: primero adoptan una teoría de filósofos ya obsoletos que hace mucho ya nadie sigue; y después se ciñen a una teoría que aún se está discutiendo. Ahora bien, nunca se descubrirá nada novedoso si nos contentásemos con lo ya descubierto. Además, quien sigue a otro, nada nuevo descubre, es más, ni siquiera busca. (**11**) ¿Entonces qué hacer? ¿No seguir las huellas de los que nos precedieron? Claro que puedo recorrer

---

[487] Los antiguos solían, más que los modernos, leer en voz alta. Cfr. Quintiliano, *Inst. Or.* 2, 2, 8 y Plinio el Joven, *Cartas* 2, 3, 9.

[488] El *commodatum* es un préstamo de uso, caracterizado por la buena fe entre las partes y la gratuidad, que se perfecciona por la entrega (*traditio*) que realiza una persona llamada comodante a otra, llamada comodatario, de una cosa no consumible para que haga uso de ella y la restituya en un plazo fijado. Séneca tiene en mente esta figura jurídica para criticar a los que, por decirlo elegantemente, "toman prestadas" las ideas de otros para luego usarlas de manera irreflexiva o poco auténtica al emitir juicios en un debate.

el camino previo, pero si llego a encontrar uno más fácil y corto, lo abriré. Esos que antes de nosotros pensaron agudamente en estas cuestiones no son nuestros amos, sino nuestros guías. La verdad está abierta a todos; nadie la posee todavía a plenitud. Gran parte de ella también se ha dejado a los postreros. Que estés bien.

34

Satisfacción causada por los avances logrados

(**1**) Me siento otro y brinco de alegría; retomo el antiguo ardor ante esta vejez que ya he ignorado cada vez que entiendo, a partir de lo que haces y escribes, cuánto te has superado, porque has ignorado desde hace mucho al vulgo. Si al agricultor le brinda regocijo el árbol que ha producido frutos, si el pastor se alegra por la cría nacida en su rebaño, si alguien contempla a su vástago y ve su adolescencia gozosa como propia, ¿qué crees que sucederá a los que educaron un carácter, lo formaron todavía tierno y de repente lo ven ya adulto?

(**2**) Te reivindico como mío; eres mi obra. Cuando vi tu inclinación, te impuse mi mano[489], te exhorté, te estimulé

---

[489] Séneca se refiere a la *manus iniectio*, un acto simbólico usado en el procedimiento arcaico romano. Una vez que el juez emitía sentencia, el demandado tenía un plazo de 30 días para cumplirla; en caso contrario, el demandante llamaba al primero ante el pretor y pronunciaba la siguiente fórmula: "como fuiste adjudicado a pagar la suma de… y no lo hiciste, impongo mi mano sobre ti por esa suma"; acto seguido, el acreedor colocaba su mano sobre el hombro del deudor (*manum inicere*), y si nadie intercedía por el segundo pagando la deuda, era asignado (*addictus*) al demandante. Según la Ley de las Doce Tablas, el deudor permanecía bajo potestad de su acreedor hasta que se saldase la deuda o, si han transcurrido 60 días sin hacerlo, podía ser vendido como esclavo más allá del Tíber, cuando este río era en época antigua el límite natural de la ciudad, implicando la pérdida de la libertad y la ciudadanía. Leyes posteriores como la *Papipira Poeteleia* del 186 a.C. abolieron esta forma de garantía personal que implicaba la pérdida de derechos cívicos, motivo de rebeliones entre las clases bajas.

Séneca usa esta figura jurídica arcaica para representar la "adquisición" en sentido metafórico de la persona de su discípulo con objeto de formarlo, manteniéndolo "sometido" a potestad hasta que haya pagado su "deuda": transformarse en un

continuamente y no dejé que alentaras el paso, sino que a menudo te instigué; y ahora hago lo mismo, pero ya te exhorto mientras corres y ahora incluso impulsas al exhortante[490].

(**3**) Quizá digas: "¿Qué cosa? ¡Hasta ahora tan sólo he tenido la intención!". Esto ya es muchísimo, y no como dicen tan a menudo, que quien comienza la obra está ya a la mitad de culminarla[491]. Este asunto concierne al alma. Por ende, gran parte de la bondad implica querer ser bueno. ¿Sabes a quién llamaré bueno? Al individuo perfecto, completo, al que ninguna fuerza externa ni necesidad alguna pueda volverlo ruin. (**4**) Esto te lo pronostico si perseveras y actúas de modo que tus actos y palabras sean armónicos entre sí, sean dignos de ellos mismos y posean un solo cuño. No vive rectamente el espíritu cuyos actos son incoherentes. Que estés bien.

hombre de bien según los postulados de la filosofía estoica.
[490] Cfr. Homero, *Ilíada* 8, 293. Este concepto recorre con frecuencia a los autores latinos, por ejemplo, en Cicerón (*Ep. ad Att.* 5, 9, 1) y en Plinio el Joven (*Ep.* 3, 7, 15).
[491] Proverbio quizá de origen griego que luego pasó al patrimonio sapiencial latino. Cfr. Horacio, *Ep.* 1, 2, 40.

35

La amistad verdadera brinda gozos infinitos

(**1**) Cuando te exhorto con tanta insistencia para que te dediques al estudio, lo hago también en beneficio mío. Quiero tenerte como amigo, pero esto no se logrará a menos que prosigas perfeccionándote tal como iniciaste. Sin duda que me aprecias, pero aún no eres mi amigo. "¿Entonces estas cosas son diferentes entre sí?" Más bien son contrarias[492]. Quien es amigo, ama; pero no siempre quien ama es amigo. Por consiguiente, la amistad siempre brinda júbilo, pero el amor de vez en cuando lastima. Procura ir avanzando, si no por otra cosa, al menos para que aprendas a amar.

(**2**) Así pues, apresúrate para que me seas grato y no tengas que aprender de otra persona[493]. Ya me veo recogiendo los frutos cuando imagino que algún día seremos una sola alma, y el vigor que la edad me ha quitado me lo restituirá la tuya, aunque no exista ya mucha diferencia entre nosotros. (**3**) Pero quiero alegrarme también con las cosas de este instante. De las personas que amamos, aunque estén ausentes, nos llega cierta alegría, aunque leve y efímera; por el contrario, la proximidad, la presencia y la conversación

---

[492] La pregunta de Lucilio muestra la opinión popular de que el amor es equiparable a la amistad. En la visión del filósofo, sólo el amor perfecto, del que se ha quitado todo egoísmo, es igual a la amistad.

[493] Séneca urge a su discípulo a seguir mejorando en el estoicismo porque sabe que en cualquier momento podría morir, ya debido a su edad avanzada, ya debido a la locura del emperador Nerón.

brindan un enorme placer, especialmente si contemplas a quien quieres ver tal como lo quieres ver. Ven, pues, a visitarme: me harás un enorme regalo[494], y para apremiarte a hacerlo, piensa que tú eres mortal y que yo soy viejo. (4) Apresúrate conmigo, pero antes hazlo contigo. Sigue progresando y, ante todo, preocúpate por ser coherente contigo mismo. Cada vez que quieras saber si has avanzado, observa si hoy quieres las mismas cosas que ayer[495]. Un cambio en la voluntad indica que el espíritu todavía vacila, yendo de aquí para allá según el viento lo lleve o lo traiga[496]. Lo que es firme y tiene cimientos sólidos no vacila. Esto es lo propio del sabio consumado, aunque en cierta medida también del que va progresando y avanzando en la sabiduría. ¿Y entonces qué los diferencia? El segundo ciertamente se agita, pero se mantiene firme, vacilando en donde está parado; el primero ya ni siquiera se agita. Que estés bien.

---

[494] Cfr. Séneca, *De beneficiis* 1, 8, 1.
[495] *Vid. supra*, *Ep.*, 16, 9. La perseverancia en seguir el camino hacia la perfección moral es una regla fundamental de Zenón. Cfr. Diógenes Laercio 7, 87.
[496] *Vid. supra*, *Ep.*, 2, 1; 23, 8.

36

Decidamos según nuestra razón

(**1**) Exhorta a tu amigo para que desprecie con espíritu magnánimo a esos que lo critican porque optó por el ocio y la vida retirada; porque abandonó su elevado cargo, y aunque podría haber llegado más alto, antepuso a todo ello la tranquilidad; que les demuestre todos los días lo provechoso que fue tomar tal decisión. Los hombres a los que se les envidia no culminan su ascenso: unos son eliminados, otros caen. La felicidad es inquieta: se atormenta debido a sí misma. Mueve la mente de forma variada; a unos y a otros los estimula, ya a la sed de poder, ya a la lujuria. A éstos los enardece, a aquéllos los ablanda, y a todos los aniquila.

(**2**) "Pero alguno habrá que la mantenga a raya". Sí, como al vino. Así pues, no te dejes convencer por esos que opinan que es feliz a quien muchos asedian. Se acude a él en masa como se corre hacia un lago al que primero agotan y finalmente enturbian. "Lo llaman inútil e insípido". Bien sabes que algunos son dados a hablar torcidamente y a dar un significado opuesto a las palabras. (**3**) Antes lo llamaban feliz. ¿Lo era en verdad? Siendo franco, no me preocupa demasiado que se le considere de carácter grave y sombrío. Aristón[497] decía preferir a un adolescente de carácter austero que a uno jovial y agradable a la multitud. Un vino que al

---

[497] *Vid. supra*, nota 429. Cfr. Von Arnim, *Aristo de Chios*, Fr. 388.

inicio parecía áspero y amargo puede volverse bueno; pero el que ya se halla en la tinaja no soporta el envejecimiento. Deja que lo llamen triste y enemigo de sus propios éxitos; esa misma tristeza le beneficiará en la vejez, siempre que persevere en el cultivo de la virtud y beba de los estudios liberales; mas no de esos en los que basta mojarse, sino de esos en los que debe sumergirse el espíritu. (4) Este es el momento de aprender. "¿Cómo? ¿Acaso hay otro en el que no deba aprenderse?" De ningún modo. Pero aunque es digno de aprecio el estudiar a cualquier edad, no lo es el ser educado a cualquier edad. Es vergonzoso y ridículo un viejo aprendiendo el abecedario; el joven debe prepararse, el viejo debe obtener provecho de lo estudiado. Por ende, te harás un enorme beneficio si vuelves a tu amigo una persona magnánima; dicen que los beneficios que deben anhelarse y otorgarse, sin duda de primera categoría, son aquellos en los que es provechoso dar y recibir.

(5) En fin, ya no es libre: ha dado su palabra. Es menos inmoral arruinar a un acreedor que a una buena esperanza. El negociante requiere un barco adecuado para pagar el dinero adeudado, el agricultor de la fertilidad del terreno que cultiva, de la tierra y de un clima favorable. Tu amigo, para poder pagar lo que debe, necesita de su sola voluntad[498]. (6) La fortuna no tiene potestad alguna sobre la esfera moral. Que regule su conducta para que su espíritu alcance la perfección con absoluta tranquilidad, ignorando lo que podría afectarle o llegarle de improviso, y manteniendo

---

[498] La gratitud es un don moral que en los escritos de Séneca ocupa un lugar de primer orden. Cfr. *De beneficiis* 2, 30; *Ep.* 35, 1.

la misma actitud sin importar cómo se presenten las cosas. Si le aumentan los bienes apreciados por el vulgo, él estará por encima de esos bienes; si la suerte le arranca una parte de esos bienes o todos de una vez, no se sentirá por debajo de ellos.

(7) Si hubiese nacido en Partia, habría aprendido a usar desde niño el arco; si hubiese nacido en Germania, desde la tierna infancia habría aprendido a blandir el mango de una lanza[499]; si hubiese nacido en tiempos de nuestros antepasados, habría aprendido a cabalgar y a golpear al enemigo cuerpo a cuerpo. El modo de vida de cada pueblo manda y rige sobre sus ciudadanos. (8) ¿Qué debe entonces meditar tu amigo? Sobre aquello que protege contra todas las armas y contra todo tipo de enemigos: el desprecio de la muerte; sin duda alguna, ella tiene en sí algo de terrible que aflige a nuestras almas, formadas por naturaleza en el amor a sí mismas. De hecho, no habría necesidad de prepararse y ejercitarse en un evento para el cual deberíamos tender por impulso voluntario[500], como en el caso de la propia conservación. (9) Nadie aprende, en caso de necesidad, a yacer con espíritu tranquilo sobre un lecho de rosas[501], sino que se entrena para no perder la fortaleza en medio de los tormentos, y si fuera necesario, a vigilar de pie ante la fortificación estando en ocasiones herido y sin apoyarse en la lanza, porque el sueño acostumbra llegar furtivamente a quien se apoya en algo.

---

[499] Cfr. Tácito, *Germania* 6.
[500] Séneca se refiere a la muerte.
[501] Cfr. Cicerón, *De finibus bonorum et malorum* 2, 63-65, donde se recuerda a un tal Torio Balbo que bebía copas de vino en un lecho de rosas.

La muerte nada tiene de incómodo; si así fuera, tendría algo de incómodo hasta para ella[502]. (**10**) Porque si deseas ansiosamente tener una vida muy prolongada, piensa que ninguno de los seres que desaparecen de nuestra vista y se ocultan en la naturaleza, de la cual surgieron y pronto volverán a surgir, se extingue a plenitud: terminan su ciclo, pero no perecen del todo. Y la muerte, que tanto tememos y rechazamos, interrumpe la vida, pero no la aniquila; vendrá de nuevo el día que nos devolverá a la luz, aunque muchos lo rechazarían a menos que olvidasen todo lo pasado[503].

(**11**) Más adelante te explicaré con mayor profundidad cómo lo que en apariencia perece en realidad sólo muta de condición[504]. Lo que está destinado a regresar debe irse con espíritu sereno. Observa el curso de las cosas que vuelven a sí mismas: verás que en este mundo nada se extingue, sino que declina y resurge por ciclos. El verano se ha ido, pero el año siguiente lo traerá consigo; el invierno se acabó, pero los meses que le son propios lo harán volver; la noche ha ocultado el sol, pero el día inmediatamente la ahuyentará. Las estrellas repiten el trayecto ya recorrido; una parte del cielo se eleva y otra se hunde sin parar.

---

[502] Nuestro filósofo tiene en mente el argumento de Epicuro: "Así pues, el más temible de los males, la muerte, no es nada para nosotros; pues mientras existimos, la muerte no está presente, y cuando la muerte se presenta, nosotros ya no existimos. Por ende, no le concierne ni a los vivos ni a los muertos, porque para los vivos no tiene existencia, y los muertos no existen ya" (Dióg. Laer., 10, 124-125). Lucrecio retoma este argumento y concluye diciendo: *Nil igitur mors est ad nos neque pertinet hilum* (3, 830).

[503] Cfr. Lucrecio, *De rerum natura* 3, 856 y ss., donde se dice que los átomos (semina) se hallaron dispuestos una vez dispuestos en el mismo orden en que hoy se hallan: pero nosotros no tenemos conciencia de ello.

[504] Vid. infra, Ep. 77.

(**12**) Concluiré aquí, pero agregaré esto: los infantes, los niños y los dementes no temen a la muerte; y es de lo más vergonzoso que la razón no nos procure esa serenidad interior a la que conduce la falta de ella. Que estés bien.

37

La filosofía debe ser rectora
de nuestras vidas

(**1**) Has prometido ser un hombre de bien, y te has comprometido con un juramento: este es el vínculo más fuerte para obtener una mente buena. Si alguien dijera que es un quehacer sencillo y hasta afeminado, se estaría burlando de ti. No quiero que te engañes. Las palabras de este juramento tuyo, dignísimo de consideración, y las del juramento de gladiadores[505], tan infame[506], son idénticas:

---

[505] Séneca usa la frase *sacramentum gladiatorium*. En el mundo de los espectáculos gladiatorios no siempre hallamos a esclavos o prisioneros de guerra que ejercen el oficio de entretener al populacho; también existen ciudadanos libres que, tentados por la idea de una vida de fama y dinero rápido, deciden contratarse a un *lanista* (empresario de juegos circenses) para convertirse en profesionales de la arena o el escenario, muy similares a los modernos luchadores o artistas. Dicha contratación se daba bajo modalidades muy precisas, como la *locatio conductio operarum* (arrendamientos de servicios) y el *auctoramentum*. Sobre la segunda modalidad, íntimamente relacionada con la idea expresada por nuestro filósofo, el futuro gladiador se subordinaba al lanista, sometiéndose totalmente a su poder para obtener así una ganancia de la actividad realizada. El *auctoramentum* era un acto de carácter eminentemente sacro, que no producía efectos obligatorios en el sentido técnico-jurídico de la *locatio conductio operarum*, pero que de cualquier manera se perfeccionaba con la adhesión de quien habría adquirido la voluntad del *auctoratus*, el cual ahora se comprometía a someterse a la difícil y compleja disciplina gladiatoria, que no se trataba de una simple defensa una vez en la arena, sino de toda una demostración de capacidades especiales desarrolladas en los gimnasios (*ergastula*), y que debería ofrecer el pertinente espectáculo, si el lanista lo deseaba, hasta el derramamiento de sangre. Probablemente Séneca abrevió el texto del juramento que hallamos en Petronio, *Satiricón* 118, y que vuelve a parafrasearlo en *Ep.*, 71, 23.

[506] Pese a ser el equivalente moderno de las estrellas del espectáculo y el deporte, e incluso objeto de verdadero culto por parte de sus "admiradores", los gladiadores, junto con actores de todo tipo, aurigas y otros combatientes especializados, se ubicaban en una condición social profundamente reducida. Las actividades por ellos desarrolladas se consideraban objeto de *infamia*, esto es, de merma de la imagen

"aceptar ser quemado con hierros, atado con cadenas y aniquilado por la espada"[507]. (2) De los segundos, que rentan sus manos para la arena y comen y beben lo que deberán restituir con sangre, se estipula que soporten tan viles actos contra su voluntad; de ti sólo se pide que los aceptes voluntariamente y de buen grado. A los segundos se les permite bajar las armas e invocar la misericordia del pueblo[508]; tú no puedes rendirte ni rogar por tu vida. Debes morir de pie e invicto. ¿Y luego de qué sirve ganar unos cuantos días o años? Nacimos sin poder implorar tregua.

(3) Preguntas: "¿Pero de qué modo saldré adelante?" No puedes evitar el destino, aunque sí puedes vencerlo.

El camino se abre por la fuerza[509],

---

pública derivada de la norma vigente, aplicada a determinadas condenas, como el robo o las injurias, o a actos derivados del ejercicio de un cargo, como la deserción del ejército, o bien a oficios que implicaban un descrédito social a quienes las ejercían, como la prostituta, el lenón o la lena, así como todo aquel que ejerciera el *ars ludicra*, esto es, el oficio de exhibirse en un escenario, según opina Ulpiano, jurista de la primera mitad del siglo III d. C.: "escenario es, según define Labeón, cualquier lugar destinado para hacer juegos, en donde alguno se presente y se mueva para dar espectáculo de su persona, que se haya establecido en un sitio público o privado, o en una aldea; pero en cuyo lugar sean admitidos indistintamente los hombres por causa de espectáculo. Porque Nerva y Pegaso hijo respondieron que eran infames los que por lucro descienden a los certámenes, y todos los que por premio se presentan en la escena" (*Digesta*, 3, 2, 2, 5). Ahora bien, las pasiones que se generaban hacia los profesionales de la arena, las grandes sumas de dinero que lograban obtener, la enorme popularidad de que gozaban en el imaginario colectivo y las satisfacciones que les reservaba su oficio, marcaban un contraste sin duda notorio ante el estigma de *infames* que la ley y la sociedad les imponía. De ahí la opinión de Séneca, tan propia de la mentalidad de la época, especialmente entre los sectores nobles, de considerar objeto de desdén a un ciudadano romano perteneciente a una clase privilegiada, comúnmente jovencísimo, que se ha incorporado a las filas de histriones y gladiadores, sometiéndose voluntariamente a una situación considerada socialmente miserable.

[507] Cfr. Petronio, *Sat.*, 117.

[508] *Vid. supra*, nota 438.

[509] Virgilio, *Aeneida*, 2, 494. El pasaje se refiere a los griegos que irrumpen en el

y ese camino te lo indicará la filosofía. Dirígete a ella si quieres ser salvo, sereno, feliz, y este es el máximo ideal, si quieres ser verdaderamente libre. Esto no puede acaecer de otra manera. (4) La vileza es algo mezquino, abyecto, sórdido, propio de esclavos, sujeto a muchas y violentísimas pasiones. La sabiduría, única libertad verdadera, te alejará de estos amos tan nocivos que imperan a veces de forma alternativa, a veces al mismo tiempo[510]. Un solo camino lleva a la sabiduría, y es ciertamente recto; no te desvíes. Avanza con paso cierto; si quieres someter todas las cosas a ti, sométete primero a la razón: guiarás a muchos si la razón te guía. De ella aprenderás qué cosa debes acometer y de qué manera; así no te verás arrollado por los eventos. (5) No podrás mencionarme a nadie que sepa cómo empezó a desear las cosas que hoy desea; seguro que no llegó a ello por una deliberación, sino porque un violento impulso lo arrojó hasta allí. La fortuna cae con frecuencia sobre nosotros tanto como nosotros sobre ella. Es algo vergonzoso no tanto avanzar, sino más bien ser arrastrado, y ya en medio de la vorágine de los eventos de repente preguntarse estupefacto: "¿Pero cómo es que llegué hasta este punto?" Que estés bien.

---

palacio de Príamo.
[510] Séneca contrapone dos ideas fundamentales del estoicismo para motivar en su discípulo la necesidad de aspirar a una vida basada en sólidos cimientos morales: la ἀμαθία o *stultitia*, propia del ámbito de las pasiones instintivas, y su antítesis, la σοφία o *sapientia*, propia de la naturaleza racional del Hombre.

38

La conversación provechosa
eleva y alimenta el espíritu

(**1**) Con justa razón exiges que aumentemos el intercambio de cartas entre nosotros. Una conversación provechosa beneficia muchísimo, porque penetra gradualmente en el espíritu. Las disertaciones preparadas y expuestas ante un público tienen mayor resonancia pero menos familiaridad. La filosofía es más que nada un buen consejo, y nadie da un consejo en voz alta. A veces deben usarse lo que podrían definirse como "arengas", con objeto de estimular al que vacila; pero cuando se busca, no tanto que quiera aprender, sino que aprenda, hay que recurrir a palabras más apacibles. Penetran y quedan impresas con mayor facilidad; y no se necesitan muchas, sólo las efectivas.

(**2**) Hay que esparcirlas como una semilla, sin importar lo minúscula que sea: si cae en el terreno adecuado, despliega su energía y, aunque pequeñísima al inicio, se despliega y crece hasta alcanzar su máximo tamaño. Lo mismo sucede con la razón: si examinas cuidadosamente, no se evidencia con gran despliegue, sino que crece al actuar. Pocas son las cosas que se dicen, pero si el espíritu las recibe de buen grado, ganan fuerza y se desarrollan. Opino que los preceptos son como las semillas: logran mucho aun siendo pequeños. Pero como ya dije, debe captarlos y absorberlos una mente adecuada. A su vez, ésta producirá abundantes frutos y restituirá más de lo que ha recibido. Que estés bien.

39

Procuremos que el espíritu tienda a lo sublime y rechace lo deleznable

(1) Prepararé esos apuntes que deseas, ordenándolos con cuidado y redactándolos con brevedad. Sin embargo, nota que el sistema tradicional[511] ya no es útil, pues lo que el vulgo llama hoy popularmente 'breviario', en otro tiempo, cuando hablábamos un buen latín, se llamaba 'sumario'[512]. El primer vocablo es más adecuado para el que aprende, el segundo para el que ya sabe. Aquél enseña, mientras que éste ayuda a recordar. De cualquier manera, te haré llegar abundante información. Pero no exijas de mí este o aquel autor en especial: quien carece de confianza presenta un

---

[511] Según se infiere de esta carta, el método regular para estudiar filosofía era un curso de lectura guiada de los filósofos.

[512] Séneca desprecia el sistema de "matarse estudiando" obrillas resumidas, eminentemente memorista, como sustituto de la lectura reflexiva y profunda, pues usando el primer método no se aprende de entrada la materia de estudio, y en consecuencia, se pierde la inspiración que podría obtenerse entrando en contacto directo con los grandes pensadores, optando tan sólo por una rápida visita a su pensamiento. Un fenómeno que hasta nuestros días continúa vigente: hoy abundan infinidad de libros o artículos periodísticos que, en forma de antología o comentario, buscan resumir en pocos capítulos o párrafos el pensamiento de un escritor, intelectual o filósofo para "consumo popular". Incluso de Séneca existen varias obritas que ofrecen las mejores frases y pensamientos del filósofo, pero que no detallan ni menos aún contextualizan la intención original del autor contenida en sus grandes tratados. Como resultado, tenemos una noción rápida, aunque vaga, del ideario de un escritor, algo que nuestro filósofo rechaza totalmente como el método adecuado para educar al espíritu, porque ello es lo que modernamente se denomina "estar informado", pero que no implica necesariamente "estar formado". A decir verdad, la petición de Lucilio de querer "matarse estudiando" dirige el tema central de la carta, y se discute con mayor detalle en el segundo párrafo.

fiador. (**2**) Por ende, sí te escribiré lo que quieres, pero a mi manera[513], pues por ahora tienes a muchos escritores cuyos trabajos ignoro si tienen suficiente coherencia[514]. Toma mejor entre tus manos una lista de filósofos excelsos[515]; esto te hará salir del letargo, al ver cuántos se han esforzado por ti. Desearás al instante ser uno de ellos. A decir verdad, la mejor cualidad de un espíritu generoso es su tendencia a lo virtuoso.

Ningún hombre de ánimo excelso se deleita en las cosas abyectas y sórdidas, sino que le atrae y eleva la belleza de las grandiosas. (**3**) Así como la flama se yergue erecta, y no puede abatirse o derribarse, ni mucho menos permanecer tranquila, así también nuestro espíritu está en constante movimiento, y es más ágil y activo cuanto mayor es su ímpetu. ¡Pero dichoso aquél que ha lanzado este ímpetu hacia lo sublime! Se coloca fuera del alcance y del dominio de la fortuna. Así se moderará en la prosperidad, atenuará las adversidades y desdeñará lo que los demás admiran. (**4**) Propio de un espíritu magnánimo es rechazar la grandeza y preferir la moderación a los excesos. La primera es útil y hasta vital, mientras que los segundos perjudican por ser superfluos. Así como la mucha fecundidad daña la mies, y las

---

[513] Estas palabras comprueban el eclecticismo de la escuela estoica en aquel tiempo. En *Ep.* 84, 3-5 Séneca afirma que en el estudio de los filósofos debemos comportarnos como las abejas, que vagando por aquí y por allá traen de diversas flores los mejores jugos.

[514] En esta frase nuestro filósofo desdeña las obras de diversos pensadores epicúreos porque, pese a haber elogiado a uno de ellos en cartas anteriores, como lo fue Epicuro, los considera incoherentes, faltos de credibilidad e inconexos entre ellos. Lucilio los viene leyendo antes de haber conocido a Séneca.

[515] Séneca recomienda a su discípulo elegir el estudio de los filósofos estoicos, a los que considera uniformes y armoniosos entre sí. Una lista razonada de este tipo se halla en Quintiliano, *Inst. Or.* 10, 1, 81-84; h. l. 123-131.

ramas se quiebran ante tanto peso, o una excesiva fertilidad no permite la maduración, así también una felicidad inmoderada aniquila al espíritu, siendo dañosa no sólo para los demás, sino incluso para sí mismo. (5) ¿Puede haber peor enemigo que los placeres que sojuzgan a alguien? Su debilidad y capricho desenfrenado pueden ser perdonables sólo porque es una víctima de sí mismo. Esta locura le atormenta con justa causa. La pasión que rebasa el límite natural conduce definitivamente a la desmesura. La naturaleza tiene sin duda una frontera, pero los deseos vanos surgidos del capricho no la tienen. (6) La utilidad fija los límites necesarios, ¿pero cómo limitar lo superfluo? Algunos se sumergen en los placeres, y una vez acostumbrados a ellos, no pueden ya abstenerse, volviéndose absolutamente desgraciados, pues llegan a tal punto que para ellos lo voluptuario se convierte en necesario. No disfrutan de los placeres, sino que más bien se esclavizan a ellos y terminan amando sus males, que es la peor de las desgracias. Y así se llega al culmen de la infelicidad, cuando las cosas vergonzosas no sólo atraen, sino que incluso ya gustan, no habiendo remedio alguno allí donde ayer sólo había vicios y hoy hay pésimas costumbres. Que estés bien.

40

Practiquemos la moderación al hablar

(1) Te agradezco que me escribas frecuentemente, porque te muestras ante mí del único modo posible. Siempre que recibo una carta tuya, de inmediato nos volvemos una sola alma. Si los retratos de nuestros amigos ausentes nos son placenteros, pues renuevan el recuerdo y alivian la nostalgia con un solaz falso y efímero, ¿cuánto más lo son las cartas, pues traen las verdaderas impresiones y rasgos del amigo ausente? Porque la huella de su mano en la carta nos brinda la sensación dulcísima de reconocerlo.

(2) Comentas que escuchaste al filósofo Serapión[516] cuando desembarcó allí donde vives[517]: "suele arrancar su discurso con gran velocidad, y sus palabras no se derraman dulcemente, sino que tropiezan unas con otras y se empujan entre sí. Todas ellas le llegan en mayor cantidad de lo que una voz puede soportar". Esto no lo apruebo en un filósofo: su modo de hablar debe ser compuesto, al igual que su estilo de vida; no puede haber orden allí donde todo es precipitación y apuro. Por ello Homero atribuyó al joven este tipo de oratoria excitada y que se arroja sin interrupción como la nieve, mientras que en el adulto fluye suavemente, más dulce que la miel[518].

---

[516] Filósofo que floreció en Roma durante el mandato de los primeros emperadores, y al que Séneca le censura su falsa elocuencia.

[517] Lucilio radica en la isla de Sicilia, donde es procurador imperial.

[518] *Ilíada*, 3, 222, donde se dice que Ulises lanzaba de su pecho una voz potente y las

(3) Créeme, este ímpetu tan frívolo del hablar, veloz y abundante, es más propio de un charlatán, no de alguien que enseña una materia seria e importante. No creo que deba destilar las palabras gota a gota pero tampoco correr; tampoco debe obligar al público a extender las orejas y luego sepultarle en su discurso. Porque también esa elocuencia pobre en recursos y marchita no mantiene atento al auditorio, aburriéndolo con sus frecuentes interrupciones y lentitud, mientras que un discurso fácil de entender y que se sigue con atención se fija en la memoria, no así uno que pasa volando. Por último, se dice que los hombres eminentes transmiten sus enseñanzas a sus discípulos; pero no puede transmitirse algo que se escurre velozmente entre las manos. (4) Además, la elocuencia que sirve a la verdad debe ser armoniosa y sencilla. Esa tan popular nada tiene de verdadero; pretende conmover al vulgo y arrebatar con su ímpetu los oídos de las personas irreflexivas, no prestándose a un análisis concienzudo, sino más bien sustrayéndose. ¿Cómo puede gobernar lo que no puede gobernarse? ¿Y entonces, este tipo de oratoria, que busca sanar las almas, debe descender hasta el fondo de nosotros? Los remedios no son de provecho a menos que sean lentos[519].

(5) Además, una locuacidad como la criticada tiene mucho de hueca y vana: resuena más de lo que vale. Hay que mitigar las cosas que aterrorizan, refrenar las que estimulan ciegamente, disipar las que engañan, frenar la lujuria, erradicar la avaricia: ¿cuál de todos estos vicios puede

---

palabras eran similares a bolas de nieve; 1, 249 habla de Néstor, "de cuya lengua la voz corría más dulce que la miel".
[519] Cfr. *Ep.* 2, 3 y 49, 2.

atacarse de manera precipitada? ¿Qué médico cura a los enfermos apresuradamente?[520] ¿Qué placer posee tal estrépito de palabras sin orden ni concierto? (6) Pero como a la mayor parte de sucesos increíbles basta haberlos visto una sola vez, así también es más que suficiente haber escuchado una vez a estos oradorcillos que hacen malabares con las palabras. ¿Habrá alguien acaso que quiera aprender de ellos o imitarles? ¿Cómo juzgar el espíritu de esos que tienen un discurso errático, descuidado y desenfrenado? (7) Así como sucede a los que corren cuesta abajo por una pendiente y no pueden detener el paso, sino que el peso del cuerpo los empuja y terminan yendo más allá de donde se deseaba, así también esta celeridad en el hablar no tiene dominio de sí ni es apropiada para la filosofía, pues ésta debe disponer ordenadamente las palabras, no sólo arrojarlas, procediendo con cautela.

(8) "¿Y entonces la elocuencia no debe de vez en cuando alzar el tono?" ¿Por qué no? Pero dejando íntegra la dignidad de la conducta, ya que esta fuerza violenta y desordenada la arrebata. Que el discurso tenga mucho vigor, pero también que sepa moderarse; que sea una corriente perenne, pero no torrencial. Difícilmente admitiría en un orador una velocidad imparable y sin límite de palabras. En efecto, ¿cómo podría seguirle un juez que en ocasiones es inexperto y poco versado? Pero incluso cuando lo arrastra el deseo de ostentación o una pasión irrefrenable, el orador debe apresurarse y reunir palabras hasta donde los oídos puedan soportarlo.

---

[520] Cfr. Séneca. *De beneficiis* 6, 16, 2.

(**9**) Por tanto, harás bien en no prestar atención a estos locuaces que se preocupan por lo que dicen, no de cómo lo dicen; tú mismo, si fuera necesario, deberías optar por el estilo de Publio Vinicio[521], hablando de modo vacilante. Cuando se le preguntó de qué modo hablaba Publio Vicinio, Aselio dijo: "Poco a poco". Aunque dijo Geminio Vario: "no sé cómo pueden llamarle elocuente a este necio; no puede unir siquiera tres palabras". ¿Y por qué no optar hablar como Vinicio? (**10**) Porque podría interrumpir un necio como aquel fulano que, cuando Vinicio desgranaba las palabras una a una, como si dictase, no como si hablase, le gritó: "¡habla ya de una vez!". También deseo que el hombre racional se aleje del estilo de Quinto Aterio[522], el orador más célebre de su

---

[521] Hijo del cónsul sufecto Marco Vinicio, fue a su vez cónsul en el año 2 d. C. con Publio Alfeno Varo, cuando Tiberio regresó a Roma desde Rodas (Vel. Pat. 2, 103). Séneca lo menciona junto con su hermano Lucio Vinicio como célebres oradores romanos (*Controv.* 2, 3, 4, 20, 21 y ss.).

[522] Senador y retor que vivió entre los reinos de Augusto y Tiberio, siendo cónsul suplementario en fecha incierta (Tácito, *Ann.* 2, 33). Célebre por su oposición inicial al segundo emperador (Suet., *Tib.* 29), logró el perdón imperial (Tácito, *Ann.* 2, 13) gracias a la intercesión de Livia, la emperatriz madre. Repuesto en su cargo, en el año 16 d. C. promueve una ley suntuaria que limita el uso de adornos de oro, plata y seda (Tácito, *ib.* 2, 33). Murió a fines del 26 d. C., a los 89 años de edad. La reputación de Aterio se finca más en la retórica que en la política. Su carácter de declamador es bosquejado por Séneca el retor, quien lo escuchó (*Excerpt. Controv. Proem.* 4, 422). Sus relatos son confirmados por Tácito (*Ann.* 4, 61). Su voz era sonora, sus pulmones vigorosos, su inventiva fértil, y su ingenio sofístico, aunque algunas veces le conducía a meteduras de pata ridículas, fue extraordinario. Había mucho que aplaudir en su declamación. Augusto dijo que su elocuencia necesitaba una cadena (*Haterius noster sufflaminandus est*), pues no sólo corría, sino que lo hacía cuesta abajo. Tenía tan poco control sobre su locuacidad, que un liberto suyo lo detenía mientras hablaba, al tiempo que le regulaba las secciones y transiciones del discurso. Comenzaba impetuosamente y se detenía abruptamente. Su estilo ofendía al sentido común, al buen gusto y a la costumbre romana. Las evoluciones de Cicerón eran lentas y decorosas, pero la rápida verborrea de Aterio eran las propias de un demagogo arrebatado, al estilo del ágora griego. Para la época de Tácito, su estilo era ya considerado obsoleto (*Ann.* 4, 61).

época: nunca titubeaba, pero tampoco hacía pausas; una vez que comenzaba, sólo se detenía hasta terminar.

(11) Sin embargo, considero que ciertos estilos oratorios convienen más o menos a ciertas naciones; entre los griegos se puede permitir esta licencia; nosotros, incluso cuando escribimos, acostumbramos hacerlo pausadamente[523]. Incluso nuestro Cicerón, por quien la elocuencia romana se elevó a las alturas, tenía un estilo muy moderado al hablar. El discurso romano se analiza, valora más y se ofrece a ser valorado. (12) Fabiano[524], hombre egregio tanto en su estilo de vida como en su conocimiento y, de forma secundaria, también por su elocuencia, disertaba con soltura más que con vivacidad, y podría decirse que poseía facilidad de palabra, no tanto velocidad. Esto lo admito en un sabio, pero no lo exijo; para que su discurso fluya sin obstáculos, es preferible que lo exponga, no que lo derrame.

(13) A decir verdad, deseo mantenerte alejado de este vicio, el cual no podrá corromperte a menos que pierdas el pudor; conviene que te frotes la frente[525] y no te escuches más a ti mismo. En verdad, ese estilo desenfrenado trae consigo muchos males que deben ser censurados. Afirmo esto: no puede sucederte algo tan deplorable si mantienes a salvo tu pudor. Además, es necesario ejercitarse diariamente y transferir la atención de los hechos a las palabras. (14) Y aunque éstas se presenten por sí solas y puedan fluir sin ningún esfuerzo tuyo, se deben moderar. Porque así como al

---

[523] Los textos griegos se escribían sin separación entre palabras, a diferencia de los romanos.

[524] *Vid. supra*, nota 244.

[525] Cfr. Marcial, 11, 27, 7: *aut cum perfricuit frontem posuitque pudorem* (tras frotarla violentamente, la cara no mostraba sonrojamiento).

sabio le conviene un estilo de vida muy mesurado, así también le conviene un discurso lento, no apresurado. En síntesis: te aconsejo que hables con lentitud. Que estés bien.

41

Escuchemos a nuestra razón y escucharemos la voz de la divinidad

(1) Harás algo excelente y saludable a ti si, como escribes, perseveras en aspirar a una mente buena[526]: es insensato pedírsela a los dioses cuando puedes lograrla por ti mismo. No hay que levantar las manos al cielo ni suplicar al guardián del templo para que nos deje acercar a la oreja de la estatua divina y así nos escuche mejor; la divinidad está cerca de ti, está contigo, está dentro de ti. (2) Afirmo esto, Lucilio: en nuestro interior se halla un espíritu sagrado, observador y custodio de nuestros actos buenos y malos. En la medida que lo tratemos, él nos trata. Ningún hombre de bien desdeña a la divinidad; ¿o alguien puede alzarse por encima de la fortuna sin ayuda suya? Ella nos ofrece consejos magníficos y elevados. En cada hombre virtuoso

habita un dios ignoto[527].

(3) Si te hallases ante un bosque poblado de árboles vetustos y altura considerable, donde la abundancia de ramas que se cubren unas a otras impidiera ver el cielo, la altura de esa selva, la soledad del lugar y el estupor de una sombra tan densa y continua en un espacio abierto te convencería de que

---

[526] *Vid. supra, Ep.* 10, 4 y nota respectiva.
[527] Virgilio, *Aen.* 8, 352: *Hoc nemus, hunc, inquit, frondoso vertice collem, quis deus incertum est, habitat deus.* Se refiere al Capitolio en tiempos de Evandro. Cfr. Quintiliano; *Inst. Or.* 1, 10, 88.

existe una divinidad. Si alguna caverna, no creada por la mano del hombre, sino excavada con mucha amplitud por causas naturales, sostuviera sobre rocas profundamente corroídas un monte, un sentimiento de religioso temor golpearía tu espíritu. Veneramos los manantiales de los grandes ríos; allí donde de las entrañas de la tierra surge repentinamente un copioso río se levantan altares; veneramos las fuentes de aguas termales, y ciertos lagos se han vuelto sagrados debido a su opacidad o inmensa profundidad. (4) Si contemplaras a un hombre impávido ante los peligros, alejado de las pasiones, feliz en la adversidad, tranquilo en medio de la tempestad, que observa a sus semejantes desde lo alto y a los dioses de igual a igual, ¿no sentirías un profundo respeto por él? ¿No dirías acaso: "hay algo más grande y excelso que pueda considerarse similar al miserable cuerpo en que se halla?" Una fuerza divina ha descendido sobre él. (5) Un poder celestial impulsa a este espíritu óptimo, moderado, que pasa por encima de todo considerándolo ínfimo, que se ríe de lo que tememos o deseamos. Un ser así no puede ubicarse en esa categoría sin ayuda divina. Por tanto, allí donde ésta ha descendido será la mejor parte de él. Así como los rayos del sol llegan a la tierra, pero no se separan de donde surgen, así también un alma grande y santa, enviada a este mundo para que conozcamos apropiadamente la esfera divina, se mantiene entre nosotros, pero siempre unida a sus orígenes; depende de ella, a ella mira y se dirige, mas está en medio de nosotros como un ser superior.

(6) ¿Qué cosa es, pues, esta alma? La que brilla únicamente por su propio bien. ¿Qué cosa hay de más insensato que admirar bienes entregados a otro? Las bridas doradas no hacen mejor a un caballo. Un león de melena dorada, amansado y fatigado, constreñido a soportar los ornamentos, se arroja de manera diferente que otro salvaje y de espíritu íntegro; naturalmente éste último, vigoroso de ímpetu, tal como lo ha deseado la naturaleza, vistoso por su aspecto salvaje, cuyo encanto es ser admirado con temor, es preferido a aquél otro lánguido y cargado de oro.

(7) Nadie debe gloriarse más que de lo que le es propio. Elogiamos a la vid si sus ramas están cargadas de frutos, si por su peso derriba los puntales que la sostienen; ¿acaso alguien preferiría la vid de la que penden uvas y hojas doradas? La virtud propia de la vid es su fertilidad; también en el ser humano debe elogiarse aquello que le es propio[528]. Tiene una familia hermosa y una bella casa, vastos campos sembrados, abundantes intereses de lo prestado: ninguno de estos bienes está en él, sino alrededor de él[529]. (8) Elogia en él

---

[528] Séneca tiene en mente la virtud, entendida como un hábito positivo de conducta que vuelve a quien lo practica una persona dominada y elevada. Esta idea, tomada de Aristóteles, es uno de los pilares de la filosofía estoica, que junto a la razón y su uso adecuado hacen del humano un ser coherente con su ley natural; en armonía con ello, el estoico Epicteto señala: "La nobleza del hombre procede de la virtud, no del nacimiento. 'Valgo más que tú porque mi padre fue cónsul y además soy tribuno, y tú no eres nada'. Vanas palabras, amigo. Si fuésemos dos caballos, y me dijeses: 'Mi padre fue el más ligero de los caballos de su tiempo y yo tengo alfalfa y avena en abundancia y además soberbios arneses', te comentaría: 'Lo creo, pero corramos juntos'. ¿No hay, asimismo, en el hombre algo que le es propio –como al caballo la velocidad-, algo por medio de lo cual puede conocerse su calidad y estimarse su verdadero valer? Y este algo, ¿no es el pudor, la honradez y la justicia?... Muéstrame, pues, la ventaja que en todo esto me llevas; hazme ver que como hombre vales más que yo y te consideraré superior a mí. Porque si no me dices sino que sabes rebuznar y dar coces, te contestaré que te envaneces de cualidades propias de un asno o de un caballo, pero no de un hombre" (*Manual*, 1, 15).

lo que no puede quitársele ni concedérsele, lo que le es propio. (9) ¿Preguntas qué es? El alma, y en el alma una razón perfecta. Por ende, el hombre es un animal racional. Su bien lo alcanza a plenitud si realiza el fin para el que ha nacido[530]. ¿Y qué exige de él esta razón? Algo muy fácil: vivir según su ley natural[531]. Pero la locura común lo dificulta: unos a otros nos arrastramos al vicio. ¿Y cómo hacer volver a la cordura a esos que nadie puede contener y que el populacho empuja? Que estés bien.

---

[529] Epicteto, en línea con la tradición estoica, retoma la máxima de distinguir cuáles son los bienes propios y cuáles los ajenos del siguiente modo: "Jamás te vanaglories de lo que de ti no dependa; de un mérito que en realidad te sea ajeno. Si un caballo pudiese hablar y dijera: '¡qué hermoso soy!', sería al fin y al cabo tolerable, pues que, sobre ser verdad, lo decía un caballo; pero que tú te envanezcas diciendo 'tengo un hermoso caballo', no <sería aceptable>. Sin contar, además, que es envanecerse de bien poco, porque ¿qué es lo que hay de tuyo en esto, fuera del mal uso que haces de tu imaginación? Sólo, pues, cuando uses de ella de acuerdo con la naturaleza podrás envanecerte y vanagloriarte, ya que entonces te glorificarás de un bien que en realidad te es propio" (*Manual*. 1, 14).

[530] Epicteto enlaza magníficamente con el pensamiento estoico al afirmar al respecto: "¿Es infeliz el caballo por no poder cantar? En modo alguno. Lo sería, en tal caso, por no poder correr libremente. ¿Lo es el perro por no poder volar? Tampoco; lo que tal vez deplorase sería la falta de sentimiento. ¿Será desgraciado el hombre por no poder despedazar leones o ejecutar otras empresas tan enormes y contrarias a su naturaleza? De ninguna manera, puesto que no es para tales cosas para lo que fue creado. En cambio, bien desgraciado será, y como tal debe considerarse, si pierde el pudor, la bondad, la fidelidad, la justicia y cuantas excelencias imprimieron en su alma los dioses" (*Manual*. 2, 7).

[531] *Vid. supra*, nota 167.

ÍNDICE ONOMÁSTICO

NOTA: La primera cifra de la cita corresponde al número de carta; la segunda cifra corresponde al párrafo. Así, 39, 5 significa "carta 39, párrafo 5".

Académicos (seguidores de Platón), 29, 11: sus elevados ideales sin interesasrse por el placer del vulgo.

Agripa, Marco Vipsanio Agripa (general de la época de Augusto), yerno de Ático, 21, 4: su opinión sobre la concordia,.

Apeninos, Alpes, 31, 9.

Aristón (de Chios, filósofo estoico, siglo III a. C.), 36, 3: palabras de… opinando que prefería un joven de aspecto serio.

Aristóteles (384-322 a. C.), 6, 6: deuda con Sócrates, de quien obtuvo mayor gozo de las costumbres que de las palabras de éste.

Aselio, 40, 9: refiriéndose a una broma suya sobre el modo de hablar de Publio Vinicio.

Atalo (filósofo estoico, maestro de Séneca), 9, 7: su opinión sobre la amistad.

Atenodoro (de Tarso, bibliotecario de Pérgamo, amigo de Catón), 10, 5: sobre la franqueza hacia los dioses.

Aterio, Quinto (orador de época imperial), 40, 10: rapidez en la oratoria de.

Ático, Tito Pomponio, 21, 4: inmortalizado por la correspondencia con Cicerón.

Baba e Isión, 15, 9: futilidad de.

Baso, Aufidio (probablemente el historiador cuya obra continuó Plinio el Viejo), 30, 1 *in fine*: oprimido por la enfermedad y su frágil salud; 30, 3: su ánimo siempre radiante y fuerte esperando la muerte con absoluta indiferencia; 30, 5: habla de la muerte demostrando que ella en sí no es un mal; 30, 10: volver al orden natural de las cosas, al cual el hombre no debe rebelarse.

Calígula (Cayo César), 4, 7: asesinado por Quereas.

Candavia, desiertos de, 31, 9.

Carino, arconte de Atenas, 18, 9.

Catón (el censor), Marco Porcio, 7, 6: efecto de la chusma sobre; 11, 10 y 25, 6: modelo de buena conducta.

Catón (el Uticense), Marco Porcio, 13, 14: debe su gloria a la espada con que se arrancó la vida; 14, 12 *in fine*: valentía ante los acontecimientos políticos; 24, 6 *in fine*: últimos momentos.

Cerbero, 24, 18 *in fine*: falsas ideas acerca de,.

César, Cayo Julio, 14, 12 *in fine* y 24, 8: objeto de la ira de Catón.

Cicerón, 17, 2: su tributo a la filosofía; 21, 4: confiere inmortalidad a Ático con sus cartas; 40, 11: su discurso deliberado.

Cínicos (escuela filosófica), 29, 11: sus altos ideales sin interesarse por los placeres del vulgo; 29, 1: libre discurso.

Cleantes (sucesor de Zenón como cabeza de la escuela estoica), 6, 6: discípulo de Zenón; 33, 4 *in fine*: dichos de...

Craso, Marco Licinio (el triunviro), 4, 7: muerte de... a manos de un parto.

Crates (de Tebas, filósofo cínico, *circa* 300 a. C.), 10, 1: su consejo a un joven que paseaba solo.

Crisipo (sucesor de Cleantes como cabeza de la escuela estoica), 9, 14: palabras de... sobre la diferencia entre el sabio y el necio; 22, 11 y 33, 4: consejo de.

Demetrio (filósofo cínico), 20, 9: enseñaba la virtud con el ejemplo.

Demetrio Poliórcetes (obtuvo el control de Atenas en el 307 a. C.), 9, 18 *in fine*: interroga a Estilpon, quien ha perdido patria, familia y bienes.

Demócrito (filósofo atómico griego, siglos V y IV a. C.), 7, 10: sobre la importancia del individuo.

Dextro (tribuno que ejecutó a Lépido), 4, 7.

Diógenes (filósofo cínico, siglo IV a. C.), 29, 1: su modo de comportarse era discutible.

Epicuro (fundador de la escuela, 342-279 a. C.), 2, 5 *in fine* y 4, 10: sobre los beneficios de la pobreza; 6, 6: la convivencia con él volvió grandes a sus discípulos; 7, 11 *in fine*: la amistad no requiere anunciarse a viva voz; 8, 7: la filosofía y la libertad; 9, 1 y 8: opinión de... sobre la amistad; 9, 20: sobre la importancia de bastarse a sí mismo; 11, 9: la presencia de una persona de autoridad hace que uno se abstenga de cometer faltas; 12, 11: Séneca continúa citando a Epicuro para demostrar que se preocupa sobre todo por la verdad y bondad de las máximas; 13, 17: es infame para un viejo comenzar a vivir; 16, 7: se debe vivir según la ley natural; 17, 11: la riqueza no extirpa la infelicidad; 18, 6 *in fine*: autonegación; 18, 9: Epicuro se alimentaba con poco durante ciertos días para ponerse a prueba; 18, 14: la ira genera la locura; 19, 10: importancia de la amistad; 20, 9: las palabras deben ser convalidadas por el ejemplo; 20, 11: sobre el estilo de vida; 21, 3; *h. l.*, 4 y 5: Idomeneo es recordado por las cartas que le dirigió Epicuro; 21, 7: para ser verdaderamente sabio debemos atenuar los deseos; 21, 9: se equivoca quien cree que Epicuro cedía ante los vicios y las pasiones; 22, 5: consejo a Idomeneo; 22, 13: todos abandonan la vida como si acabaran de entrar; 23, 9: es triste vivir como si se estuviera

siempre al inicio de la vida; 24, 18: argumentos sobre la mitología; 24, 22: la muerte no debe ser ni deseada ni temida; 25, 4: nadie es pobre si se contenta con lo que la naturaleza exige; 25, 6: debemos saber retirarnos en nosotros mismos cuando estamos en medio de la multitud; 26, 8: meditar la muerte; 27, 9: la pobreza acorde con la ley natural es riqueza; 28, 9: ante todo se debe tener conciencia del mal cometido; 30, 14, según Epicuro, no se sufre al morir, o si se sufre, el sufrimiento no puede ser duradero; 33, 2: aplicación de sus preceptos.

Escauro, Mamerco Emilio (estadista prominente pero inescrupuloso de la época de Tiberio), 29, 6: agudeza de...

Escila y Carybdis, 14, 8 y 31, 9: peligros de.

Escipión, Quinto Cecilio Metelo Pío, 24, 9: muerte de; 25, 6: modelo para la humanidad y vigía de nuestros progresos.

Estilpón (filósofo megárico y una fuerte influencia sobre las escuelas cínica y estoica, *circa* siglo IV a. C.), 9 1 *in fine*: criticado por Epicuro sobre su idea de la amistad; 9, 18: cita de... ante Demetrio

Poliórcetes; 10, 1: maestro de Crates.

Estoicos, 9, 19: coincidencia con Estilpón; 13, 4: audacia de su estilo; 14, 14: excluidos de los asuntos públicos se dedicaron a escribir; 22, 7: su precaución; 22, 11: sabios consejos de sus maestros; 29, 11: sus metas elevadas y su lejanía del vulgo; 33, 4: ideas propias.

Fabiano, Papirio (consejero y maestro de Séneca), 11, 4: su modestia; 40, 12: estilo deliberado.

Felicio, esclavo de Séneca, hijo de Filósito, 12, 3: ya no lo reconoce de tan viejo.

Germania, 36, 7: entrenamiento de los niños en…

Graia, monte, 31, 9.

Grecino, Julio (hombre de noble carácter, asesinado por Calígula), 29, 6: agudeza de…

Griegos, 33, 7: proverbios y máximas de los…; 40, 11: estilo precipitado de los…

Hecatón (filósofo de Rodas y pupilo de Panecio, circa 100 a.

C.), 5, 7: sobre la esperanza y el miedo; 6, 7: sobre el autoconocimiento; 9, 6: sobre el amor.

Heráclito (filósofo de Éfeso, circa 500 a. C.), cita de, 12, 7.

Hermarco o Hemarco (sucesor de Epicuro como cabeza de la escuela), 6, 6: la convivencia con Epicuro lo volvió célebre; 33, 4: ni hizo más que repetir las palabras de Epicuro.

Heródoto (historiador griego, siglo V a. C.), 6, 5: reminiscencia de.

Hesíodo, 1, 5: reminiscencia de; 26, 6: citado errónemente por Sabino.

Homero, 40, 2: atribuye a sus héroes una elocuencia diferente según la edad; 26, 6: citado erróneamente por Sabino.

Idomeneo (prominente estadista y contemporáneo de Epicuro), 21, 3 *in fine*: la correspondencia con Epicuro lo volvió célebre; 22, 5: Epicuro le invita a retirarse sin dudarlo de la actividad política.

Ixión, 24, 18 *in fine*: tormento de… en el inframundo.

Júpiter, 9, 16: en medio de la

conflagración estoica; 25, 4: felicidad de.

Lelio el Sabio, Cayo (estadista y amigo de Escipión el joven), 7, 6: efecto de la chusma sobre; 11, 10: fue menos austero que Catón; 25, 6: eficacia de su presencia para mejorar y modelo para la humanidad.

Lépido, Emilio (favorito de Calígula, asesinado por éste, 39 d. C.), 4, 7.

Lucilio, 31, 9 *in fine*: procurador de Sicilia; *passim*, y especialmente 40, 2: interesado en la filosofía; 8, 10 y 24, 21: poesía de…

Marcelino, Marco Tulio (amigo de Séneca), 29, 1 *in fine*: vicios de… que no quiere oír la verdad y ya está enfocado al vicio.

Mecenas, personaje teatral, 19, 9, *in fine*.

Metelo Numídico, Quinto Cecilio (general romano y estadista, 100 a. C.), 24, 4: soportó el exilio con fortaleza.

Metrodoro (seguidor de Epicuro), 6, 6 y 14, 17: la convivencia con Epicuro lo volvió célebre; 18, 9: su vida sencilla; 33, 4: en todas sus palabra se inspiro en Epicuro.

Mucio Escévola (héroe de las guerras romano-etruscas), 24, 5: se recuerda su valentía al meter la mano al fuego.

Ovidio Nasón, Publio (poeta romano de época augustea), 33, 4: cita de.

Pacubio (vicegobernador de Siria durante Tiberio), 12, 8: falsos funerales de…

Panecio (dirigente de la escuela estoica, siglo II a. C.), 33, 4: máximas atribuidas a…

Partia, reyes de, 17, 11.

Partos, 4, 7: alusión a la derrota y muerte de Craso (53 a. C.); 36, 7: entrenamiento de los niños partos.

Peripatéticos, 29, 11: su desagrado por el vulgo ignorante; *ibíd.*, 6: referencia a ellos en tono de broma.

Persas, 33, 2: valentía de los…

Pitocles, (amigo de Idomeneo), 21, 7 *in fine*: cómo debe educársele.

Platón (filósofo ateniense, 428-347 a. C.), 6, 6: deuda con Sócrates; 24, 6: leído por Catón antes de morir.

Polieno (discípulo de Epicuro), 6, 6: influencia de Epicuro

sobre; 18, 9: se recuerdan las cartas dirigidas a él por Epicuro.

Pompeyo el Grande (triunviro), 4, 7: su muerte; 11, 4: su timidez; 14, 12, *in fine*: diferencias con Catón.

Pomponio (probablemente Pomponio Segundo, contemporáneo de Séneca, escritor de tragedias y cartas), 3, 6: cita de…

Porsena (rey etrusco), 24, 5: encuentro con Mucio Escévola.

Posidonio (filósofo estoico, pupilo de Panecio y amigo de Cicerón), 33, 4: máximas atribuidas a…

Prometeo, título de una obra teatral de Mecenas de la que se cita una frase, 19, 9.

Publilio Siro (escritor de farsas y mimos, siglo I a. C.), 8, 8 *in fine*: grandeza de… y valor moral de sus máximas.

Quereas, Casio, asesino de Calígula, 4, 7.

Quinto Cecilio Metelo Pío Escipión (suegro de Pompeyo), 24, 9 *in fine*: heroísmo de.

Romano, 40, 11: dignidad y parsimonia del estilo gramatical.

Rutilio Rufo, Publio (orador y estadista, desterrado en el 92 a. C.), 24, 4: cómo soportó el exilio.

Sabino, Calvisio (típico nuevo rico), 27, 5 *in fine* y ss.: su falta de educación y mal gusto.

Salustio, cita de, 40, 4.

Satelio Quadrato (adulador), 27, 7 *in fine*: ridiculiza a Calvisio Sabino.

Saturnales, descripción de las, 18, 1.

Serapión (filósofo), 40, 2: locuacidad de.

Sicilia, *vid.* Escila y Carybdis.

Sila (dictador de Roma, siglo I a. C.), 11, 4: furia de…; 24, 4: desobedecido por Rutilio.

Siria, 12, 8: gobernada por Pacubio.

Sirtes, arenas de, 31, 9.

Sísifo, 24, 18 *in fine*: castigado en el Hades.

Sócrates, 6, 6: personalidad inspiradora de…; 7, 6: efectos de la chusma en…; 13, 14: gloria de…; 24, 4: su aceptación de lo inminente; 28, 2: su opinión sobre los viajes; 28, 8: ante los treinta tiranos no se acobardó.

Teofrasto (sucesor de Aristóteles como jefe de la escuela peripatética), 3, 2: prescribe juzgar antes de brindar la amistad.

Tiberio (emperador romano, 14-37 d. C.), mencionado en relación con Ático, 21, 4.

Timoneas, cenas, 18, 7.

Ulises, 31, 2: tentaciones de...

Vario Geminio, se cita una frase suya, 40, 9.

Virgilio Marrón, Publio (poeta romano, 70-19 a. C.), 21, 5: inmortaliza a Euralio y Niso; citas de..., 12, 9; 18, 12; 21, 5; 28, 1 y 3; 31, 11; 37, 3; 41, 2.

Vinicio, Publio, 40, 9 *in fine*: ridiculizado por Aselio y Vario debido a su tartamudez.

Zenón (fundador de la escuela estoica, *circa* 300 a. C.), 6, 6: modelo para Cleantes; 22, 11: consejos de; 33, 4 *in fine*: dichos de.

ÍNDICE TEMÁTICO

Acción: 3, 5-6: debe alternarse con la tranquilidad.

Aforismos, 33, 3-7: son escasamente útiles.

Alegría, 23, 1-8: deriva de una recta conciencia; 27, 4: debemos apresurar nuestra mejora para gozar de mayor alegría.

Ambición: 22, 10-12: es similar a una pesada esclavitud.

Amistad, 3, 2-4: debemos meditar la amistad que brindaremos a alguien; 6, 2-4: debe tenerse absoluta confianza en los amigos; 6, 7: la mejor amistad es con uno mismo; 9, 3-5: el sabio se basta a sí mismo, pero no desdeña la amistad; 9, 6-7: la alegría que se siente al hacer un nuevo amigo; 9, 8-12: la amistad es del todo desinteresada; 9, 15-19: el fundamento de la amistad está en la comunión de intereses; 19, 10-12: no puede gozar de la amistad quien está dedicado a sus asuntos y prueba a los amigos en la mesa del banquete; 35, 1-3: no es la misma cosa amar y ser amigo.

Amor, 9, 6: para ser amado, primero debe darse amor.

Autosuficiencia, 9, 3-5: es la característica fundamental del sabio; 9, 13: no debe confundírsele con aislamiento del mundo.

Beneficio, 19, 12: debemos juzgar a quién brindar un beneficio; 41, 1-3: se debe beneficiar a todos, aunque algunos sean ingratos.

Bien, 23, 7: de dónde surge el verdadero bien; 31, 3-8: el único bien es la sabiduría.

Ciencia/conocimiento, 33, 8: una cosa es recordar, otra saber.

Coherencia, 20, 1-6: adecuación entre palabras y actos; 24, 4 y 15: no sólo se debe hablar, sino también poner en práctica lo hablado; 31, 8: debe acompañar al estilo de vida para perfeccionar la virtud; 34, 4: un espíritu coherente vive rectamente; 35, 4: es la esencia de la sabiduría y la rectitud.

Conciencia, 1, 4-5: del tiempo desperdiciado; 6, 1: de la mejora personal.

Consejo, 22, 1-2: cuándo y cómo debe ofrecerse; 27, 1: el... se comparte habiendo probado su eficacia primero en uno mismo; 29, 1-8: debemos perseverar en el... incluso ante una situación desesperada.

Corrección: 25, 1-3: debemos ser pacientes y perseverantes para ayudar a los demás a corregir sus vicios; 29, 9: elevemos el espíritu y corrijamos nuestras costumbres.

Cuerpo, 14, 1-3: como debe tratársele.

Culpa, 28, 9-10: quien se reconoce culpable se enmienda.

Deseos, 20, 7-8: debe moderárseles; 31, 2: si se les satisface, con frecuencia provocan la infelicidad.

Desgracias: 24, 3-4: se les debe soportar con gallardía.

Divinidad (Dios), 10, 4-5: debemos dirigirnos a ella como si los demás nos escucharan; 31, 11: el espíritu virtuoso es morada de la divinidad; 41, 1-2: habita en nosotros.

Dolor, 24, 14: se debe saber soportar.

Ejemplo, 6, 5-6: su importancia para nuestra mejora; 7, 6-7: el riesgo de los malos ejemplos.

Elocuencia: 15, 7-8: debe ser un estilo cultivado y que sea severo al reprobar los vicios.

Espectáculos, 7, 3-5: son una escuela de crueldad.

Esperanza, 5, 7-9: está relacionada con el temor; 13, 13: es preferible al temor;

Estabilidad, 2, 1: la mente ordenada no se agita erráticamente y se ubica en un punto; 3, 6: se debe ayudar al pasivo y al inquieto.

Estilo, 40, 2-14: cuál es el estilo adecuado al filósofo.

Estudio, 15, 5-6: no debe ser excesivo; 36, 3-4: momento idóneo para educar y ser educado.

Fastidio de vivir (*taedium vitae*), 24, 22-26: orilla al hombre a buscar neciamente la muerte.

Felicidad, 9, 18-22: el bastarse a sí mismo es el principio de la...; 20, 7-8: depende del interior; 23, 6: no se halla en los bienes exteriores, sino en el interior; 36, 1-2: no proviene de una vida dedicada a los asuntos externos.

Fiesta, 18, 1-4: cómo debe comportarse uno.

Filosofía, 4, 2-3: la filosofía nos vuelve humanos verdaderos, nos libera de los vanos temores; 5, 1-6: no exige que adoptemos costumbres diversas a las de los demás; 8, 2: la filosofía es como un medicamento; 8, 7: la filosofía nos libera instantánemanete; 14, 14-15: el estudio de la filosofía es el mejor quehacer para quien se aleja de la vida pública; 15, 1-4: es más importante que la salud corporal adquirida a través del ejercicio arduo; 16, 1-6: abarca la conducta.

Fortaleza: 13, 1-3: Lucilio ha dado pruebas de ella repetidamente; 41, 4-5: la... de espíritu nos acerca a la divinidad.

Fortuna, 4, 7: la fortuna abandona incluso a los poderosos y los conduce a la muerte; 8, 3-6: es mejor evitar los favores que la... concede; 18, 6-12: entrenémonos en una pobreza ficticia para que la fortuna no nos tome desprevenidos; 39, 3: un espíritu virtuoso no es dominado por la fortuna.

Fugacidad, 15, 11: los bienes materiales huyen de nosotros; 24, 19-21: la vida se nos escapa lentamente.

Futuro, 13, 10-11: los males temidos pueden no llegar; 14, 16: el sabio decide con base en el presente sin preocuparse por el final; 15, 9-11: necedad de quien siempre está viendo hacia el futuro; 24, 1-2: verse infeliz a futuro hace que uno sea infeliz en el presente.

Gimnasia: 15, 1-4: debe ser moderada.

Imperturbabilidad, 9, 1-3; diferencia con la insensibilidad o apatía; 36, 6: debe mantenérsele en toda circunstancia.

Infelicidad, 9, 20-22: infeliz es quien está insatisfecho de su condición.

Ira, 18, 14-15: cuando se excede es ya locura.

Lectura, 2, 2-4: se deben elegir autores que nos beneficien.

Libertad, 8, 7: le corresponde únicamente al filósofo; 32, 3-5: la verdadera libertad la alcanza quien no se preocupa más por los bienes exteriores.

Locuacidad: 40, 5-7: es vana y hueca.

Lugar, 18, 6-8: deben evitarse los lugares que propicien los vicios.

Miedo: 24, 12-13: el miedo hace que nos comportemos como infantes.

Mimos, 8, 8-9: los mimos con frecuenca componen versos muy significativos en el ámbito moral.

Modelo, 11, 8-10: debe elegirse uno para nuestra mejora; 25, 4-7: debe ser para cada uno de nosotros testigo y vigía.

Moderación: 40, 2-3: es necesaria al hablar.

Muerte: 4, 4: causas ridículas que hacen desdeñarla; 13, 14-15: ante circunstancias extremas, puede ennoblecer la vida; 23, 10-11: no se prepara para la muerte quien desea comenzar a vivir en el punto culminente; 24, 6-8: preparación para aceptarla dignamente; 24, 19-21: llega poco a poco; 26, 5-7: el modo de enfrentarla demuestra el valor real de un hombre; 26, 8-10: debemos aprender a morir; 27, 2-3: los vicios deben fenecer antes que nosotros; 30, 1-9: el filósofo enfrenta la muerte con serenidad; 30, 10-11: la muerte es un hecho natural; 30, 13-16:

cómo juzga la muerte un epicúreo; 30, 17-18: no debemos temer a la muerte, sino la idea de la muerte; 36, 7-11: no debe temerse la muerte porque en realidad nada muere.

Multitud: 7, 1-3: debe mantenérsele alejada para no adquirir sus malos ejemplos; 7, 9-10: se debe rechazar su aprobación; 25, 7: debemos diferenciarnos de la…; 29, 10-12: no se debe intentar complacerla.

Negocios, 22, 3-12: vuelven la vida agitada e infeliz.

Ocio, 8, 6: sus beneficios para la reflexión en favor de la humanidad.

Opinión de los demás, 7, 10-12: es riesgosa para el progreso personal; 13, 4-13: con frecuencia nos conduce al error y nos perturba sin razón; 16, 7-9: vuelve insaciables nuestros deseos; 33, 9-10: debemos adquirir originalidad frente a otros pensadores; 36, 1: beneficios de rechazar la…

Oración, 10, 3-4: debe tener por objeto la salud del alma; 10, 5: no realizarlas sobre cosas de las que nos avergonzaríamos en público.

Perseverancia, 4, 1: debemos acelerar la mejora para disfrutar largo tiempo de un espíritu tranquilo; 32, 2-3: superemos los obstáculos que impiden mejorar.

Perturbación, 3, 5: un alma perturbada siempre está inquieta; 28, 1-8: los cambios de domicilio no alivian al alma perturbada.

Placer, 21, 11: es lícito dominarlo; 39, 4-6: los placeres son fuente de infelicidad.

Pobreza, 4, 10-11: como puede hacer al hombre feliz; 17, 3-12: es condición, sin la cual no puede llegar a poseerse la sabiduría y la felicidad; 18, 5-13: debe practicársele a manera de ejercicio en determinados días; 27, 9: por sí misma constituye una riqueza.

Poderosos, 14, 7-9: evitemos desatar su ira y abstengámonos de ofender; 19, 9: su fugacidad y vulnerabilidad.

Posteridad, 8, 1-2: las obras que hoy hacemos deben mirar hacia la...;

Preceptos: 38, 2: son como la semilla en terreno adecuado.

Pudor, 25, 2: es motivo de esperanza, por cuanto se refiere a los hombres viciosos.

Pueblo, 14, 9: debemos protegernos de las amenazas del...;

Razón: 15, 5-6: necesidad de ejercitarla para que siga funcionando en la vejez; 25, 4: la razón acota lo que es necesario para vivir; 36, 12: la falta de razón nos aleja de la serenidad; 41, 7-9: la razón es la voz de la divinidad.

Retiro del mundo, 8, 1: debe uno apartarse para ser más útil a través de los estudios; 19, 4: el retirarse del mundo nos evita muchos males; 22, 3-4: debemos retirarnos con discreción y decisión de los asuntos inútiles; 36, 2-3: beneficios del...

Retiro en uno mismo, 7, 8-9: su importancia para mejorar.

Riqueza, 2, 6: límite adecuado; 14, 17-18: hay que saber desdeñarla; 18, 13: deben poseerse con dignidad; 20, 9-13: incluso si se le posee, podemos vivir con sobriedad.

Rubor, 11, 1-7: es una reacción natural.

Sabiduría, 7-16: cómo se comporta con quien gobierna; 9, 1-3: el sabio no es insensible; 9, 14: diferencia con la necedad; 14, 10-11: nos ayudará a evitar las amenazas de los poderosos; 21, 1-6: ella brinda la verdadera grandeza y felicidad; 23, 8: pocos adecuan su vida a la...; 27, 5-8: la... no puede adquirirse a ningún precio; 31, 9-11: eleva al hombre, sin importar su condición, a nivel de la divinidad; 37, 1-2: constituye un gravísimo compromiso; 37, 3-5: nos vuelve verdaderamente libres; 41, 3-5: es una manifestación de la divinidad.

Serenidad, 3, 5: no confundirla con cobardía de espíritu; 4, 5-6 y 9: el espíritu debe estar sereno ante la muerte.

Soledad: 8, 1-6: el filósofo, alejado de la actividad pública, realiza obras en favor de toda la humanidad; 10, 1-2: la soledad es peligrosa para el necio.

Suicidio, 12, 10-11: es lícito salir voluntariamente de la vida.

Temor: 5, 7-9: está relacionado con la esperanza; 13, 12-13: es motivo de turbación inútil; 14, 4-6: es terrible cuando proviene de un poder ajeno; 24, 1-21:

como se vence cada temor, en especial a la muerte.

Tiempo, 1, 1-3: se le pierde, aunque es nuestra única posesión fugaz.

Vejez, 12, 4-5: sus ventajas; 26, 1-3: la vejez es un bien, no un perjuicio.

Verdad, 33, 10-11: los antepasados dejaron gran parte de la... por descubrir; 40, 4: debe caracterizar a la elocuencia.

Viajes, 2, 1: el viajar constantemente es señal de un espíritu enfermo.

Vicios, 29, 7-8: deben corregirse cuando éstos se atenúan; 31, 2: debemos desdeñarlos.

Vida, 4, 8: cualquiera que la desprecie tiene poder de muerte sobre nosotros; 12, 5-9: debe vivirse intesamente cada día; 13, 16-17: no debe comenzarse siempre a vivir; 22, 13-17: nadie se preocupa por vivir bien; 23, 9-11: la vida de algunos es siempre imperfecta; 32, 2: por nuestra inconstancia la desperdiciamos.

Virtud, 7, 12: no debe practicarse para la admiración general; 27, 2-8: la virtud, y no el placer, brinda verdadero gozo; 31, 5: la virtud eleva los bienes verdaderos

Voluntad, 34, 3: debe dirigirse a hacer el bien; 36, 5-6: es necesaria la... para aspirar al bien.

SOBRE EL TRADUCTOR

Julio César Navarro Villegas (México, 1972) estudió la Licenciatura en Derecho en la UNAM, donde se graduó con mención honorífica en 1997. Por invitación de la Comunidad Europea realizó entre 2004 y 2006 la Maestría en Sistema Jurídico Romanista: Unificación del Derecho y Derecho de la Integración en la Universidad "Tor Vergata" de Roma, Italia. Cursó la Maestría en Ciencias Jurídicas entre 2012 y 2014 en la Universidad Panamericana, y actualmente es becario del Doctorado en Derecho en esta Institución.

Ha sido titular de las asignaturas de Derecho Romano I y II en la Universidad Nacional Autónoma de México, la Universidad Panamericana y la Universidd Internacional de la Rioja; profesor titular de Derecho Eclesiástico del Estado en la Universidad Pontificia de México; ha impartido cursos de especialización sobre exégesis de las fuentes jurídicas romanas, bases de la argumentación jurídica y oratoria parlamentaria en la Universidad Nacional Autónoma de México; ha impartido seminarios sobre exégesis jurídica romana en la Universidad Panamericana; ha impartido cursos de latín jurídico en diversos estados de la República Mexicana; ha participado en congresos de Derecho Romano y Derecho Protocolario en México; ha sido conferencista de temas relacionados con el derecho romano y el humanismo clásico en diversas universidades nacionales; ha colaborado en la reforma a planes de estudio en la Universidad Pontificia de México. Ha incursionado en la crítica literaria, musical y cinematográfica gracias a invitaciones en diversos medios de comunicación.

Con el apoyo de Amazon ha publicado en formato digital e impreso obras de carácter jurídico ("Las reglas de Ulpiano", "Libros 1 a 5 del Digesto de Justiniano"), histórico (las colecciones "Orígenes olvidados del cristianismo", "La daga en las sombras" y "Archivos legendarios del rock"), humanista (la serie "Invitación a la felicidad" y las obras "Máximas para una vida dichosa", "Llamados para el Hombre de Bien" y "Claves para la felicidad") y literaria ("Cuando caiga la oscuridad" y "Criaturas de la oscuridad").

Correo electrónico para sugerencias y opiniones: iusromanum@yahoo.com.mx

NOTA FINAL

Estimado lector:

Deseo agradecerte enormemente el interés mostrado por este modesto trabajo. Hoy, la tecnología nos brinda posibilidades de interacción impensadas en el pasado. El boca a boca tiene a las redes sociales como aliados; el lector ha adquirido cada vez más protagonismo en la vida de una obra literaria. Si esta, o cualquier otra obra de tu servidor, te ha gustado, no dejes de comentársela a tus amigos, de mencionarla en tu perfil de Facebook, de Twittearla. Y especialmente, te solicito un comentario en la página de Amazon donde la adquiriste. Será un enorme aliciente para continuar, siendo positiva la opinión, y para mejorar, si es una crítica constructiva a este trabajo de escritor.

También te invito a seguir las novedades y los detalles más recientes de mi actividad literaria en la página https://julionavarrosite.wordpress.com/, donde podrás compartir todas tus inquietudes sobre alguna de las obras que tu servidor va publicando.

Julio César Navarro Villegas
México, junio de 2018

También puede interesarte…

CLAVES PARA LA FELICIDAD

En un mundo ajetreado y turbomoderno como el nuestro, conceptos como "felicidad" o "vida dichosa" parecen obsoletos o pasados de moda. Pero la esencia humana, sin importar la época ni el lugar, sigue manteniendo sus inquietudes y exige ser atendida, de lo contrario el ser humano corre el riesgo de perder el rumbo y ser como un barco sin brújula. Afortunadamente, el pensamiento de los filósofos clásicos siempre es actual, pues el mapa de la condición humana no varía pese al tiempo transcurrido.

En esta obrita damos voz al filósofo romano Séneca, quien nos ofrece sus mejores consejos para aspirar a una vida plena de larga duración. Aquí aprenderemos a enfrentar nuestras debilidades, a ser dueños de nosotros mismos, a aprender a valorar lo que el destino nos tiene reservado, a vivir plena e intensamente y a usar nuestras fortalezas, junto a sencillos ejercicios y actividades que nos permitirán alcanzar una paz interior y, lo mejor de todo, conservarla para aspirar a una vida dichosa.

También puede interesarte…

LIBRO 1 DEL DIGESTO DE JUSTINIANO (TRADUCCIÓN) / TEXTO LATINO-ESPAÑOL

Primer libro de la imponente compilación del Derecho Romano ordenada por el emperador Justiniano que busca acercar a las nuevas generaciones el fundamento cierto y racional de la ciencia jurídica, en una cuidada y moderna traducción respetuosa del texto original latino.

Obra inspiradora de los sistemas jurídico de Occidente y buena parte ya de Oriente, el *Digesta Iustiniani* brinda inspiración inigualable para la reflexión, argumentación y resolución de casos gracias a su rica casuística, sus finos conceptos y divisiones, su erudita exposición temática de las instituciones jurídicas aún vigentes en nuestros días y su indudable autoridad para el mundo jurídico moderno.

Esta obra tiene plena utilidad tanto para los estudiantes de la carrera de Derecho, quienes a través del análisis de los casos planteados por los juristas romanos podrán crearse el criterio jurídico indispensable para la vida profesional, como también para los profesionales de la ciencia jurídica, quienes a través de la reflexión de los fundamentos últimos que sustentan las instituciones jurídicas vigentes podrán afinar su criterio jurídico y obtener valioso material argumentativo para la defensa y resolución de casos.

También puede interesarte…

LAS REGLAS DE ULPIANO

Domicio Ulpiano es el más célebre jurista del periodo clásico del Derecho Romano; conocido por escribir un imponente comentario al edicto del pretor en 83 libros, también realizó, muy probablemente hacia los últimos años de su vida, una obrita "menor", es decir, un pequeño manual de reglas básicas que ayudara a los nuevos funcionarios de la cancillería imperial a desarrollar mejor sus funciones. Durante muchos siglos se debatió sobre la autenticidad de esa obra, el *Liber singularis regularum*, y fue prácticamente desconocida para los estudiosos del Derecho… hasta hoy.

Gracias a una cuidada traducción del texto latino original, "Las reglas de Ulpiano" pone por fin al alcance del lector una obra fundamental para la cultura de todo jurista que exija respeto. El estudio introductorio nos aclara muchos aspectos de la vida de este célebre jurisconsulto del siglo III d. C., así como la naturaleza y características de la obra en comento. Además, las notas introductorias brindan puntuales exégesis sobre cada pasaje del texto ulpianeo, permitiendo con ello apreciar el valor y alcance de esta obra clásica del Derecho, dirigida tanto a los estudiantes de abogacía como a los juristas que desarrollan su actividad en algún ámbito de la profesión.

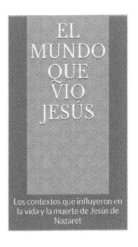
276

También puede interesarte…

MÁXIMAS PARA UNA VIDA DICHOSA

Hay obras literarias del mundo grecolatino que, pese a no ser tan conocidas, custodian verdaderas joyas de la sabiduría condensadas en breves aforismos que pueden estar a la par de los grandes clásicos antiguos. Un ejemplo es el escritor de comedias del siglo I d. C. Publilio Siro, quien alcanzó renombre posterior gracias a la transmisión de sus breves sentencias morales por medio de otros escritores de renombre como Séneca, Aulo Gelio o el propio San Jerónimo. Sus máximas, divertidas sin duda alguna, encierran también un caudal inacabable de preceptos morales aún vigentes para nuestra época, y que pueden brindar guía para el arduo camino de la vida.

En esta versión, cuidadosamente traducida del texto latino original, hallamos sentencias morales sobre el amor, la virtud, el hombre y la mujer, la vida, el destino, los vicios, el dolor, la pasión y, en general, un rompecabezas fabuloso que abarca todas las facetas de la existencia y la condición humana, junto a un estudio introductorio que nos contextualiza la vida y obra de Publilio Siro, así como su importancia para la literatura humanista.

También puede interesarte…

LA DAGA EN LAS SOMBRAS (2 VOLÚMENES)

La ambición por el poder no conoce fronteras cuando de obtenerlo se trata. Y para lograrlo, no se duda en echar mano del secretismo, la intriga y el asesinato: golpes de Estado y complots mortales recorren la historia de la humanidad, provocando con ello cambios dramáticos en el devenir de los acontecimientos.

"La daga en las sombras" antologa por primera vez más de cien conjuras históricas donde personajes de todo tipo planean hacerse del poder por motivos personales, patrióticos o venales; asimismo, desde el fuego hasta las propias manos, los medios para culminar el acto traidor son el vehículo de la sed de poder que, en algunas ocasiones, también llega a fallar. Aquí desfilarán traidores y traicionados, héroes y villanos, malvados y mojigatos, nobles y plebeyos, iluminados y chiflados, todos los cuales conforman un asombroso catálogo de la condición humana que nos permite reflexionar sobre el poder y sus más terribles consecuencias.

También puede interesarte…

LLAMADOS PARA EL HOMBRE DE BIEN

Compendio de máximas esenciales para el diario vivir, "Llamados para el Hombre de Bien" busca ser un manualito que contenga las reglas básicas para desenvolverse en el mundo teniendo como estilo de vida los más altos ideales que la esencia humana posee, y con ello aspirar a esa categoría que da título al libro, donde se conjugan el liderazgo, la virtud y el rector quehacer.

Inspirado en los manuales clásicos de aforismos portátiles, esta obrita contiene un centenar de breves consejos dirigidos a todo aquel o aquella que desee cambiar su estilo de vida y aspirar a creer en lo mejor del ser humano, en lo que nos hace especies pensantes y personas de valía, además de poseer un estilo versátil para ejemplificar profundos conceptos con imágenes sencillas.

También puede interesarte…

COLECCIÓN "ARCHIVOS LEGENDARIOS DEL ROCK"

Primer volumen dedicado a los grandes momentos del estilo musical que cambió la historia del siglo XX y del XXI: el rock'n'roll. A lo largo de tres volúmenes conoceremos momento clave que han marcado la evolución de este género musical: datos históricos donde la anécdota, la leyenda y el drama de los grandes artistas han dejado su huella para siempre. Un recorrido ameno a través de las efemérides más significativas en un arco de setenta y pico de años, compartiendo con bandas, solistas, álbumes, sencillos y personajes singulares sus grandes vivencias, sus humanas debilidades, sus estrambóticas ocurrencias y sus interpretaciones legendarias. Una colección que no debe faltar en la biblioteca de todo rockero, consumado y principiante.

También puede interesarte…

CUANDO CAIGA LA OSCURIDAD

En aquel barrio olvidado de la ciudad no acontecía nada especial. Bueno, únicamente estaba lleno de vagabundos. Indigentes llegados de no se sabía dónde y que de la noche a la mañana desaparecían sin dejar rastro alguno. Tras un insólito accidente, un periodista decide investigar tan extrañas desapariciones…

Esta novela nos enfrentará al terror más antiguo y, al mismo tiempo, al que más se resiste a ser exorcizado, ese que en su seno oculta un poder inimaginable que puede hacer de cualquier noche una pesadilla total: la oscuridad.

Made in the USA
San Bernardino,
CA